학교에서

낭독극하기

일러두기

- 책 제목과 장편 소설은 『 』, 중단편 소설, 단편 동화, 시, 노래, 희곡은 「 」, 영화를 비롯한 영상물은 〈 〉, 그 외 수업 기법이나 단체명은 ' '로 표기했습니다.
- 외국 지명과 인명 등은 국립국어원의 외래어 표기법을 기본으로 삼았습니다. 예외로 이미 굳어진 표기는 낭독극의 원작이 되는 판본을 참고해 해당 표기를 따랐습니다.
- 원작 시 전문을 실은 경우 원작은 해당 시집의 표기법을, 각색 대본은 이 책의 표기법을 따랐습니다.
- '낭독극, 개념부터 공연까지(백인식 집필)'에는 담양 한빛고등학교 서호필, 인천대건고등학교 한만수 선생님의 글 중 일부가 반영되어 있습니다.
- 이 책에 실린 낭독극 대본들은 희곡 용어, 연출 방법 표기 등을 엄격하게 통일하기보다 각색자의 개성을 살려 둔 것입니다. 학교 현장에서 다양한 형태의 대본이 활용될 수 있다는 점을 보여 주기 위한 의도입니다.

학교에서 낭독극하기

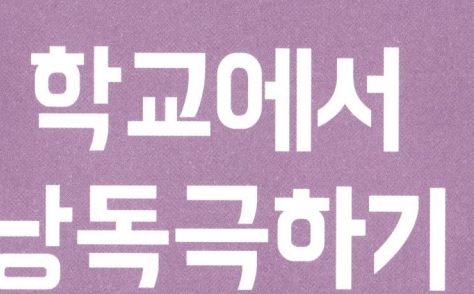

문학 작품 각색, 연출, 공연까지
교사와 학생이 함께 만드는 낭독극

전국교사연극모임 지음

학교도서관저널

머리말

낭독극, 쉽고 즐겁고 깊게 만나기

엮은이 | 이인호

10여 년 전에 처음 낭독극을 했다. 전국교사연극모임 선생님들 열댓 명이 모여 간단한 이론 공부를 하고 네 모둠으로 나눠 각자 준비한 시와 소설을 낭독극으로 발표했다. 우리 모둠에서는 곽재구의 시 「사평역에서」와 임철우의 소설 「사평역」을 올렸는데 관객들도 좋아하고 작품의 감동을 생생하게 전할 수 있다는 경험을 했다.

이 활동은 연극동아리 학생들과 단편 소설을 10편쯤 낭독극으로 각색하고 학교에서 공연을 하는 것으로 이어졌다. 이후 3년간 문학 시간에 천안청수고, 천안여고 학생들과 72편의 낭독극을 만들고 발표했다. 배역을 맡지 않은 학생들은 스태프로 기발한 역할을 했다. 약 3주 동안 문학 시간은 학생들이 살아 움직이는 시간이었다.

많은 선생님이 교실에서, 학교에서, 극장에서, 학생연극축제에서 낭독극을 공연하고 있다. 코로나19가 가져온 어려움 속에서도 충남학생연극제에는 낭독극이 처음으로 무대에 오르기도 했다. 모두 여덟 편이었다. 연극보다 상대적으로 거리 유지가 가능한 낭독극에 주목하고 지도교사들과 순회연수를 네 차례나 하며 준비한 결과였다.

이제는 초중등 국어 교과서에도 낭독극이 소개되고 있다. 학생들이 문학 작품을 각색해 공연하면서 원작의 깊은 울림을 짧은 시간에 관객들과 공유하는 것을 놀라운 마음으로 지켜봤다.

이런 활동을 정리하고 더 많이 알리고자 출판을 기획하게 되었다. 내용 '들려주기'와 절제되고 창의적인 '보여 주기'를 결합한, 대본 낭독과 연극적 움직임이 유기적으로 만나는 학교 공연에 적합한 낭독극을 모색한 것이다.

낭독극은 대본을 외우지 않아도 되고 무대도 간단하게 설치할 수 있어 일반적인 연극 공연에서 느끼는 부담을 덜 수 있다. 그러나 연극과 비교해 예술성 측면에서 결코 뒤지지 않는다. 원작을 깊이 있게 전달할 수 있고 극적 효과를 통해 관객의 호응도 끌어 낼 수 있어 연극과 또 다른 감동을 공유할 수 있다. 특히 문학 작품을 생생하게 담아내고 다양한 인물을 온전하게 표현함으로써 깊은 예술적 체험을 할 수 있다는 강점이 있다. 무엇보다 교사와 학생 모두 간단한 연수나 수업만으로도 직접 할 수 있다는 자신감을 얻을 수 있다. 낭독극을 하면 눈으로 읽던 작품들이 소리와 몸짓을 통해 생명력을 더하는 것을 체감하게 된다.

이 책에 수록된 작품과 내용은 실제 공연과 경험을 바탕으로 한 것이고, 학생들과 공동 작업을 거친 것이다. 동아리 공연뿐 아니라 수업에도 직접 활용할 수 있을 것이다.

1장 '교실 속으로 찾아온 낭독극'에는 낭독극의 개념, 형태, 구성, 제작 과정, 공연 등을 소개한 총론적인 이야기를 담았다.

이어서 중고등학교와 초등학교에서 국어 시간에 활용할 수 있는 낭독극 수업을 안내했다. 중고등은 소설을 각색해 낭독극을 만드는 성취기준에, 초등은 일상생활의 경험으로 낭독극을 만드는 방향에 맞췄다. 수업뿐만 아니라 학교에서 낭독극 공연을 할 때 바로 활용해 볼 수 있는 내용이 알차게 담겨 있다.

아울러 블렌디드 수업으로 어떻게 낭독극을 할 것인지 '온라인 수업으로 낭독극 만들기'에 담았다. 온라인 맞춤 연극놀이와 즉흥, 낭독극 연습에 쓰이는 에듀테크 기능, 장편 동화를 바탕으로 낭독극 만드는 블렌디드 수업 디자인은 낭독극 관련 수업뿐 아니라 여러 수업에도 적용할 수 있는 내용이다.

2장 '문학 작품으로 낭독극 만들기'는 1장을 바탕으로 한 '실전편' 같은 성격이다. 소설, 동화, 청소년 소설, 시, 영화 등으로 낭독극 대본을 만드는 방법과 과정을 소개하고 있다. 소설을 각색한 대본 3편, 동화 각색 대본 4편, 청소년 소설 각색 1편, 시를 활용한 대본 2편, 영화 각색 1편, 총 11편의 대본을 모두 전면 수록했다. 공연에 도움이 되도록 대본마다 작품의 특징, 등장인물 소개, 연출 노트, 무대 구성법을 함께 설명하고 있다.

소설이나 동화 장르에서는 국내작뿐만 아니라 번역작도 실었고, 어린이 문학은 옛이야기도 함께 다루어 다양성을 확보하고자 노력했다. 요즘 학생들에게 친숙한 영화 〈겨울왕국〉을 낭독극으로 만든 대본도 있다.

초중등 수업뿐 아니라 학교 공연, 학생연극제 공연에 실질적인 도움이 될 것이다. 또한 한 학기 한 권 읽기와 연계해 읽은 작품을 낭독극으로 공연까지 한다면 어떤 독서토론 못지않게 폭넓은 문학 읽기 활동이 가능하다. 학생들이 문학 작품을 깊이 감상하고 극으로 표현함으로써 작가들이 전하고자 한 주제와 정신을 온몸으로 느낄 수 있기를 바란다.

전국에서 열네 개 지역연극모임을 통해 자유롭고 즐거운 교육연극을 펼치는 전국교사연극모임 선생님들의 실천을 『학교야 학교야 뭐 하니? 연극한다!』에 이어 이렇게 묶어 낼 수 있어 기쁘다. 여러 차례 연수와 공연을 통해 학교에서의 낭독극을 같이 정립해 간 서호필, 백인식 선생님의 실천과 모색이 이 책의 근간이 되었다. 충남학생교육연극협의회 선생님들의 집중적인 연수와 공동 실천도 빼놓을 수 없는 토대이다.

필자로 참여한 분들 외에 연구와 실천으로 많은 가르침을 준 연극인들께 감사드린다. 낭독극 대본에 원작 수록을 허락해 주시고 격려까지 아끼지 않으신 시인, 소설가, 동화 작가, 출판사 관계자 분들에게 깊은 고마움을 전한다. 여러 필자가 쓴 글들을 꼼꼼하게 살피고 통일성 있게 꿰어 주신 학교도서관저널 편집부에도 감사를 보내고 싶다.

낭독극을 통해 깊은 예술적 감성과 창의성을 기르는 것도 좋지만, 즐거운 읽기와 자유로운 몸짓을 통해 학생과 교사가 행복하기를 바란다. 이 책이 뿌듯한 교학상장의 여정에 좋은 벗이 될 것이다.

2021년 봄, 활짝 웃는 무대를 그리며

추천의 글

문학 시간에 재미난 낭독극을!

송승훈 | 의정부광동고등학교 국어 교사,
전국국어교사모임 독서교육 분과 물꼬방 회원

낭독하는 모습을 보면 그 사람이 내용을 얼마큼 소화했는지 알 수 있다. 요즘 널리 퍼지는 구술 평가로 낭독을 하면 좋다. 낭독을 연습하면서 학생은 글을 더 정확하고 깊게 이해하고, 상대에게 내용 전하는 방법을 발전시키게 된다.

수업 시간에 교과서에 나온 시나리오나 희곡을 학생들에게 역할을 나눠 맡긴 다음 돌아가며 읽으면 참 재밌어한다. 한 시간이 시간 가는 줄 모르고 휙 지나간다. 사람을 집중시키고 끌어당기는 낭독을 하면서 학생들은 인생을 잠깐 생각하게 된다. 이렇게 대본 낭독이 좋은데도 그동안은 수업 자료가 드물어 교육 현장에서 충분히 활용하지 못했는데 『학교에서 낭독극하기』가 나와 반갑다.

이 책은 학생 지도 과정을 세밀하게 보여 준다. 관련 내용을 그저 쉽게 요약해 놓은 책이 아니다. 낭독극을 교육 현장에 적용할 때 어떤 점을 신경 써야 하는지 경험해 본 사람만이 쓸 수 있는 실천 지식이 곳곳에 있다.

현재 국어과 교육 과정에 연극이 들어와 있다. 그런데 연극을 어떻게 가르쳐야 하는지 교사들은 보통 잘 알지 못한다. 대학에서 연극 수업을 몇 학점 듣고 나서 그 후로 배울 기회가 없었고, 개인 공부를 하려 해도 볼 책이 별로 없었기 때문이다. 교육 현장에서 어떤 내용을 가르치려면, 제한된 수업 시간에 제한된 능력 안에서 최대한 구현이 가능해야 한다. 『학교에서 낭독극하기』는 이런 문제 상황에 길을 열어 줄 책이다.

추천의 글

낭독극의 매력 속으로 풍덩!

김선 | 사다리연극놀이연구소 대표

전국교사연극모임(이하 전교연)은 내가 몸담고 있는 사다리연극놀이연구소에 각별한 의미가 있는 단체이다. 2000년대 초반, 허름한 방배동 지하 연습실까지 찾아와 연극에 열의를 보였고 본인들의 연수에 우리를 초청해 주기도 했다.

전교연 선생님들은 누구보다도 잘 논다. 선생님들이 저래도 되나 싶을 정도로 어린애같이 논다. 그러면서도 한편으로 냉철하게 분석하고 종합해 낸다. 놀라운 속도로 빠르게 교실에 가서 학생들에게 적용해 보고 그 결과를 신속하게 피드백해 주었다. 덕분에 우리는 학교 현장의 다양하고도 생생한 데이터를 얻을 수 있었다. 선생님들은 학교에 적용해 보는 데에서 그치지 않고 문제를 발견하고 끊임없이 새로운 방법을 찾아 나갔다. 그리고 그것을 정리하여 책으로 발간했다. 참으로 부지런한 이들이다.

『학교에서 낭독극하기』역시 전교연 선생님들의 부지런함과 열정이 빚어 낸 결과물이라고 생각한다. 낭독극은 연극놀이 중에서도 즉흥이나 몸짓 표현 작업에 부담을 가지는 선생님들이 쉽게 접근할 수 있는 분야이다. 전교연 선생님들은 학교 현장에서 곧바로 학생들과 낭독극 수업을 해 볼 수 있도록 가장 쉽고 재밌게 이 책을 썼다. 이 책을 통해 분명 많은 분들이 낭독극의 매력 속으로 풍덩 빠져들 것임을 확신한다.

차 례

머리말 ··· 4
추천의 글 ··· 8

1장 교실 속으로 찾아온 낭독극

01 낭독극, 개념부터 공연까지 ··· 16
02 문학 시간에 만드는 낭독극 – 중고등 낭독극 수업 디자인하기 ············· 33
03 일상 이야기로 만드는 낭독극 – 초등 낭독극 수업 디자인하기 ·············· 52
04 온라인 수업으로 낭독극 만들기 ·· 81

2장 문학 작품으로 낭독극 만들기

01 문학 작품을 낭독극으로 각색하기 ··· 108

02 소설을 각색한 낭독극 대본
　「웃는 동안」 ·· 128
　「소나기」·· 144
　「비곗덩어리」··· 156

03 동화와 청소년 소설을 각색한 낭독극 대본
「화요일의 두꺼비」 …………………………………………… 184
「정신없는 도깨비」 …………………………………………… 202
「백두산 호랑이왕 금연 일지」 ……………………………… 210
「나와 우리 사이」 ……………………………………………… 223
「이빨 자국」 …………………………………………………… 239

04 시를 각색한 낭독극 대본
「또 하나의 나」 ………………………………………………… 261
「이인삼각」 ……………………………………………………… 274

05 영화를 재구성한 낭독극 대본
「겨울왕국」 ……………………………………………………… 296

1장

교실 속으로 찾아온 낭독극

낭독극, 개념부터 공연까지

백인식

낭독극, 목소리로 만드는 공연 예술

낭독극을 간단히 설명하면 '대본을 보면서 연극의 여러 요소를 보태 낭독하는 공연 형태'라고 할 수 있다. 낭독(朗讀)을 말 그대로 풀이하면 글을 소리 내어 읽는다는 뜻이다. 혼자 읽기보다는 듣는 사람과 함께 하는 행위로 이해하는 것이 자연스럽다. 이때 낭독은 단순히 읽는 행위를 넘어 '읽어 주기' '들려주기'가 된다. 두 활동 모두 단순히 문자를 소리로 바꾸는 일 이상의 의미가 있다. 읽는 사람은 나름대로 이야기의 맥락과 정서 등을 해석하고 듣는 이가 자신과 같은 느낌을 받도록 목소리와 표정, 동작에 감정을 반영한다. '읽는 사람 – 배우, 듣는 사람

- 관객'으로 생각하면 낭독은 연극과 같은 의미를 지니게 된다.

낭독극, 낭독공연, 입체낭독, 라디오 드라마 등은 낭독과 연극이 함께 하는 공연 형태를 가리키는 말들로, 표현은 다르지만 겹치는 부분이 많다. 요즘은 낭독극과 낭독공연이라는 말이 두루 쓰이는데, 전문 공연계에서도 둘을 뚜렷하게 구분하지는 않고 있다. 영어권 나라에서는 낭독에 중점을 두는 리더스 시어터(Reader's Theater)와 연기적 요소를 포함하는 스테이지 리딩 시어터(Staged Reading Theatre)라는 표현으로 낭독극의 형태를 구분하기도 한다.

서구 연극의 출발은 이야기 들려주기에서 비롯되었다는 설이 있다. 디오니소스가 제우스에 의해 환생한 후 그것을 기념하는 축제에서 한 사람이 가면을 바꾸어 가며 1인 2~3역을 맡아 이야기를 들려주었다고 한다. 이야기 소재는 전쟁이나 사냥에 관한 무용담이다. 이런 형태로 관객에게 이야기하는 것에서 시작하여 등장인물이 합창단(코러스, chorus)과 함께 대화를 주고받는 형식으로 발전하면서 낭독극은 연극의 틀을 갖추게 되었다. 연극의 첫걸음이라 할 수 있는 들려주기와 낭독극이 맞닿아 있다고 볼 수 있는 것이다.

낭독극의 형태는 다양하고 때로 '들려주기'에만 집중하기도 한다. 그러나 이 책에서는 학교라는 공간의 특수성을 고려하고 참여자들이 연극적 즐거움을 느낄 수 있도록 들려주기와, 절제되고 창의적인 '보여 주기'를 결합한 낭독극을 이야기하겠다. 형태, 구성 요소, 제작 과정, 그리고 연출과 공연까지 전체적으로 살펴보고자 한다.

낭독극의 매력

낭독극은 '대본 외우기'와 '연기의 부담'에서 벗어나 연극 공연의 여러 효과를 맛볼 수 있는 예술이다.

초, 중, 고 대부분의 학교에서 연극 동아리 활동이 아니고서는 많은 시간을 들여 연습하고 공연하는 일이 쉽지 않다. 낭독극은 한 편의 연극을 무대에 올리는 데 필요한 복잡한 과정을 줄여서 연극 공연의 효과를 거둘 수 있다. 대본 외우는 과정, 특별한 무대 장치, 조명, 의상이나 소품 없이도 공연할 수 있기 때문이다.

문학 작품 읽기, 말하기, 몸과 도구를 이용하여 표현하기, 연극적 상상력으로 재구성하기 등 교육적 효과도 거둘 수 있어 교육 현장에서 점점 많이 활용되는 추세이다.

낭독극은 낭독과 연극, 어느 쪽에 중점을 두느냐에 따라 형태가 달라진다. 과도하게 연극 요소를 더하면 낭독이 주는 즐거움과 효과가 떨어진다. 공연을 만들기 전에 중점을 둘 부분, 그 외의 부분을 어떻게 나눌지 비율을 적절하게 결정하는 과정이 필요하다. 낭독극에서 목표로 삼을 만한 요소로는 '문학 작품이나 이야기를 형상화하기' '연극적 상상력을 발견하고 표현하기' '연기 등 연극적 요소를 경험하기' '음악과 도구를 적절하게 활용하기' 등이 있다.

낭독극의 형태

낭독극은 낭독과 연극의 '사이'에 자리한다. '한가운데'가 아닌 '사이'라는 점에 주목해야 한다. '사이'는 고정된 위치가 아니므로 두 장르 가운데에서 필요에 맞춰 거리를 선택할 수 있다. 낭독극은 어디에 위치하느냐에 따라 여러 형태로 변화가 가능한 공연이 된다. 표현 요소에 따라 네 가지 형태로 나누어 보자.

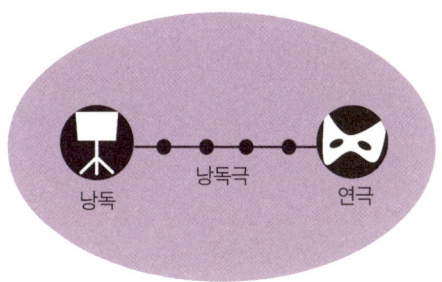

입체낭독

입체낭독은 배우(낭독자)가 제자리에서 위치를 바꾸지 않고 극을 이어 가는 형태이다. 목소리, 표정, 간단한 동작으로 감정을 표현한다. 다른 배우들과 시선을 맞춰 연기하기도 하며 음향과 음악도 극을 이끌어 가는 중요한 요소가 된다.

입체낭독 + 동작

특정 장면에서 대본을 들고 움직이면서 하는 연기가 가미된 형태이다.

다른 배우와 시선을 맞추는 데에 그치지 않고 주고받는 연기를 한다. 소품을 사용하며 앙상블(여러 단역의 역할을 맡는 배우들, 코러스라고도 함)을 활용하기도 한다.

입체낭독 + 동작 + 부분적으로 대사 외우기

대본을 놓고, 고정된 위치를 벗어나 다른 곳으로 움직이면서 연기를 하는 장면이 있다.

입체낭독 + 동작 + 대사 외우기

대사를 전부 외웠지만 대본을 들고 연기한다. 이 형태를 스테이지 리딩 시어터(Staged Reading Theatre)라고도 한다.

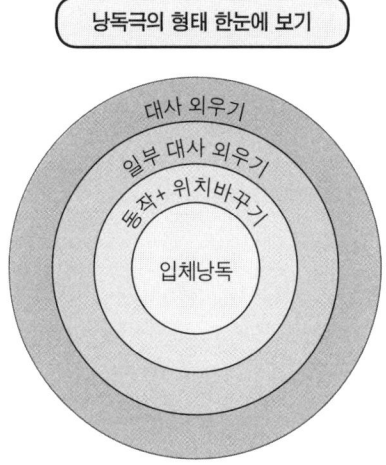

낭독극의 요소

대본 단편 소설, 동화, 그림책, 시, 옛이야기, 등을 각색하면 창작의 부담을 줄일 수 있다.

낭독 읽기가 아닌 '읽어 주기'로서 낭독의 의미를 생각해야 한다.

시각 매체 관객이 상상력을 높이고 내용에 더 깊이 공감할 수 있게 그림, 문장, 단어, 영상 등 시각적인 소품을 사용한다.

연기 연기하는 장면의 양과 내용이 적절하면 낭독극 전체에 변화와 강조를 줄 수 있어 관객의 몰입을 돕는다.

포즈(Pause) 대본에서 대사 중간에 '(사이)'로 표현되기도 한다. 단순히 잠깐 쉰다는 의미가 아니라 이때 감정을 강조할 수도 있고, 동작으로 연기를 할 수도 있다. 적절한 포즈를 사용하면 낭독과 연기 표현이 더욱 돋보인다.

음향과 음악 무대에서 직접 소리를 내거나 악기를 연주하면 연극적 상상력을 불러일으킨다.

조명 기본 배경에 변화와 강조를 주기 위해 간단한 조명을 사용한다. 독서등, 손전등, 촛불로도 좋은 효과를 거둘 수 있다.

낭독극 만드는 과정

한 편의 낭독극을 만들어 발표하기까지 필요한 시간은 목적, 완성도 등에 따라 다를 수밖에 없다. 일반적으로 A4용지 한 장 정도의 대본을 형상화할 때 공연 시간은 3~4분 정도이며, '무대의 1분을 위해 한 시간 정도의 연습이 필요하다.'라고 보면 된다.

학생들이 이끌어 간다면 극의 길이는 15분 이내가 좋다. 그 이상이 되면 변화를 줄 수 있는 연출 요소가 더 많이 필요해 부담이 된다.

낭독극은 연극보다는 간결한 공연 형태이므로 연습 시간을 절반 정도로 계획해도 큰 무리가 없다. 따라서 어느 정도 완성도를 갖춘 15~20분 정도의 낭독극은 대략 1회에 세 시간, 4회 연습을 계획하면 큰 무리 없이 공연을 만들 수 있다.

4회 열두 시간 정도로 계획한 연습 시간에는 대본 만드는 과정을 포함하지 않았다. 연극놀이와 즉흥을 통해 연극을 만든다면 대본이 미리 준비되지 않아도 충분히 가능하다. 그동안 경험으로 볼 때 낭독극은 대본이 준비된 상태에서 연습을 시작해야 효율적이다. 대본은 한두 사람이 각색, 정리하고 이를 전체 참여자가 수정 보완하도록 한다. 대본 전체를 함께 만들면 의견 조정이 힘들어 효율이 떨어진다.

어떤 작품으로 낭독극을 만든 것인지 결정한 상태에서 일반적인 제작 과정을 설명하면 다음과 같다.

1회 연습

- 작품 읽기.
- 공연 목적에 맞게 내용을 빼거나 추가하기.
- 연기로 표현할 부분 정하기.
- 원작의 내용을 대사, 해설, 지문으로 나누기.
- 이후에 한두 사람이 대본으로 각색, 정리하기.

2회 연습

- 대본 읽기.
- 토론하고 수정, 보완하기 → 3회 연습 전까지 정리 완료.
- 역할 정하기 → 맡은 역할대로 대본 낭독.
- 연출 작업 → 무대 구성, 낭독자의 위치, 연기로 표현할 부분 결정하기.
- 표현 요소 선택 → 연습 과정에서 떠오른 아이디어를 반영해 필요한 음악, 음향, 조명, 소품 의논하고 준비하기.

3회 연습

- 장면별 연습 → 장면별로 나눠 연습하면서 대본을 수정, 보완한다.
- 연기와 큐(cue) 신호에 관해 약속 정하기 → 큐로 대사, 동작, 음악 등의 시작을 지시할 수 있다.
- 대본 수정 → 연습 결과를 반영하여 대사를 낭독하기 좋게 고쳐 나가기.
- 낭독과 연기에 음악, 소품, 조명 등 다른 표현 요소를 결합하기.

4회 연습

- 일관 연습 1차 → 런-스루(run-thrugh) 리허설이라고도 하며 본 공연처럼 진행하는 리허설로 처음부터 끝까지 중단하지 않고 해 본다.
- 토의 및 수정.
- 일관 연습 2차.

공연과 정리 작업

공연을 열고 함께 관람한 후 소감을 나누는 시간을 마련한다.

장면 연출에 필요한 요소들

연출과 연기 요소 대본에 기록하기

낭독극의 장점 중 대본을 보면서 연기를 한다는 점을 충분히 활용해야 한다. 대본에 연출과 연기에 필요한 사항들을 기록하면 연기 표현을 하는 데 많은 도움을 얻을 수 있다.

　대본을 인쇄할 때 여백과 글자 크기를 넉넉하게 해 한눈에 알아볼 수 있도록 한다. 색깔 펜을 사용해 연출과 연기 요소를 구별하여 적으면 한눈에 알아보기 쉽다.

시선의 효과

연극과 마찬가지로 시선 처리는 매우 중요하다. 낭독극에 익숙하지 않을 때 대본을 보느라 시선 처리를 소홀히 하는 경우가 많다. 계속 대본에만 시선을 둔다든가, 산만하게 대본을 보는 행위는 관객의 몰입을 떨어뜨린다.

낭독극이 대사를 외우지 않아도 되는 장르이고, 어쩔 수 없이 대본을 봐야 한다 해도 관객이 극에 몰입할 수 있도록 신경을 써야 한다. 연습을 여러 번 하다 보면 대사의 많은 부분이 자연스럽게 외워지기도 한다. 대사마다 시선의 방향을 어떻게 할 것인지 적어 두면 정리된 시선 처리를 할 수 있다.

낭독극에서 연기자의 시선은 대부분 다음 세 가지로 나눈다.

- 무대 밖에 두기(Off Stage Focus) : 관객석의 뒤쪽에 시선을 둔다.
- 관객에게 말하기 : 관객에게 말을 건네듯이 대사를 한다.
- 무대 안에 두기(On Stage Focus) : 연기자들이 다른 연기자를 보며 말하거나 연기한다.

무대 구성

기본적인 구성은 무대 중앙에 의자와 보면대를 일렬로 놓는 배치이다. 이를 바탕으로 약간의 변화를 주면 극적 효과를 높일 수 있고, 표현도 더 자유로워진다. 무대 구성이 너무 자주 바뀌면 산만해질 우려가 있으므로 극에 알맞은 구성을 만들도록 한다.

기본형

- 연기자는 이동하지 않고 계속 같은 위치에서 연기한다.
- 의자는 극적 효과를 높이는 무대 장치로 기능한다. 보통은 철로 된 의자보다는 나무 의자의 느낌이 더 좋다.
- 배우가 앉는 의자로 나무 상자를 사용하기도 한다.

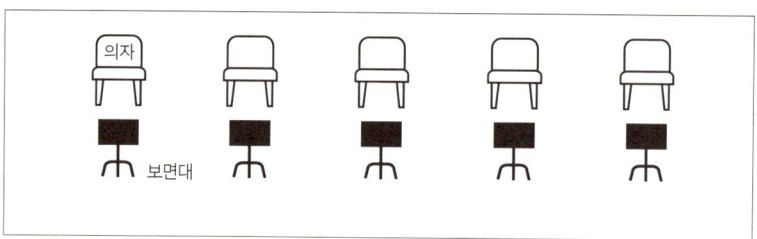

기본형 구성

기본형 + 연기 공간

- 보면대 앞에 공간을 둔다.
- 연기자가 대본을 들고 이동하며 연기한다.

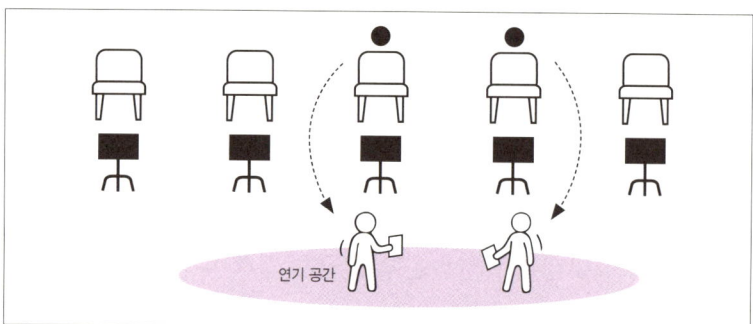

기본형 + 연기 공간 구성

무대 앞에 보면대 설치

- 연기자는 앞으로 이동해 서서 낭독한다. 자리에 앉았다 무대 앞쪽으로 나오길 반복하기도 한다.

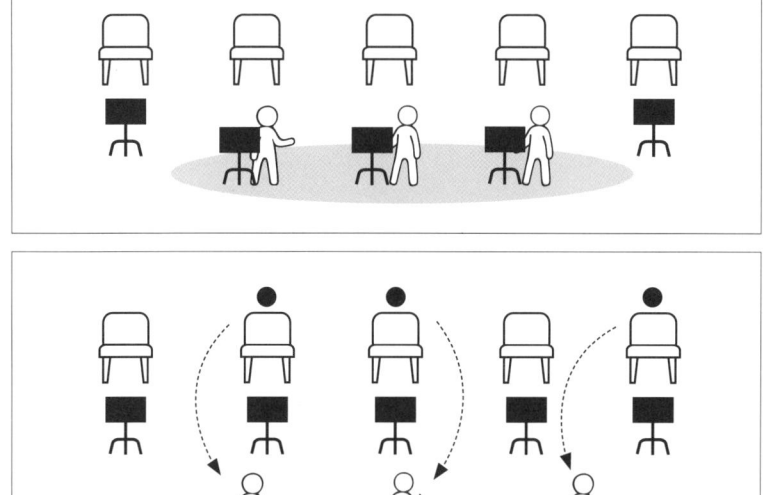

무대 앞 보면대 설치 구성

두 개 이상의 장소

- 극 속에서 주요 인물의 연기 공간이 필요한 경우에 사용한다.

  예 「사랑방 손님과 어머니」를 28쪽 그림에 적용하면 ②는 어머니의 공간, ③은 사랑방, ④는 마당이나 그 외의 장소, ①은 해설과 코러스의 공간

- 앞에 설치된 보면대의 높이는 필요에 맞게 조정한다.

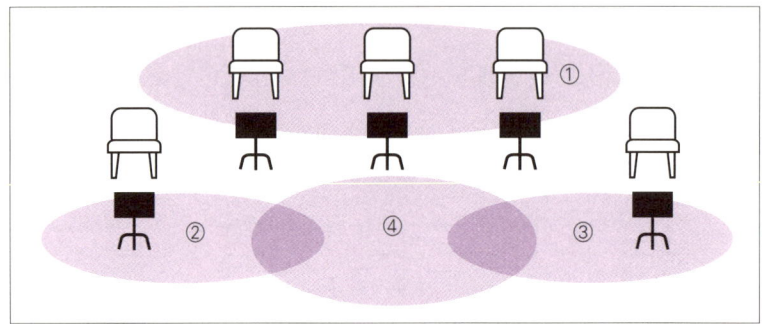
두 개 이상의 장소 구성

효과적인 표현을 돕는 요소

과도한 움직임이나 효과는 낭독극의 주요 요소인 낭독 효과를 떨어뜨린다. 조화를 무너뜨리지 않는 범위 안에서 적절히 활용하는 구성이 필요하다. 지나치게 연기 욕심을 내기보다는 대사 전달을 확실히 할 수 있도록 한다. 앉았다 일어서기, 자리 바꾸기, 사건이나 상황에서 핵심이 되는 부분을 한 장의 사진처럼 표현하는 기법인 '정지 장면' 활용하기, 빠르기 조절만으로도 단조로움을 피할 수 있다.

사이, 포즈의 효과

- 연기에서 사이, 즉 포즈(Pause, 멈춤)의 사용은 중요하다. 감정의 고조를 위해 어느 부분에서 포즈를 둘지 계획하는 과정이 필요하다.
- 빠르고 느림, 강하고 약함의 변화를 활용한다.
- 관객의 웃음소리가 크거나 길어지면 잠시 '(사이)'를 준다.

변화가 있는 낭독

- 한 인물을 두 명 이상이 맡아 연기하거나 낭독할 수 있다.
- 해설은 너무 길지 않아야 한다. 두세 문장 정도가 적당하다.
- 낭독극에서는 연기로 처리하기 어려운 행동이나 지문을 해설처럼 낭독하기도 한다. 예를 들어 싸움 장면을 들려줄 때 감정을 넣어 지문을 읽으면 재미난 표현이 된다.
- 대사나 단어를 반복, 중첩하거나 음량을 점층적으로 고조시키는 방법 등으로 강조와 변화를 연출할 수 있다.

악기와 음악

- 낭독극에서 소리의 효과는 매우 중요하다.
- 녹음된 음악이나 음향을 사용하기보다는 무대에서 직접 연주하면 극의 분위기를 돋우는 데 효과가 좋다. 연기자가 악기를 연주하기도 하지만 악기 연주자를 따로 두면 다양한 활용이 가능하다.
- 리듬 악기 한 개와 여러 오르프(Orff) 악기를 사용한다. 오르프 악기는 작곡가 칼 오르프가 교육용으로 개발했으며 멜로디를 연주할 수 있는 마림바, 실로폰, 오카리나 등을 일컫는다.

보면대 활용법

- 보면대는 연기자의 얼굴을 가리지 않는 크기로 준비한다.
- 보면대에 대본을 고정하면 어느 정도 자유로운 연기가 가능하다.

- 얼굴 표정으로도 많은 것을 표현할 수 있다.
- 보면대 앞에 배역을 적은 종이를 붙여 관객의 이해를 도울 수 있다.
- 보면대에 독서등을 설치하면 조명 때문에 대본이 안 보이는 것을 피할 수 있고, 그 자체로도 극적 효과가 난다.

의상과 무대 장치
- 보통 검은색 윗옷을 입으면 통일감을 준다.
- 인물의 성격을 드러낼 때는 그 위에 특색 있는 의상을 걸치거나 간단한 소품으로 표현하면 효과적이다.
- 필요에 따라 의상을 다 갖춰 입기도 한다. 1인 다역일 경우 모자, 색안경, 스카프 등 간단한 소품으로 역할 변화를 나타낼 수 있다.
- 작품 속 사진이나 그림을 복사하여 색칠하거나, 간단하게 그림을 그린 스케치북을 활용할 수도 있다.
- 빔프로젝터를 사용하여 무대 배경으로 쓸 수 있다.

2시간에 만드는 낭독극

아무런 조건 없이 낭독극을 만들라고 하면 막연해 오히려 어려움을 겪기도 한다. 교사가 징검다리 역할을 하며 적당한 조건을 제시하면 그림책이나 짧은 이야기로 2시간 정도에 낭독극을 만들어 즐길 수 있다.
- 그림책이나 짧은 이야기를 A4용지 두 쪽 정도의 대본으로 정리하

여 준비한다.
- 해설자를 두 명 이상으로 한다.
- 한 명의 역할을 두세 명이 나눠서 할 수 있다.
- 대본을 보지 않고 연기하는 장면이 1회 이상 있어야 한다.
- 특정 부분의 단어나 문장을 2회 이상 모두 함께 말하도록 구성한다.
- 악기를 사용하여 효과를 내는 부분이 2회 이상 있어야 한다.
- 시작과 끝을 인상 깊게 만든다. 무대에 등장하기, 시작과 끝 장면, 인사하고 퇴장하기를 깔끔하게 정리한다.
- 두 사람 이상의 대사(단어, 문장)를 점층법으로 감정과 소리를 높이며 세 번 반복해서 주고받는 부분을 만든다.

  예 A : 가 버려!   B : 그러지 마! (목소리를 좀 더 높인다.)

  A : 가 버려!   B : 그러지 마! (목소리를 한층 더 높인다.)

  A : 가 버려!   B : 그러지 마! (목소리를 아주 크게 높인다.)

낭독극에 함께하면 좋은 연극놀이와 즉흥

일반적으로 연극 활동은 '몸과 마음 열기- 몸과 목소리의 표현적 사용 - 즉흥 - 연극 만들기'의 순서를 따른다. 한 시간 수업이든 두세 시간 수업이든 이 순서로 진행하면 효과적이다. 때로는 '몸과 마음 열기' '몸과 목소리의 표현적 사용'이 하나로 합쳐지거나 '즉흥'이 빠질 수도 있다. 하지만 '몸과 마음 열기'는 빼놓을 수 없는 활동이다. 낭독극 만들기에 함께 하면 좋은 연극놀이와 즉흥을 네 가지로 모아서 소개한다. 각각의 방법은 연극놀이와 즉흥에 관한 설명이 있는 책 『1주일 만에 뚝딱 연극 만들기』(전국교사연극모임 엮음, 작은숲, 2016) 등을 참고하기 바란다.

몸과 마음 열기
기대하는 것 나누기, 몸풀기, 얼굴 표정 망가뜨리기.

소리, 발성, 발음과 관계된 활동
민요나 돌림 노래 부르기, 기마 자세로 발음하기, '아, 에, 이, 오, 우, 으'로 소리 연습 하기, 손가락 따라 소리 내기, 멀어지며 대화하기, 빠른말놀이.

즉흥과 표현 활동
손뼉 치기, '아'에는 얼마나 많은 '아'가 있는지 알아보는 활동, 한 명에서 시작해 여러 명이 소리 쌓기, 소리로 장소 표현하기.

연기 연습에 도움되는 놀이와 즉흥
기억 상자, 줄거리 이어 말하기, 멀어지며 대사하기, 다양하게 대본 읽기, 눈 감고 귀 막기, 지브리쉬(Gibberish - 의미 없이 지껄이는 '치키치키 차카차카 초코초코 초' 같은 말), 감정 표현하기, 엉터리 오케스트라, 라디오 드라마 제작.

중고등 낭독극 수업 디자인하기
문학 시간에 만드는 낭독극

한만수

낭독극 만들기는 [　　　　　] 다.

- 놀이다. 함께 해야 즐겁고 재밌기 때문이다.
- 레몬 김치다. 익숙하지만 색다른 맛이기 때문이다.
- 축구다. 개인기뿐만 아니라 팀워크가 필요하기 때문이다.
- 조각이다. 끊임없이 깍고 다듬는 예술 작업과 같기 때문이다.
- 3D 프린팅이다. 글 속에 머물던 작품을 입체화하는 것이기 때문이다.
- 요리다. 주어진 원작 소설을 우리들만의 것으로 바꾸어 나가는 작업이 마치 좋은 재료를 하나의 음식으로 만들어 가는 요리 과정과 닮았기 때문이다.

― 인천대건고등학교 2학년 학생들의 낭독극 수업 소감

낭독극 수업은 학생이 중심이 되어 모둠 활동 위주로 진행된다. 낭독극 실연을 통해 말하기, 읽기, 쓰기, 듣기 영역의 언어 능력 신장을 극대화할 뿐만 아니라 협력 작업을 통해 상호 의사소통 능력을 키울 수 있다. 무엇보다 난생처음 느껴 보는 무대 경험의 여운이 크다. 또한 종합 예술의 매력을 지닌 연극의 장점을 살려 다양한 예술 교과와 융합을 시도할 수 있고, 관객과 서로 호흡을 주고받으며 심미적 체험을 할 수 있다는 점에서 교육 효과가 탁월하다.

낭독극은 학생들의 문학 과목 역량을 키우는 데에도 도움이 된다. 학생들에게 소설은 비교적 재밌는 갈래임이 분명하다. 하지만 국어 교사가 소설 수업을 재밌게 하기는 쉬운 일이 아니다. 작품을 읽고 작가를 소개하고 교과서를 읽으며 이해하기 어려운 구절 풀이를 하고 핵심적인 내용을 정리해 주는 방식은 고루하다. 그나마 '질문으로 깊이 읽기'(송승훈 외 5명 지음, 『한 학기 한 권 읽기』, 서해문집, 192~221쪽)처럼 학생 활동 중심의 수업을 통해 돌파구를 마련하고는 있지만 여전히 소설 수업은 교사에게 숙제다. 낭독극은 이러한 고민을 단번에 날려 준 단비와 같다. 낭독극을 활용하면 소설 단원과 희곡 단원을 연계한 수업이 가능하다. 또한 보다 깊이 있고 창의적으로 작품에 다가갈 수 있으며 수행 평가와 병행하면 그 효과는 배가 된다.

만약 소설을 각색하여 연극을 만들면 시간이 많이 걸린다. 대사를 암기해야 한다는 부담감이 크게 작용해 수업 시간에 선뜻 시도하기 어렵다. 연극을 해 보지 않은 교사에게는 더욱 그렇다. 하지만 낭독극은 그런 부담감이 적다. 경험이 있는 교사의 조언을 토대로 활동을 안내하면 모든 학생들이 알아서 잘해 낸다. 짧게는 여섯 시간에서 길게는 열두 시간 정도면 준비부터 공연 발표까지 즐겁게 할 수 있다.

낭독극 수업 차시별 개요

단계	개요	차시	활동 내용	준비물
1	- 모둠 구성 - 역할 분담 - 작품 선정	1~2	- 낭독극 소개 - 모둠 짜고 역할 나누기 - 단편 소설 읽고 모둠별로 작품 선정	유튜브 영상 단편 소설집
2	- 작품 탐구 - 대본 작업	3	소설을 깊고 넓게 만나기 위한 질문 게임	활동지
		4	낭독극으로 발표할 4~5장면 선택하기	활동지
		5	개인별 각색하기	활동지
		6	모둠별 각색하기	노트북
3	포스터 제작	7	- 낭독극 공연 포스터 만들기 - 대본 완성하기	켄트지 매직펜
4	연습하기	8~9	- 역할 정하기, 연습하기 - 음악(음향) 선정, 배경 화면과 소품 제작	대본 완성본 노트북
5	발표(공연)	10~11	낭독극 발표하기	블루투스 스피커
6	소감 나누기	12	소감 나누기	활동지

수업 첫 시간에 낭독극 영상을 함께 보면 낭독극에 관한 이해를 도울 수 있다. 유튜브에 낭독극을 검색하면 여러 영상이 올라와 있는데, 그중 남인우 연출의 입체낭독극시리즈 「어쩌면&웃는 동안」과 인천대건고등학교 학생들이 공연한 낭독극 「웃는 동안」(영상 링크 143쪽)을 추천한다. 물론 동학년 동교과 선생님들과 자료를 나누고 수업의 전반적인 흐름을 공유

「어쩌면&웃는 동안」

하는 과정도 필요하다. 경험이 있는 교사가 활동지를 제공하고 '전문적학습공동체' 시간에 모여 수업에 관한 대화를 나누면 어렵지 않게 진행할 수 있다. 이어질 이야기는 고등학교에서 이루어진 수업 경험을 바탕으로 소개하겠지만 초등학교, 중학교 수업에 얼마든지 응용해서 적용할 수 있다.

모둠 구성

학급당 4~6모둠 정도로 편성

한 모둠은 4~6명이 적당하다. 각 모둠에 인원이 많으면 협업의 밀도가 떨어진다. 무임승차하거나 소외되는 학생이 생길 확률도 높다. 모둠 구성 방식은 다양하지만 제비뽑기로 정하면 제일 무난하다. 특히 수행평가와 연계할 경우 학생들이 제일 선호하는 모둠 구성 방식이기도 하다. 또는 모둠 간 구성원의 불균형을 막기 위해 자발적으로 연출을 희망하는 학생을 모둠장으로 뽑은 후 모둠장들이 돌아가면서 모둠원을 뽑을 수도 있다. 학급 내 단합이 잘 이루어지는 경우에 적용하면 효과적인 방법이다. 하지만 마지막까지 남아 어느 모둠에서도 원하지 않는다는 인상을 받고 상처를 입는 학생이 있을 수 있으니 제비뽑기에 맡기는 방법을 추천한다. 이때 잘하는 학생끼리, 의욕이 없는 학생끼리 모둠이 구성되기도 하는데 학생들의 동의를 얻어 모둠원을 서로 맞바꿀 수 있다.

모둠장(연출) 선정하기

모둠장은 낭독극 만들기의 모든 과정에서 큰 역할을 담당한다. 협업을 이끌고 모둠원 사이의 이견을 조율할 수 있는 역량이 필요하다. 까다로운 각색 작업을 책임져 최종 대본을 만들 수 있는 열정도 있어야 한다. 이러한 역할을 사전에 알려 주어 책임감 있는 학생이 연출을 맡도록 안내한다.

역할 분담

모둠장을 제외한 다른 학생들은 최종 대본이 완성된 후에 역할 분담을 하면 자연스럽다. 모든 학생이 무대에 출연하는 것을 원칙으로 한다. 연출을 포함한 모든 학생은 배우이자 스태프다. 단, 낭독의 비중이 큰 해설자와 배우는 낭독에 좀더 집중하고 낭독의 비중이 적은 학생들은 스태프와 단역을 맡는다. 일반적으로 스태프는 음악과 음향, 배경 화면, 소품, 무대, 의상 등을 담당한다. 작품에 따라 1인 다역도 가능하다.

작품 선정

가능하면 원작은 교과와 연계한 작품으로 하되 시와 소설로 한정한다. 고등학생의 경우 문체가 좋고 흥미 있는 단편 소설을 추천한다. 3년 동안 학생들과 낭독극 수업을 한 경험으로 미루어 볼 때, 다음 소설들의 반응이 괜찮았다. 「갑을고시원 체류기」(박민규), 「서른」(김애란), 「숟가락아, 구부러져라」(천명관), 「알바생 자르기」(장강명), 「엇박자 D」(김중혁), 「우상의 눈물」(전상국), 「웃는 동안」(윤성희), 「유리방패」(김중혁), 「회색인간」(김동식), 「허생전을 배우는 시간」(최시한) 등을 추천한다.

　완성도 높은 단편 소설을 엮은 교재를 활용하면 효율적이다. 모둠별로 작품이 겹치지 않도록 안내하고 겹칠 경우 먼저 합의한 모둠에게 우선권을 준다. 모둠별로 선정한 작품은 교사와 협의를 통해 조정하거나 교체한다. 수업에서 이미 배웠던 작품은 배제하는 것이 좋다. 앞으로 배울 작품, 같이 공유할 만한 작품을 우선적으로 하도록 한다.

작품 탐구하기

각색을 하기에 앞서 작품을 탐구하는 과정이 필요하다. 단편 소설을 읽을 때 '질문으로 깊이 읽기'를 활용하여 원작에 관한 충분한 이해와 토론이 이루어진다면 각색이 좀더 수월하게 진행된다. 특히 작품의 주제나 주요 인물의 성격을 파악하는 작업이 중요하다.

대본 각색

낭독극 분량은 10분 이내, 4~6장면 정도로 정한다. 대본에 반영할 원작 장면은 한 명이 1~2장면씩 맡아 각색한다. 각색을 처음 해 보는 학생들을 위해 예시를 들어 이해를 돕는 활동이 꼭 필요하다. 주어진 공연 시간 안에 주제를 어떻게 녹여 낼지 파악하고 분량을 적절하게 안배해야 한다. 인물의 감정에 따른 리듬을 신경 써서 배우의 대사를 각색하는 것이 좋다.

각색 작업, 어떻게 할까?

① 작품의 주제가 잘 드러나는 인상적인 장면을 4~6개 정도 고른다.
② 모둠원과 협의하여 개인별로 각색할 장면을 분담한다. 소설의 구성 단계를 기준으로 할 수도 있고 적정한 분량을 기준으로 나눌 수도 있다.
③ 원작을 최대한 그대로 살리되 문장을 대사로 바꿀 수 있다면 바꾸는 것이 전달에 효과적이다.
④ 배우의 대사를 중심에 놓고 해설과 지문이 적절히 구성될 수 있도록 한다.
⑤ 장면과 장면을 연결할 때 해설을 활용해 작품의 이해를 돕도록 한다.
⑥ 모둠원들은 자신이 각색한 내용을 타이핑해 모둠장에게 보낸다.
⑦ 모둠장은 모둠원들의 각색을 모아 전체 대본을 완성한 후 모둠원 수만큼 인쇄하여 나눠 준다. 이때 교사의 관심과 도움이 필요하다.
⑧ 전체적인 흐름을 고려해 대본을 수정한다.
⑨ '10분 이내'라는 시간을 염두에 두고 A4용지 4~5쪽 분량을 넘지 않도록 압축하면 적절하다.

포스터 제작하기

포스터를 제작하면 낭독극 발표에 책임감과 기대감을 높일 수 있다. 스케치북, 켄트지, A3용지 등에 주요 문장이나 단어, 배경, 장면, 인물 등을 문자나 그림으로 표현한다. 학생들은 주로 PPT 화면을 선호한다.

모둠원이 각각 창의적인 아이디어를 내고, 의견을 모아 모둠별 포스터를 만들면 효과적이다. 제목, 일시, 장소, 출연진, 간단한 작품 소개는 반드시 포함되어야 한다. 포스터 제작과 대본 수정 파트로 역할을 나누면 모둠원 모두가 능동적으로 참여할 수 있다.

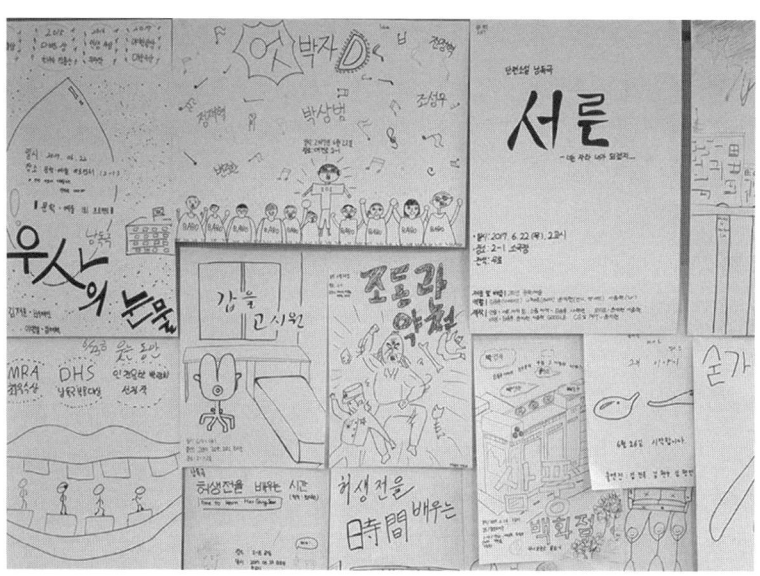

학생들이 직접 만든 포스터들.

연습하기

① 교사는 낭독극 공연 연출에 관해 안내한다.
② 연출을 맡은 모둠장은 최종 완성본을 모둠원 수만큼 인쇄해 준비한다.
③ 완성된 대본을 배역에 상관없이 읽는다. 이때 연출자는 시간을 체크한다.
④ 해설자를 포함해 배역과 스태프를 정한 후 실감 나게 읽는다.
⑤ 낭독극을 효과적으로 전달할 방법을 논의한다. 어느 부분에서 끊을까, 어떤 부분에서 배경 음악을 넣어야 하는가, 시각적 이미지나 준비된 즉흥극 등을 어떤 부분에서 보여 주고 삽입할 것인가 등 낭독극 진행에 관해 여러 아이디어를 나눈다.
⑥ 점심시간이나 방과 후 등 학교 일과 중 활용할 수 있는 자투리 시간에도 연습을 하면 완성도를 높일 수 있다.

공연 발표

교실에서 발표할 경우 공연장처럼 무대를 만들고 반원형으로 책상, 의자를 배치한다. 교사는 모둠별 배경 화면과 음악 파일을 미리 점검해 발표에 차질이 없도록 한다.

공연에 앞서 공연을 어떻게 시작하고 끝맺을지 서로 약속해야 한다.

공연을 발표하는 학생들.

예를 들면, 공연 시작과 끝은 정지 장면으로 한다든가, 다 같이 '레디 액션'을 외치면 공연을 시작한다든가, 공연 후 모둠원들끼리 기념 촬영을 한다든가 하는 사항을 미리 정해 놓는다.

작품 설명, 작가 소개, 줄거리, 등장인물 소개 관련 내용을 공연 전후로 알리면 관객이 낭독극을 이해하는 데 도움이 된다. 공연 전에 발표자가 간략하게 이야기할 수도 있고 포스터를 만들어 게시할 수도 있다. 공연 발표 중에는 관객 예절을 지켜 감상할 수 있도록 지도하고, 격려와 함께 축제 분위기를 형성한다. 촬영 담당자를 두어 사진과 영상을 남기는 일도 중요하다.

평가

낭독극 만드는 과정을 즐길 수 있도록 기본 요건을 갖추기만 하면 10점 만점에 8점 이상 후한 점수를 주는 것을 권장한다. 다만 학생들에게 수행 평가 점수 이상의 보상을 주기 위한 노력도 필요하다.

수행 평가는 개인별 평가와 모둠 평가를 더불어 진행한다. 까다로운 각색 작업의 원활한 진행을 위해 개인 평가요소 중 각색 과정의 비중을 높인다. 모둠 평가는 낭독극 공연을 중점적으로 본다. 이때, 학생들의 상호 간 평가를 참고할 수 있고 영상을 촬영했다면 다시 보면서 평가의 공정성을 보완할 수 있다.

소감 나누기

소감 나누기 양식을 활용해 기록과 평가의 자료로 활용할 수 있다. 촬영 영상을 함께 보며 낭독극을 만든 전 과정을 돌아보는 시간도 마련한다.

학생 138명을 대상으로 시·소설 창작 수업, 시 영상 만들기, 단편 영화 비평, 낭독극 발표 수업 중 가장 기억에 남는 수업이 무엇인지 조사했다. 예순다섯 명이 낭독극 발표 수업을 선택했다. 다음은 학생들이 낭독극을 뽑은 이유이다.

- 가장 많은 시간과 노력을 들인 수업이었고 모둠원 모두가 열심히 준비해 왔다.
- 낭독극을 처음 했는데, 직접 경험하며 본 것이 인상 깊었다.
- 친구들이 소설을 다양하게 해석하여 각색한 점이 인상 깊었다.
- 직접 연기, 연출을 맡아서 해 보니 재미있었다.

- '각색'이라는 작업을 한 번도 해 보지 않았는데, 신선하고 재미있었다.
- 소설 속 주인공이 되어 연기할 때 주인공의 심정을 이해할 수 있었다.
- 제일 열심히 참여했다.
- 포스터 제작부터 소품 준비까지 가장 많은 시간과 노력을 투자한 수업이었다.
- 소설을 직접 각색해 창의적으로 대본을 만들어 본다는 점이 흥미로웠다.
- 아이들과 많은 대화를 했던 수업이다.
- 모둠원끼리 대본을 편집해 나가는 과정이 재밌었다.
- 모둠원과 조화를 이루어 다 같이 낭독극을 준비하는 과정이 매우 재밌었다.
- 모둠원과 함께 작품이라는 것을 만들어 낸 성취감을 느꼈다.
- 내가 좋아하는 연극이라는 장르를 친구들과 함께 해서 좋았고, 많이 친해졌다.
- 아이들과 소통하고 극을 구성해 나가는 과정이 재밌었다.
- 모둠별 특색이 잘 드러나는 공연을 볼 수 있어서 좋았다.
- 대본을 외울 필요가 없어 부담되지 않았던 점이 기억 남는다.
- 모둠원끼리 협력해 대본의 장면을 떠올리고 상상하는 과정, 어떤 장면을 살릴 때 재밌을지 각색하는 과정, 캐릭터에 맞게 연기하는 모습이 인상적이었다.
- 협동심을 길렀다. 의견을 모아 대립 없이 조화롭게 연습하고 발표했기에 가장 기억에 남는다.

● 교사용 평가지

학교급	고등학교	과목	문학		
대단원	문학 활동의 즐거움 속으로	주제	소설을 각색하여 낭독극 발표하기		
성취 기준 (교육과정)	[12문학02-05] 작품을 읽고 다양한 시각에서 재구성하거나 주체적인 관점에서 창작한다.				
평가 유형	□ 논술 ■ 구술·발표 □ 토론·토의 □ 실험·실습 ■ 프로젝트 □ 포트폴리오 ■ 자기평가 ■ 동료평가 □ 관찰 및 기록				
반영 비율	서술형(10%)			평가 시기	6월
교과 역량	심미적 감수성, 창의적 사고력, 비판적 사고력, 의사소통능력, 공동체 역량				
수행 평가 내용	소설을 각색하여 모둠별로 낭독극을 발표할 수 있다.				

평가 항목	평가 기준	배점
각색 하기	모둠원을 잘 이끌고 각색 과정에 적극적으로 참여하였으며 원작 소설을 타당하게 분석하여 창의적인 대본을 작성함	5점
	각색 과정에 적극적으로 참여하였으며 원작 소설을 타당하게 분석하여 창의적인 대본을 작성함	4점
	각색 과정에 적극적으로 참여하였으나 대본의 참신성이 떨어짐	3점
	창의적인 대본을 작성하였으나 각색 과정에 소극적임	2점
	각색 과정에 적극적으로 참여하지 않았고 대본의 참신성이 떨어짐	1점
낭독극 발표하기	모둠원들을 잘 이끌고 낭독극 발표 과정에 적극적으로 참여하였으며 창의적인 낭독극을 발표함	5점
	제작 과정에 적극적으로 참여하고 창의적인 낭독극을 발표함	4점
	제작 과정에 적극적으로 참여하였으나 낭독극의 참신성이 떨어짐	3점
	창의적인 낭독극을 발표하였으나 제작 과정에 소극적임	2점
	제작 과정에 적극적으로 참여하지 않았고 낭독극의 참신성이 떨어짐	1점

- **낭독극 교과융합수업 지도안과 결과 보고서**

교과융합주간 수업지도안

과목명	문학	단원	Ⅱ. 문학 활동의 즐거움 속으로 1. 문학의 수용과 재구성	수업일	2019. 5.28.(화)
				수업 교사	한만수

교과	문학 – 외국어(영어, 제2외국어) – 연극 – 미술	수업 대상	2학년 5반(4교시)

수업 주제	[문학]·[연극] 소설 각색하기 – 낭독극 제작하기 [외국어] 다문화 관객을 대상으로 낭독극 공연 홍보하기 [미술] 공연 포스터 만들기

성취 기준	[문학] [12문학02-05] 작품을 읽고 다양한 시각에서 재구성하거나 주체적인 관점에서 창작한다. [연극] [12연기02-16] 주어진 장면을 분석하여 의미와 감정에 맞게 표현한다. [외국어] [12영Ⅰ04-03] 친숙한 일반적 주제에 관해 자신의 의견이나 감정을 쓸 수 있다. [미술] [미창112] 작품에 나타난 상징성을 현대적 시각에서 재해석하여 표현할 수 있다.

평가 유형	☐ 논술 ■ 구술·발표 ☐ 토론·토의 ☐ 실험·실습 ■ 프로젝트 ☐ 포트폴리오 ■ 자기평가 ■ 동료평가 ☐ 관찰 및 기록

핵심 역량	☐ 자기 관리 ☐ 지식정보처리 ■ 창의적 사고 ☐ 심미적 감성 ■ 의사소통 ■ 공동체

교수 학습 활동	학습단계	교과	교수 – 학습 활동	비고
	1단계	문학	• 소설 각색하여 낭독극 대본 만들기 • 대본 수정 작업	연출자가 모둠별 대본 완성
	2단계	외국어	• 다문화 관객을 대상으로 공연 홍보글 작성 • 영어, 독일어, 일본어, 중국어 中 택1 • 외국어로 낭독극 공연 소개(1분 회화)	작품 해설, 일시, 장소, 공연 시간, 출연진 등 소개
	3단계	미술	• 작품에 나타난 상징성을 현대적 시각에서 재해석하여 공연 포스터 제작	포스터 제작에 필요한 물품 준비
	4단계	연극	• 낭독극 만드는 방법을 참고하여 모둠별 낭독극 장면 연습	낭독극 만드는 방법 안내
	5단계		생활기록부 교과세부능력특기사항에 기록	

평가 내용	• 문학·연극: (개인별) 희곡 각색하기 • 외국어: 쓰기 – 공연 홍보글 작성 • 미술: 공연 포스터 제작하기

교육연구부 교과융합수업주간 운영 결과 보고서

과목명	문학	수업반	2-5	수업일 (교시)	2019.5.28.(4교시)
수업 단원	Ⅱ. 문학 활동의 즐거움 속으로 1. 문학의 수용과 재구성			수업 교사	한만수
수업 방법	모둠 활동, 프로젝트수업, 교과융합, 학생 배움 중심				
수업 활동 결과 (학생 활동 위주)	[문학] 소설 각색하여 낭독극 대본 만들기 • 대본 수정 작업 [외국어] 다문화 관객을 대상으로 공연 홍보글 작성 　• 영어, 독일어, 일본어, 중국어, 한문 中 택1 [미술] 작품에 나타난 상징성을 현대적 시각에서 재해석하여 포스터 제작				
수업 평가 및 소감	문학 수업에서 희곡 단원과 연관 지어 낭독극 수업을 12차시로 디자인했다. 연극은 장르의 특성상 교과융합형 수업이 필요하며 학생 중심의 모둠 활동이 많아 협업을 통한 미적 체험을 할 수 있다. '모둠은 힘이 세다.'라는 말을 절감했고 흥미롭게 참여하는 학생들의 모습이 인상적이었다. [문학] 수행 평가를 활용해 소설을 각색하는 활동이 원활하게 이루어졌고, 모둠별로 협업하여 낭독극 대본을 완성했다. 연출 담당을 정해 모둠 대본을 완성하도록 지도하였다. 본 차시에서 10분의 시간을 주고 개인별 창의적 아이디어를 바탕으로 포스터를 구상한 후 모둠별 포스터를 만들게 한 것, 포스터 제작과 대본 수정 담당으로 역할을 분담해 무임승차를 줄인 점이 효과적이었다. [외국어] 다문화 관객을 대상으로 한 공연 홍보 포스터 제작 과정에서 스마트폰 번역 프로그램을 활용하였고 기본적인 내용을 작성하는 데 흥미 있게 참여하였다. [미술] 작품 제목과 비슷한 이미지를 인터넷에서 검색하여 모방하는 모둠, 작품 내용을 상징적으로 형상화하는 모둠, 작품의 인상적인 장면을 표현하는 모둠, 제목을 부각하는 모둠 등 학생들은 다양한 시도를 하며 포스터를 만들었다. 여러 재료를 활용한 입체적인 포스터 제작도 시도해 볼 만하다.				

수업 활동 사진

수업① ／ 수업② ／ 수업③

● 학생 활동지 예시 - 장면 나누기

문학 수업 활동지

4차시	낭독극 대본 작성1	학번	20511	이름	서00
선정 작품	「갑을고시원 표류기」	모둠원	이00, 조00, 김00, 이00, 김00		

구분	내용
발표할 #장면1	70~79쪽(나 소개) '나'의 생활에 대한 소개, 갑을고시원에 들어간 후 생활.
발표할 #장면2	81~82쪽 3줄(김 검사와 만남) 술집에서 우연히 '김 검사'를 만나 술을 마시는 장면. 나는 김 검사에게 자신의 사정을 하소연.
발표할 #장면3	83쪽 1~11줄(절도 사건) 고시원에서 어떤 '여자'가 월급을 전부 도난당하는 사건 발생. '주인 아주머니'에게서 컴퓨터 도난을 조심하라고 주의 받음.
발표할 #장면4	84쪽 21줄~86쪽 2줄(후일담) 갑을고시원 사람들의 후일담을 소개한다. 나의 형 죽음, 김 검사의 고시 낙방과 낙향, 절도 사건 해결 등. 나는 졸업을 하고 취직을 하고 결혼을 한다.
발표할 #장면5	86쪽 3줄~끝(현재) 작은 임대아파트를 하나 얻어 아내와 살고 있다. 나는 밤에 담배 한 대를 피며 갑을고시원 생활을 회상하고 있다.
역할 분담	연출: 이00 배우: 조00, 김00, 이00 음악 및 배경 PPT: 조00

● **학생 활동지 예시** – 개인별로 각색하기

문학 수업 활동지

5차시	낭독극 대본 작성2	학번	20212	이름	구OO
작품 제목	「유리방패」		순서		#1
	자신이 맡은 장면으로 낭독극 대본 작성하기1				

해설가   여기 두 머저리가 있다. 이 둘은 30전 30패에 빛나는 면접 기록을 가지고 있다.
M   (핸드폰을 가리키며) 야, 이것 봐라. 게임 회사에서 게임 테스터 몇 명 뽑는데.
나   게임 테스터? 근데 나 게임 안 하는데.
M   야, 그렇다고 우리가 면접을 안 본 적 있냐?
나   (M을 치면서) 당연히 면접은 볼 거야. 회사 하나 불태울 뻔했어도 계속해야지.
해설가   그들은 애니 제작 회사 면접에서 마술 쇼를 하다가 실수를 하여 불을 낼 뻔한 전적이 있다.
M   (턱을 손에 올려놓으며) 게임…… 게임 테스터…….
    (잠깐 생각하고 한숨을 쉬며) 마술 쇼 한 번 더 해야 되나?
나   야, 미쳤냐? 흐음 이건 어떠냐? 게임 회사가 원하는 사람을 하나의 이미지로 나타내서 보여 주자고.
M   뭘 보여 주게?
나   요즘 회사원들에게 부족한 게 뭐야?
M   잠! 잠이 부족하지.
나   그것도 맞긴 한데 인내심이 가장 부족하잖아.
    테스트도 하려면 인내심이 필요하니까 그걸 보여 주는 거지. 귀 대 봐.
M   그냥 말하면 되지 무슨 귓속말을 해.
나   조용히하고 들어 봐. (귓속말을 하며 조명이 꺼진다)
면접관1   네. 다음 분 들어오세요.
나, M   안녕하세요.
면접관   네. 먼저 자기소개해 주세요.
나   저희들을 소개하는 대신 한 가지 보여드릴 게 있습니다.
    이 실을 풀어 내서 저희의 다짐을 보여드리겠습니다.
해설   하지만 그 실뭉치가 너무 너무 너무나 많이 엉켜 있었다.

● 학생 활동지 예시 – 평가 및 소감 나누기(앞)

우리들의 낭독극 만들기를 추억하며 – 나는? 우리는?	저는 __고○○ (4반 1번)__ 입니다. 낭독극 제목은 __웃는 동안__ 입니다.

1. 모둠 활동 중에 어려웠던 점과 잘한 점을 이야기해 주세요.

어려웠던 점/힘들었던 점/아쉬운 점	잘한 점/좋았던 점/배운 점 칭찬하고 싶은 점
대사 실수로 매끄럽게 발표가 진행되지 못한 점이 아쉬웠다. 또한 심오한 내용을 담은 현대 소설을 각색하기 어려웠다.	원작을 각색할 때 모둠원과 협력해 중요한 내용을 정확히 각색했고, 자연스러운 대본을 만들 수 있었다.

2. 모둠원 평가(감정에 치우치지 말고, 이성적이고 객관적인 사실로 자세히, 구체적으로)

   칭찬하고 싶은 친구와 그 이유 : 조○○ / 원작을 각색할 때 중요 내용을 포착해 낭독극
   　　　　　　　　　　　　　　에 어울리도록 만들었고, 등장인물의 감정이 잘 드러
   　　　　　　　　　　　　　　나는 실감나는 연기를 했다.
   아쉬운 친구와 그 이유 : 정○○ / 낭독극 발표 중 대본에 집중한 탓에 감정을 제대로 전
   　　　　　　　　　　　달하지 못해 아쉬웠다.

3. "제 점수는요!"(자기 자신도 포함하기)

잘한 순위	이름	별점 (다섯 개 만점)	역할(콘티/총감독/촬영/편집) 및 기여도를 구체적으로 써 주세요
1	(자기 자신) 고○○	★★★☆☆	소품을 활용해 낭독극을 더 실감나게 했고, 원작 각색할 때 제한 시간을 고려했다.
2	조○○	★★★★★	배경 화면을 활용해 낭독극을 돋보이게 했고, 배우로서 최선을 다해 연기했다.
3	오○○	★★★★☆	원작 각색을 담당해 다른 모둠원의 각색을 모아 낭독극 대본을 완성했다.
4	정○○	★★★★☆	원작 각색에서 다양한 의견을 제시했고, 가장 많은 분량의 대본을 소화했다.

나에게 낭독극 만들기란, __레몬 김치__ 다.
왜냐하면 __익숙하지만 색다른 맛이기__ 때문이다.

● 학생 활동지 예시 - 평가 및 소감 나누기(뒤)

| 우리들의 낭독극 만들기를 추억하며-나는? 우리는? | 저는 ___고○○ (4반 1번)___ 입니다. |

1. 절대로 장난이나 친분에 의한 평가를 하지 않습니다. 객관적이고 진실된 평가를 해 주세요.
2. 본인 모둠은 평가하지 않습니다.

시청 순서	작품 제목	별점 (다섯 개 만점)	영상을 보고 (잘된 점, 아쉬운 점, 인상적인 부분, 부족한 부분 등) 왜 이 점수를 주었나?
1	「갑을고시원 체류기」	★★★☆☆	배경 화면 활용이 좋았고 최선을 다해 연기했다. 배우들이 대본에만 집중해 아쉬웠다.
2	「알바생 자르기」	★★★☆☆	발표에서 인물의 감정을 효과적으로 드러내기 위한 제스처가 인상 깊었다. 배우 중 대본만 본 점이 아쉽다.
3	「유리방패」	★★★★★	인물의 성격이 잘 드러나는 제스처와 대사를 통해 상황을 효과적으로 전달했고, 소품과 음악을 적절하게 활용해서 새삼새 선날했나.
4	「회색 인간」	★★★★☆	원작을 재구성한 각색이 인상 깊었다. 배우들이 맡은 인물의 성격이 잘 드러나게 연기한 점이 돋보였다.
심사 기준	① 모둠원 간 역할의 적절성 및 협동성 ② 작품에 대한 이해 및 재해석의 적절성(창의적 요소) ③ 낭독극 표현 요소의 적절성(배경 음악, 시각 자료, 연기 등) ④ 발표 태도(준비성, 자신감, 전달력 등) ⑤ 관객의 호응도 및 감상의 적절성		

최우수 작품상은 ___유리방패___ 모둠입니다.
왜냐하면 ___원작을 잘 각색했고 실감나는 연기가 큰 웃음을 주었기___ 때문입니다.

우수 연기상은 ___최○○___ 입니다. 왜냐하면 ___배역에 잘 어울리는 말투로 제스처를 잘 살렸기___ 때문입니다.

03
초등 낭독극 수업 디자인하기
일상 이야기로 만드는 낭독극

별무리공작소 (이정수, 김동윤, 서길수, 정동연, 이수연, 홍영석)

6학년 1학기 국어과 단원 중에는 '일상생활의 경험을 극본으로 쓰고 낭독극하기'가 있다. 작성한 교수 학습 자료는 총 8차시로 구성되어 있으며 학생의 경험에서 출발하여 극본화를 거쳐 낭독극 만들기로 이어진다. 먼저, 세 가지에 중점을 두어 새로운 교수 학습 자료를 만들었다.

첫째, 학생들에게 드라마를 체험하고 느끼게 하는 데 초점을 맞췄다. 드라마(Drama)의 사전적 정의는 문학적 형태로서의 연극, 곧 연극과 희곡을 동시에 의미한다. 또한 극적인 사건이라는 의미도 내포하고 있다. 교사의 관점에서 학생들이 '드라마를 체험'한다는 것은 참여자의 내적 성장을 도모하고 극적 체험을 깊이 있게 하도록 한다는 뜻이다. 결국 드라마 수업에서는 관객이 꼭 필요치 않으며, 그 점에서 보는 연극(Theatre)과 구분될 수 있다.

수업지도안에서 제시하고 있는 '경험해야 하는 드라마'는 이러한 관점에서 수업 참여자가 매 활동마다 도달했으면 하는 드라마적 목표를 뜻한다. 드라마 수업은 마치 한 편의 연극을 보는 것 또는 하는 것과 같아서 일반적인 수업지도안의 분절된 단편적인 활동1, 활동2 등과는 성격이 다르다. 드라마 수업은 맥락과 흐름이 매우 중요하며, 수업 전체의 목표를 달성하기 위해 마치 블럭을 쌓아 나가듯 지난 활동의 경험 위에 새로운 드라마적 상상과 맥락을 창조해 나가는 과정이다.

둘째, 교육과정 성취 기준과 국어과 특색을 살려 수업을 디자인했다. 2015 개정 교육과정의 국어과 목표에서는 의사소통 능력과 듣기 말하기 읽기 쓰기 활동을 언급한다. 또 국어 교과 안에 연극 단원이 포함되어 있다는 점에서 텍스트 기반의 희곡, 듣기 말하기 중심의 활동이 강조되고 있다. 이 점을 최대한 충족하는 방향으로 차시를 구성해 보았다.

셋째, 선생님들이 활용하기 쉬운 수업을 꾸리고자 했다. 총 8차시의 흐름은 다음과 같다.

1차시	2~3차시	4~5차시	6차시	7차시	8차시
연극(드라마) 만나기	경험을 재구성해 글로 나타내기	이야기 풍성하게 하기	극본 쓰기	공연 연습하기	공연하고 소감 나누기

1차시 '연극 만나기'는 40분 동안의 간단한 활동으로 인상적인 장면

을 학생들이 체험함으로써 연극을 느끼고 만날 수 있는 시간이다.

2~3차시 '경험을 재구성해 글로 나타내기'는 물건을 통해 의미 있는 경험을 떠올리고, 다른 사람의 물건에 자신의 경험을 더하는 수업으로 디자인했다. 하나의 물건에 얽힌 다양한 경험을 토대로 짧은 이야기를 만들어 본다. 이때 자신의 경험을 사실적으로 재현하지 않고 상상을 통해 이야기를 만들어 낸다. 그 이유는 나의 일상과 예술 사이에 적절한 거리를 유지함으로써 안전하고 즐겁게 연극을 체험하기 위함이다. 나의 일상과 예술 사이에 적절한 거리가 있다는 점은 연극이라는 안전한 틀 안에서 학생들이 자유롭게 활동할 수 있는 중요한 요소가 된다. 드라마 수업 중에 우리가 하는 말과 행동은 무척 진실된 것이지만, 또 하나 분명한 점은 그 말과 행동이 허구의 세상이고 상상의 세계라는 것이다. 수많은 예술 작품이 현실을 상징화하여 반영하듯이 드라마 수업도 현실을 그대로 재현하는 것이 아니라 상상과 상징을 통해 창조되는 예술 활동이다. 마치 작가가 자전적인 이야기를 상상 안에서 허구의 문학 작품으로 재탄생시키는 것과 같은 맥락이다. 학생들은 이러한 연극이라는 틀 안에서 학교 폭력, 가정사, 사적인 영역의 이슈 등을 안전하게 다룰 수 있다.

4~5차시에는 이야기를 풍성하게 만든다. 이야기 틀을 활용해 장면의 인과 관계와 구성 요소(등장인물과 장소, 사건)를 만들어 내고, 그것을 모둠에서 모아 재구성한다. 재구성을 통해 확장된 이야기를 바탕으로 연극을 경험한다. 극본을 쓰기 전에 연극을 경험함으로써 극본과 연극

의 관계를 이해하고 우리의 이야기에 맞는 연극을 준비한다.

6차시에는 극본을 써 본다. 지금까지 공유한 이야기를 바탕으로 학생 개개인이 인물을 맡아 상황에 알맞은 말과 행동을 해 보고 극본으로 쓴다.

7차시 '공연 연습하기'는 공연을 위한 단순한 연습이 아니라 퇴고의 과정이기도 하다. 희곡은 공연을 목표로 만들어진 문학인 만큼 실제 공연 형태로 구성해 봐야 퇴고가 될 수 있다. 또 무대와 관객을 생각하며 예술적인 연출도 경험해 볼 수 있다.

그동안 준비한 내용을 바탕으로 8차시에는 공연을 열어 볼 차례다. 모둠별로 완성한 낭독극을 보고 다 함께 소감을 나눈다.

8차시의 모든 수업에서 아이들과 가장 먼저 해야 하는 일들이 있다. 바로 해당 수업이 연극으로 하는 수업임을 알려 주고 아이들의 동의를 얻는 것이다. 학생들은 수업 목표를 염두에 두며 적극적으로 참여할 마음을 가질 수 있다. 동의를 구하는 과정에서 진지한 태도로 학습에 임하겠다는 약속도 한다. 진지하게, 규칙을 지키며, 적극적으로 참여하자는 약속을 해 보자. 연극은 다 함께 하나의 목표를 향해 나아가는 예술 양식이므로 함께 하겠다는 공감 형성이 필요하다.

수업 시작뿐만 아니라 마무리 단계에서 8차시 모두 공통으로 해야 할 활동도 있다. 바로 수업을 정리하며 소감을 나누는 일이다. 연극 수업에서 느낌을 나누는 활동은 매우 중요하다. 각 활동을 진행하고 활동마다 감상을 나누어도 좋고, 수업 마무리에서 일괄적으로 연극 수업

전반에 관한 소감을 나누어도 좋다. 포스트잇을 이용하거나 한 사람씩 번갈아 공을 던지며 공을 받은 사람이 발표하는 방식을 사용하면 효과적으로 감상을 나눌 수 있다. 소감 나누기는 매 차시 수업지도안을 참고해 꼭 실시한다.

1차시 - 연극 만나기

활동 안내

첫 수업에서는 대부분 몸과 마음 열기 활동을 한다. 이 지도안에서는 '걷기'로 구성한 내용을 안내했다. 웜업 즉, 몸과 마음 열기 활동은 수업 목표에 맞는 적절한 것을 선택하여 계획할 수 있다. 해당 활동의 연장선상에서 학생들은 특별한 상황이 주어졌을 때 느끼는 감정을 몸으로 표현하며 짧은 연극을 체험하게 된다. 1차시 수업 중 도입 단계의 걷기 활동, 활동1, 활동2 중 '한 사람만 집으로 돌아가기'를 자세하게 설명해 두었다. 다른 활동은 수업 디자인 표를 참고해 교사가 자유롭게 구성하기를 권한다.

도입 - 나에게 집중하며 자유롭게 걷기

아이들은 특별한 역할 없이 자신의 걸음걸이로 교실을 걸어 본다. 이 때 중요한 점은 '나에게 집중하며' 걸어야 한다는 것이다. 학생들은 교실을 걸으면서 공간을 느끼고 자신의 움직임에 초점을 맞춘다. 자유롭

● **1차시 수업 디자인**

교과 및 단원명 (8차시 모두 동일)	6학년 국어 – 연극 단원/1차시
수업 목표	'걷기' 활동을 통해 연극 만나기
관련 성취 기준 (8차시 모두 동일)	[6국05-04] 일상생활의 경험을 이야기나 극의 형식으로 표현한다.
수업 단계 및 준비물	도입(8분) – 리듬 악기(리듬스틱 등)
	활동 1(10분) – 리듬 악기(리듬스틱 등)
	활동 2(15분) – 리듬 악기(리듬스틱 등)
	정리(7분)

수업 단계	수업 활동 ▶: 주요 활동 ●: 개별학습 ::: 모둠 학습 :::: 전체학습	경험해야 하는 드라마
도입	▶ 수업 동의 구하고 약속하기 ::: – 우리 함께 즐겁고 재미있는 연극 수업을 해 볼까요? – 연극 수업 약속하기(진지하게 참여하기 / 규칙을 지키며 참여하기 / 적극적으로 참여하기) ▶ 나에게 집중하며 자유롭게 걷기 ::: ▶ 속도에 변화를 주며 걷기 :::	수업 목표 공유하고 수업에 참여할 각오 다지기 걸으며 공간을 느끼고 자신의 움직임에 집중하기 속도의 차이를 통해 다양한 움직임 경험하기
활동1	▶ 걷기 활동의 확장 : 집으로 돌아가기 :::	주위 환경을 새롭게 인식하기
활동2	▶ 활동 1인 '집으로 활동'에 정서와 감정 넣어 보기 ::: – 생일 선물이 기다리고 있는 집으로 – 시험을 망치고 집으로 – 기다리는 사람이 아무도 없는 집으로 – 좋아하는 친구에게 고백을 받은 뒤 집으로 ▶ 한 사람만 집으로 돌아가기 :::	특별한 상황을 상상하며 감정과 정서 느끼기 짧은 연극 체험해 보기
정리	▶ 소감 나누기 :::	

게 걸어 보라고만 안내하면 학생들은 친밀감이 높은 친구들과 붙어서 활동을 하려고 한다. 걸을 때 자신을 비눗방울이 감싸고 있다고 상상하며 남과 부딪히지 않고 걷도록 안내하면 이러한 문제점을 어느 정도 해결할 수 있다.

도입 - 속도에 변화를 주며 걷기

'평소 빠르기로' '약간 빠르게' '가장 빠르게' '천천히' '아주 천천히' '우주에서 가장 빠르게' '나무늘보보다 느리게' 등으로 걷는 속도를 바꾸자고 이야기하면 아이들이 더 흥미로워한다. 리듬스틱이나 박수의 빠르기를 활용하여 속도를 박자로 표현하면 청각과 신체 움직임을 연계한 활동이 되기도 한다.

활동1 - 걷기 활동의 확장 : 집으로 돌아가기

학생들이 자유롭게 공간을 걷고 있으면 교사가 리듬스틱이나 박수를 활용해 움직임을 멈추게 한다. 아이들이 멈춘 그 자리를 '집'이라고 정한다. 특별한 표시를 하지 않고, 서 있는 공간을 중심으로 내 옆에 누가 있는지, 실내 구조는 나를 기준으로 어떤 방향에서 구성되어 있는지, 주위에 어떤 물건들이 있는지 살펴본 후 기억한다. 교사의 신호에 맞춰 학생들은 자유롭게 다시 걷기 시작한다. 걷다가 교사가 '집으로!'라고 외치면 다들 집으로 설정한 위치로 돌아온다. 학생들이 집으로 빨리 돌아오려고 하다가 서로 부딪히기도 하므로 다른 학생과 충돌하지 않도록 안내해야 한다. 집을 떠날 때 또는 돌아올 때 교실을 잘 살펴보도록 하면 평소에 지나쳤던 것들이 새롭게 느껴지는 경우가 있다. '익숙한 것을 낯설게 보기'에서 예술이 출발한다고 할 때 이 '집으로 활동'은 연극 예술의 출발점으로 안성맞춤이다.

활동2 - 한 사람만 집으로 돌아가기

한 학생을 선정해 활동2의 첫 번째인 "'집으로 활동'에 정서와 감정 넣어 보기"처럼 특별한 상황을 주고 표현해 보도록 한다. 다른 학생들은 자리에 앉아 연극 무대를 보듯, 집으로 돌아가는 학생을 바라본다. 돌아가는 학생은 앉아 있는 학생들이 자기 모습을 잘 볼 수 있도록 동선을 길게 한다. 교사가 특정한 상황을 제시하고 거기에서 느껴지는 감정을 표현하며 걷기 시작할 때 분위기에 어울리는 소리나 음악이 있어도 좋다. 더 연극적인 상황이 만들어지며 학생들의 몰입감을 높인다.

2~3차시 - 경험을 재구성해 글로 나타내기

활동 안내

2~3차시는 물건을 하나 소재로 삼아 물건과 이야기를 연결하는 과정이다. 이 시간을 통해 물건에 어떤 사연이 깃들어 있을지 이야기를 상상하는 힘을 기를 수 있고 낭독극 소재를 발견할 수도 있다. 이 과정을 통해 모둠별로 낭독극에서 어떤 이야기를 펼칠지 정하고 인물, 사건,

● 2~3차시 수업 디자인

수업 목표	자신의 경험을 극적으로 재구성하여 글로 나타낼 수 있다.
수업 단계 및 준비물	도입(15분)
	활동1(20분) - 자기 경험이 녹아 있는 소재(일기, 물건, 사진)와 포스트잇
	활동2(15분) - 한 뼘 이야기 만들기 활동지(별첨)
	활동3(20분) - 한 뼘 이야기 만들기 활동지, 시작과 끝을 알릴 수 있는 악기(선택)
	정리(10분)

수업 단계	수업 활동 ▶: 주요 활동 ●: 개별학습 ∷: 모둠 학습 ⁂: 전체학습	경험해야 하는 드라마
도입	▶ 수업 동의 구하고 약속하기 ⁂ ▶ 역할 입기 ⁂ - 하나, 둘, 셋이라고 하면 축구 선수가 되어 보기 - 여러 직업을 표현하고 마지막에는 연극 작가를 표현해 보면 좋음	수업에 참여할 각오 다지기 상징적인 정지 동작 표현
활동1	▶ 물건을 통해 자신의 경험 나누기 ∷ ▶ 다른 물건에 나의 경험 더해 주기 ●	인물의 물건이 갖는 의미를 공유, 연극 소재 고르기 연극에 어울리는 이야기 판단
활동2	▶ 새롭고 극적인 이야기 만들기 ∷ (활동지 참조) ▶ 만든 이야기 속 인물, 사건, 배경 정리하기 ∷ (활동지 참조)	내 경험과 다른 사람의 경험을 결합 이야기의 구성 요소 파악
활동3	▶ 이야기 정지 동작(스틸 이미지)으로 발표하기 ∷	이야기를 연극의 한 장면처럼 표현
정리	▶ 소감 나누기 ⁂ - 물건을 통해 이야기를 만들 때 상상을 충분히 했는지? - 아이디어를 몸으로 표현할 때 어떤 연극적인 경험을 했는지? - 토의와 이야기를 만드는 과정에 적극적으로 참여하였는지? ▶ 차시 예고 ⁂ - 한 뼘 이야기를 희곡으로 바꾸기 활동 안내	

배경을 정리하게 된다.

활동1을 비롯해 활동2의 '새롭고 극적인 이야기 만들기', 활동3의 '이야기를 정지 동작으로 발표하기'에 관해 세세히 안내했다. 다른 과정은 활동지를 참조하면 손쉽게 이끌어 나갈 수 있을 것이다.

활동1 - 물건을 통해 자신의 경험 나누기

이 활동은 이야기 속 인물의 삶에서 어떤 물건이 갖는 의미를 이해하고 공유하기 위해 필요하다. 학생들은 이 활동을 통해 다양한 이야기 속에서 어떤 이야기가 연극의 소재로 적절한지 판단하게 된다. 모둠 안에서 서로의 물건을 자세히 관찰하고 한 명씩 돌아가며 어떤 추억이 담겼는지 이야기한다. 모두 이야기를 나누면 모둠원은 상의하여 물건을 하나 선정한다. 다양한 사건을 상상하게 하며 연극의 소재로 삼을 만한 물건이어야 한다. 연극적으로 표현할 수 있는 서사가 담긴 물건에는 다음과 같은 것들이 있다.

- 조금 낡았거나 안경알이 깨져 있어 상상력을 자극하는 안경
- 누군가의 사인이 있거나 그림이 그려져 주인이 궁금해지는 물건
- 다른 친구들이 평소에 접해 보지 못해 다양한 쓰임새를 떠올릴 수 있는 공
- 사진, 초상화, 손편지처럼 사연이 떠오르는 물건

반면 학생들에게 준비물을 안내하지 않아 물건이 준비되지 않았을 때는 교사가 빈 상자를 준비하여 활동을 진행할 수 있다. 학생들에게

빈 상자를 보여 주고 상자 안에 각자의 추억이 담긴 소중한 물건이 있다고 말한다. 학생들은 물건을 상상하고, 각자의 포스트잇에 상상한 것을 그림으로 그리고 제목을 쓴다.

  빈 상자가 아니라 교실의 물건을 활용해서 수업을 진행해도 된다. 3분 정도 시간을 주어 교실의 물건을 탐색하고 자신이 소중하다고 생각하는 물건을 골라 보도록 안내할 수도 있다.

활동1 - 다른 물건에 나의 경험 더해 주기

모둠에서 대표로 선정한 물건을 모둠 책상 한가운데 놓고 교사는 물건 옆에 포스트잇을 둔다. 학생들은 일정 시간 동안 자유롭게 돌아다니며 다른 모둠의 물건을 관찰한다. 이때 자신의 경험을 바탕으로 그 물건과 관련된 이야기를 상상해서 1~2문장으로 포스트잇에 적고(이 인형은 우리 아빠가 여행 가서 뽑아 주셨어. / 이 인형을 서로 가지고 놀겠다고 동생과 자주 싸웠어. / 우리 오빠는 사진 찍는 걸 싫어해. 등) 그 물건이 있는 책상에 붙여 놓는다. 포스트잇에 쓰인 이야기는 완전히 허구로 꾸며 낸 것이 아니라 실제 경험과 연관된 것이기 때문에 다양하고 구체적인 방향으로 나오게 된다. 개개인이 모든 모둠에 포스트잇을 붙여 줄 필요가 없으며, 한 모둠에 여러 장의 포스트잇을 붙여 줄 수 있다는 것도 안내한다. 또한 지금 자신이 도입에서 해 본 역할 입기 활동의 연극 작가라고 생각하고 단순한 감상이 아닌, 이야기를 만드는 데 도움이 될 만한 내용을 적을 수 있게 하면 좋다.

2~3차시 활동지 - 한 뼘 이야기 만들기

제목 :

주요 인물		주변 인물	
핵심 사건		시간적 배경	
		공간적 배경	

활동2 - 새롭고 극적인 이야기 만들기

학생들은 자신의 모둠으로 돌아와 책상에 붙어 있는 포스트잇의 내용과 물건에 담긴 이야기를 조합하여 새롭고 극적인 이야기를 만든다. 63쪽 '한 뼘 이야기 만들기' 활동지를 활용해 5~8줄 정도로 핵심 사건만 쓸 수 있도록 지도한다. 학생들은 적절한 아이디어가 떠오르는 포스트잇만 골라 사용하는 것이 좋다. 선택한 포스트잇을 시간의 흐름이나 공간의 이동에 따라 순서대로 배열해 보는 활동을 하면 도움이 된다는 점도 안내한다.

활동3 - 이야기를 정지 동작(스틸 이미지)으로 발표하기

학생들은 모둠별로 토의를 통해 장면을 정한 뒤 어떻게 하면 효과적으로 그 장면을 표현할 수 있을지 상의해 보고 만든다. 이때 장면을 정하고 만드는 과정은 직접 몸을 움직여 가며 진행하도록 지도한다. 학생들의 발표를 볼 때는 구호를 외쳐 한 번에 시작하고 짧게 관찰한다. 정지 동작만으로 장면을 판단하기 어려울 수 있으므로 상황에 어울리는 대사를 한마디씩 하도록 안내한다.

4~5차시 - 이야기 풍성하게 하기

활동 안내

2~3차시 수업에서 정한 이야기에 살을 붙인다. 무엇이 원인이 되어 그

● 4~5차시 수업 디자인

수업 목표	이야기를 풍성하게 꾸밀 수 있다.
수업 단계 및 준비물	도입(10분)
	활동1(15분) – 이야기 틀 활동지(별첨)
	활동2(15분) – 기차 이야기 활동지(별첨)
	활동3(30분) – 간단한 연극에 필요한 소품(모둠별)
	정리(10분)

수업 단계	수업 활동 ▶: 주요 활동 ●: 개별학습 ⁚: 모둠 학습 ⁝: 전체학습	경험해야 하는 드라마
도입	▶ 수업 동의 구하고 약속하기 ⁝ ▶ 연극놀이 '왜냐하면 놀이' ⁝	수업 각오 다지기 이야기의 맥락을 연결 짓고 행동으로 표현하기
활동1	▶ '이야기 틀'에 따라 이야기 풍성하게 만들기 ● (활동지 참조) - 모둠에서 2~3차시에 만든 한 뼘 이야기를 바탕으로 함 - 인상적인 장면의 원인이 될 만한 사건과 결과가 될 만한 사건을 포스트잇에 짧게 정리하기	구성 요소를 고려해 이야기 확장하기
활동2	▶ 기차 이야기 만들기 ⁚ (활동지 참조) - 개인별로 포스트잇에 작성한 사건들을 모아 모둠별로 이야기의 흐름에 따라 배열하기	모둠원이 서로의 이야기를 공유, 협의, 결정하는 과정을 거침
활동3	▶ '이야기를 무대로 활동'으로 간단한 연극 만들기 ⁚	활동을 통해 짧은 연극을 경험함
정리	▶ 소감 나누기 ⁝ - 오늘 활동 중 어떤 연극적인 경험을 했는지? - 이야기를 만들고 표현하는 과정에 진지하고 적극적으로 참여했는지? ▶ 차시 예고 ⁝ - 확장한 이야기를 바탕으로 극본 쓰는 활동을 할 것임을 안내함	

이야기가 시작되었는지, 그 결과는 어떻게 될지 생각하며 이야기를 확장한다. 모둠에서 학생들이 자기 생각을 표현하고, 다른 모둠원의 생각을 들으며 의견을 조율하는 과정에서 의사소통 능력도 기를 수 있다. 활동과 연계된 중요한 연극놀이인 '왜냐하면 놀이'와 세 번째 활동인 '이야기를 무대로 활동'을 통해 간단한 연극 만들기 사례를 설명했다. 다른 과정은 2~3차시와 마찬가지로 표의 내용과 활동지를 참고하면 무리 없이 이끌어 갈 수 있을 것이다.

도입 - '왜냐하면 놀이'

학생들이 둥글게 앉고 한 명씩 가운데로 나와 짧은 문장을 말한다. 마지막에는 꼭 '왜냐하면'을 덧붙인다. 두 번째 학생은 첫 번째 학생이 이야기한 '왜냐하면' 다음에 어떤 내용이 올지 상상해서 이야기한다. 그리고 자신도 마지막에 '왜냐하면'을 덧붙인다. 세 번째 학생도 두 번째 학생이 한 과정을 반복한다.

> 예 첫 번째 학생 : (바쁘게 움직이며) 난 오늘 학교에 지각했다. 왜냐하면…….
>
> 두 번째 학생 : (핸드폰을 하며) 친구랑 늦게까지 카톡을 했기 때문이야.
> 왜냐하면…….
>
> 세 번째 학생 : (손으로 하트를 만들며) 친구와 화해했거든. 왜냐하면…….

활동 3 - '이야기를 무대로 활동'으로 간단한 연극 만들기

예를 들어 이야기꾼(해설자)이 "옛날옛날 어떤 마을이 있었습니다. 이

4~5차시 활동지 - 이야기 틀
2·3차시에서 만든 한 뼘 이야기를 활용하는 활동지이다. A4용지보다는 A3나 B4용지에 인쇄하는 쪽을 권한다.

이야기 틀

인상적인 장면의 원인이 될 수 있는 사건	한 뼘 이야기	인상적인 장면의 결과가 될 수 있는 사건
포스트잇에 사건을 짧게(1~2줄) 써서 붙이세요.	지난 시간에 만든 한 뼘 이야기를 쓰세요. 주요 사건 등장인물 시간적, 공간적 배경	포스트잇에 사건을 짧게(1~2줄) 써서 붙이세요.

4~5차시 활동지 - 기차 이야기
출발은 한 뼘 이야기에서 한다. 꼭 9칸을 다 채울 필요는 없다. 더 필요하다고 생각되는 사건을 추가할 수 있다. 이 활동지는 B4용지나 8절 도화지에 만들기를 권장한다.

마을은 산과 마을 앞을 흐르는 맑은 냇물이 아름다운 곳이었습니다."라고 말을 하면 배우들이 앞으로 나와 산과 마을 앞을 흐르는 냇물을 만들어 보여 준다. 다시 이야기꾼이 "냇가에는 물고기 잡는 사람들이 있었고, 하늘에는 새들이 날아가는 평화로운 마을이었지요."라고 말을 하면 다른 배우들 또는 이미 산, 냇물 역할을 했던 배우들이 물고기를 잡는 사람들, 하늘을 날아가는 새들을 만들어 보여 준다. 이때 배우들이 맥락에 어울리는 말을 서로 나눌 수 있다. 고기 잡는 사람들은 "물이 참 맑다.", "물고기 저리로 간다." 등 즉흥으로 말을 해 본다. 날아가는 새들도 "짹" 하며 날아갈 수 있다. 다시 이야기꾼(해설자)이 "이때 마을의 욕심쟁이 부자가 냇가로 산책을 나왔습니다."라고 말을 하면 배우들 중 한 명이 욕심쟁이 부자의 모습을 즉흥으로 보여 주는 등 간단한 연극을 하는 활동이다.

6차시 – 극본 쓰기

활동 안내

본격적으로 낭독극 대본을 쓰는 시간이다. 2차시부터 5차시까지 모둠에서 정리한 내용을 반영해 모둠 공동 작업 혹은 개인 작업으로 진행한다. 낭독극 대사를 길어 올리는 데 중요한 역할을 하는 도입의 '폭풍 대화 놀이'와 활동2, 3을 따로 설명해 두었다. 별도의 설명이 없는 단계는 표 내용과 활동지를 참고한다.

● **6차시 수업 디자인**

수업 목표	일상생활의 경험을 바탕으로 극본을 쓸 수 있다.
수업 단계 및 준비물	도입(5분)
	활동1(5분) - 교과서
	활동2(10분) - 전 시간에 정리한 기차 이야기 활동지, 인물 카드 활동지(별첨)
	활동3(15분) - 극본 쓰기 활동지(별첨)
	정리(5분)

수업 단계	수업 활동 ▶ : 주요 활동　● : 개별학습　∷ : 모둠 학습　⋮⋮ : 전체학습	경험해야 하는 드라마
도입	▶ 수업 동의 구하고 약속하기 ⋮⋮ ▶ 폭풍대화 놀이 ⋮⋮	장면에 맞는 대화 하기 주어진 상황에서 맥락 찾기
활동1	▶ 극본 읽기 ⋮⋮ - 짧은 극본의 일부분을 역할을 나누어 읽는다. ▶ 극본의 구성 요소 알기 ⋮⋮ - 해설, 지문, 대사를 구분할 수 있다.	교과서에 있는 희곡 참고하여 극본의 구성 요소 및 특성 알기
활동2	▶ 인물 카드, 기차 이야기의 상황을 토대로 폭풍 대화하기 ∷ (활동지 참조)	모둠원이 협력하여 희곡의 대사를 만들어 내는 경험을 한다
활동3	▶ 극본 쓰기(활동지 참조)	연극의 바탕이 되는 극본을 써 보는 경험을 한다
정리	▶ 소감 나누기 - 폭풍대화 활동을 통해 주어진 상황에서 할 수 있는 대화를 상상했는지? - 극본의 요소를 잘 이해했는지? - 극본 쓰기 과정에 적극적으로 참여하였는지? ▶ 차시 예고 - 낭독극 연습하기 활동 안내	

도입 – 폭풍대화 놀이

폭풍대화 놀이는 이번 차시의 핵심 활동이다. 교사가 하나의 상황을 정해 주면 학생들은 일어나서 상황에 어울리는 대사를 한 명씩 자유롭게 말한다. 눈치게임처럼 두 명 이상 동시에 일어나 대사를 하거나 5초 이상 아무도 일어나지 않을 경우 처음부터 다시 하도록 한다. 학급 구성원들 모두가 한 번씩 대사를 하면 놀이가 종료된다. 교사는 상황을 줄 때 학생들의 대화가 단편적으로 끊기지 않고 서로에게 영향을 주며 이어질 수 있는 상황을 생각해야 한다.

> 예   〈상황〉 우리 학교의 점심시간
>
> 　　학생1 : 오늘 아이스크림 나온다!
>
> 　　학생2 : 선생님, 시금치 안 먹으면 안돼요?
>
> 　　학생3 : 저 이 반찬 더 주세요.

　상황은 가족 여행, 현장 체험 학습, 생일잔치에서 있었던 일 등 학생들이 경험해 본 일, 공감할 수 있는 일로 선정할 수 있다. 같은 말을 똑같이 따라하거나 같은 의도로 비슷한 말을 하는 경우(인사만 하는 경우)는 무효로 한다. 모든 학급 구성원들이 일어나 맥락에 어울리는 대화를 하도록 안내한다.

활동2, 3 – 인물 카드, 기차 이야기의 상황을 토대로 폭풍대화 하고 극본 쓰기

활동2에서는 4~5차시에서 모둠별로 만든 이야기에 나오는 인물과 인물 정보를 72쪽 활동지 인물 카드에 써넣는다. 전 시간에 만든 기차 이야기 활동지를 꺼내 놓고, 작성한 인물 카드를 뒤집은 채 각자 하나씩 뽑는다. 뽑은 인물을 맡아 기차 이야기의 장면 순서대로 폭풍대화를 시작한다. 모둠원이 모두 만족할 만한 장면이 완성되면 기차이야기의 다음 장면으로 넘어가고, 폭풍대화가 만족스럽지 않을 경우 인물 카드를 섞은 후 다시 뽑아 폭풍대화를 시작한다. 만약 뽑은 인물이 장면에서 등장하지 않으면 대화에 참여하지 않고 폭풍대화를 지켜본다.

　활동3에서는 여기에서 나온 대사들을 갈무리하며 극본 형태로 만든다. 모둠별로 혹은 개인별로 글쓰기를 진행할 수 있다. 반 특성을 생각하여 어떤 방법을 선택할지 정해 보자. 모둠 학습이 잘 이루어지는 반이라면 '모둠에서 쓰기' 방법을, 개인이 극본을 적는 경험이 중요하다고 생각된다면 '개인별 쓰기' 방법을 추천한다. 극본을 쓰는 단계에서 다음 차시 활동(낭독극 연습하기)을 위해 대사에 번호를 붙인다. 또한 대사를 추가할 경우 (앞번호)-1,(앞번호)-2 등으로 새로 번호를 붙인다.

• 모둠원과 함께 극본 쓰기

이야기 속 인물을 모둠원들이 한 명씩 맡는다. 만들어진 기차 이야기 상황에 놓인 인물이 되어 대화를 한다. 이전 활동의 폭풍대화를 천천히 되짚어 간다고 생각하면 쉽다. 장면이 끝날 때마다 인물 간에 나눴던 대화를 합의하고 정리하여 극본화한다.

6차시 활동지 - 인물 카드

인물 카드 (이름)	인물 카드 (이름)
나이: 성별: 자주 하는 말: 자주 하는 행동: 성격:	나이: 성별: 자주 하는 말: 자주 하는 행동: 성격:

6차시 활동지 - 극본 쓰기

다음 차시 활동을 위해 대사 앞에 번호를 붙여 극본을 쓴다. 대사를 추가할 경우 (앞번호)-1, (앞번호)-2 등으로 새 번호를 붙인다.

예

(1)	복순	할아버지!
(1-1)	철수	할아버지! 복순이가 불러요. (새로 추가된 대사)
(1-2)	복순	할아버지 어디 있어? 나가셨어?
(2)	할아버지	(소리만) 오냐.
(3)	복순	다 됐어요?
(4)	할아버지	(소리만) 오냐. 다 되어 간다.
(5)	복순	어머! 웬 사람이 저렇게 쏟아져 나왔을까? (시계를 보며) 그런데 영이는 왜 여태 안 올까?

.
.
(생략)
.
.

(120)	복순	(사랑을 담아) 할아버지 고마워요.
(121)	할아버지	(밝게 웃으며) 고맙다. 복순아.

암 전

- 모둠 안에서 개인별로 극본 쓰기

모둠원과 함께 극본 쓰기 활동처럼 등장인물이 되어 기차 이야기 상황에 따라 대화를 한다. 하지만 모든 장면에 대해 각자 극본을 쓰며, 어떤 대사를 넣고 뺄지, 대사를 조금 바꿀지는 개인이 판단해서 선택하게 된다. 개인별로 완성한 극본을 모둠원과 공유하여 모둠에서 하나의 대본을 선정하거나 협의를 통해 모둠의 극본을 완성한다.

7차시 - 공연 연습하기

활동 안내

대본이 완성되었다면 낭독극을 어떻게 연출할지 정해야 한다. 연습을 거듭하고 다른 모둠의 낭독도 들어 보며 공연 진행에 관한 아이디어를 쌓아 나간다. 이어지는 이야기에서는 도입, 활동 1~3단계를 어떻게 진행할지 정리했다.

도입 - 다양한 형태의 낭독극 감상하기

학생들이 낭독극의 표현 형태를 다양하게 경험하고, 자신들이 원하는 표현 형태를 떠올릴 수 있도록 자료를 풍부하게 제공하면 좋다. 연극 양식에 따라 낭독극의 형식은 매우 다양하다. 모든 배우가 앉아서 목소리로만 낭독기도 하지만, 작품의 성격에 따라 배우들이 간단한 연기와 움직임을 함께 하기도 하며, 장면에 어울리는 음악이나 효과음, 영

● 7차시 수업 디자인

수업 목표	낭독 공연 계획을 세우고 연습할 수 있다.
수업 단계 및 준비물	도입(5분) - 다양한 낭독극 사진 또는 동영상 자료
	활동1(10분)
	활동2(10분) - 낭독 공연 계획서(별첨)
	활동3(15분) - 완성 대본
	정리(5분)

수업 단계	수업 활동 ▶: 주요 활동 ●: 개별학습 ⁚⁚: 모둠 학습 ⁝⁝⁝: 전체학습	경험해야 하는 드라마
도입	▶ 다양한 형태의 낭독극 감상하기 ⁝⁝⁝	다양한 형태의 낭독극이 있음을 이해하기
활동1	▶ 극본 낭독에 관해 아이디어 나누기 ⁚⁚	극본 들으며 장면 떠올리기 극본에 가장 잘 어울리는 연극 양식 탐색하기
활동2	▶ 낭독 공연 계획 세우기 ⁚⁚ (활동지 참조)	이야기의 연극적 전달을 위해 필요한 것 정리하기
활동3	▶ 역할을 나누어 낭독 연습하기 ⁚⁚	극본을 낭독하는 바른 태도와 필요한 연습을 하는 방법을 알고 실천하기
정리	▶ 소감 나누기 ⁝⁝⁝ - 소감 나누기 : 낭독 연습을 하며 잘한 점, 어려웠던 점 나누기 - 마지막 점검 : 낭독극 공연을 하기 위한 마지막 점검 하기	

상을 가미한 낭독극도 있다. 이렇게 다양한 형식의 낭독극을 접함으로써, 학생들도 자신들의 극본을 가장 효과적으로 표현할 방법을 자연스럽게 찾게 된다.

활동1 – 극본 낭독에 관해 아이디어 나누기

작성한 극본의 각 장면을 분석하여, 자신이 만든 극본에 가장 잘 어울리는 연극 양식을 탐색해야 한다. 이 활동은 한 모둠이 극본의 일부를 들려주면 다른 학생들이 듣고 아이디어를 보태는 과정이다. 듣는 학생들은 포스트잇 등에 아이디어를 적어 전달해 준다.

먼저 6차시에 작성한 각 모둠의 극본을 해당 모둠에서 읽고, 다른 학생들은 잘 표현한 점, 고쳐야 할 점, 어떤 형태로 읽으면 효과적일지 등을 말해 준다. 이때 읽는 모둠에게 주의해서 지도해야 할 점은, 마지막 난세가 낭독보나는 공연임을 생각하며 공연 예술가로서의 태도(알맞은 목소리 크기로, 실감 나게, 앞뒤 맥락을 이해하며)로 읽도록 하는 것이다.

듣는 학생들이 아이디어를 낼 수 있도록 교사가 적절한 분위기를 형성해 주는 것도 중요하다. 시간이 없다면 한 모둠만 먼저 낭독하며 전체적으로 아이디어 나누는 경험을 한 뒤, 두 모둠씩 짝을 지어 같은 방식으로 해도 좋다.

활동2 – 낭독 공연 계획 세우기

낭독 공연의 형식, 공연에 필요한 소품, 연습 방법 등을 더 고려하여 확

7차시 활동지 - 낭독 공연 계획서

우리가 만든 이야기로 낭독 공연을 계획하여 봅시다. 공연 형식, 필요한 소품, 연습 방법 등

6학년 ( )반 ( )번 ( ) / ( )모둠

역 할	맡은 사람

( )번~( )번 대사
필요한 소품/효과음/움직임 등
- 예) 외워서 마주 보며
- 예) 유리컵을 연필로 두드려 신비로운 소리를 낸다
- 예) 소품: 유리컵, 연필

( )번~( )번 대사
필요한 소품/효과음/움직임 등

( )번~( )번 대사
필요한 소품/효과음/움직임 등

( )번~( )번 대사
필요한 소품/효과음/움직임 등

정하도록 하고, 학습지를 바탕으로 체계적으로 준비하도록 한다.

낭독극 공연 형식은 19쪽에서 설명하는 낭독극의 기본적인 형태를 포함, 교사 개개인이 풀어내려 하는 작품의 형식을 의미한다. 79쪽에서 설명하는 무대 구성을 참고하면 형식을 정하는 데 도움이 된다.

효과나 움직임 등이 필요한 장면은 활동지에 '(3)번~(10)번 대사'와 같이 대사 번호로 표기한 다음 그 장면에서 쓰일 소품, 효과음, 움직임 등을 적는다.

활동3 - 역할을 나누어 낭독 연습하기

여러 아이디어를 제공함으로써 보다 입체적인 낭독극을 만들 수 있는 분위기를 조성하는 것이 좋다. 예를 들어 "이 장면에서 주위에 있는 물건을 이용해 효과음을 만들 수 있지 않을까요?" "첫 장면은 앉아서 시작하는 것보다는 밖에서 들어오면서 시작해 보면 어떨까요?" "마지막 장면은 긴장감을 주기 위해 대사를 외우고 관객을 보며 들려주면 어떨까요?" 등 질문을 던지면 더 적극적인 참여를 이끌어 낼 수 있다.

8차시 - 공연하고 소감 나누기

활동 안내

대망의 공연 날이다. 무대는 어떻게 구성할 수 있고, 음향과 조명에서 신경 써야 할 부분은 무엇인지 설명했다. 8차시 내용과 연관된 이야기이지만 공연을 준비하며 미리 알아두면 더 도움이 된다. 공연을 마치면 소감을 나누는 시간을 마련하고, 열심히 달려온 학생들을 격려해 주자.

공연하기 - 무대 구성

• 밀집형 : 밀집형은 교실의 기존 배치를 상상하면 된다. 배우들만 앞쪽으로 책상, 의자 따위를 놓고 앉거나 서서 연기한다. 이 형태의 장점은 관객의 위치 변형이 불필요하다는 것이다. 다만 뒤에 앉은 관객은 잘 보이지 않을 수 있다.

• 학익진형 : 밀집형의 단점을 보완할 수 있는 형태이다. 관객들이 넓게 퍼져서 낭독극을 감상한다. 일반적인 교실이라면 칠판을 앞으로 하는 형태가 아닌 넓은 쪽(창가)을 앞으로 설정해 관객들이 더 퍼져 앉을 수 있도록 한다.

• 일자형 : 교실 가운데 부분을 비워 두는 형태이다. 이 형태에서는 배우들이 무대를 사용해 움직일 수 있다는 장점이 있다. 학생들이 준비한 낭독극에 배우들의 움직임이 많거나 공간이 필요하다면 이러한 형태로 배치할 수 있다.

• 〈죽은 시인의 사회〉형 : 영화 〈죽은 시인의 사회〉의 한 장면처럼 각자 자기 자리에서 연기를 하는 형태이다. 이때 배우들은 한곳에 몰려 앉지 않게 하는데, 이러한 효과로 관객들은 극 안에서 배우들과 같이 보고 느끼게 된다. 관객들이 입체적으로 낭독극을 감상할 수 있다는 장점이 있지만, 배우들의 많은 연습이 필요할 수 있다.

● 8차시 수업 디자인

수업 목표	모둠별로 낭독극을 공연하고 소감을 나눌 수 있다.
수업 단계 및 준비물	공연하기(30분) - 공연에 필요한 준비물
	소감 나누기(10분) - 소감을 쓸 포스트잇

공연하기 - 무대 구성

밀집형		학익진형	
이점	- 늘 하던 형태 - 교실 변형 불필요	이점	- 무대 집중도 큼 - 낭독 중 움직이며 간단한 연기 가능
고민할 점	- 뒤에 앉은 관객들의 집중도 저하 우려	고민할 점	- 교실 변형 필요

일자형		〈죽은 시인의 사회〉형	
이점	- 배우들이 무대를 넓게 활용할 수 있음 - 다양한 시각에서 무대를 바라볼 수 있음	이점	- 교실 변형 불필요
고민할 점	- 교실 변형 필요	고민할 점	- 배우들의 자리 재배치 필요 - 배우를 보기 위해 고개를 계속 돌려야 함

소리- 배경 음악과 효과음 / 빛(조명) 연출

소감 나누기
모둠별 낭독극을 보고 재밌었던 점, 인상 깊었던 점, 아쉬웠던 점을 포스트잇에 정리해서 4절지 등 큰 종이에 붙일 수 있다. 다음 순서 모둠이 무대를 준비하는 시간에 소감을 쓸 수 있도록 한다.

소리 - 배경 음악과 효과음

소리(음향)는 연극을 더 극적이고 풍성하게 해 주는 장치이다. 학생들은 연습 단계부터 낭독극에 어울리는 소리를 고려해야 한다. 필요할 경우 교사는 학생들이 사용할 수 있는 다양한 음원을 제공해 줄 수 있다. 저작권 없는 효과음과 배경음은 인터넷을 통해 구할 수 있으며 97쪽에 구체적인 방법이 안내되어 있다.

빛(조명) 연출

조명을 구하기 어렵다면 낭독극에 필요한 '빛'이 무엇일까 하는 물음에서 출발해 보자. 의외의 효과를 얻을 수 있다. 촛불, 책상 스탠드, 랜턴 등을 활용한다면 훌륭한 조명이 된다.

간단한 낭독극일 경우 교실의 전등을 켜고 끔으로 시작과 끝을 정할 수 있다. 여건이 가능해 조명을 사용할 수 있다면 조명을 통해 다양한 연출을 할 수 있으니 연습 단계에서 학생들에게 안내해야 한다.

온라인 수업으로 낭독극 만들기

이세진, 박병우

전례 없는 코로나19로 우리 삶이 크게 뒤바뀐 상황 속에서 학교도 최일선에 나서 변화를 꾀했다. 교실에서만 가능하리라 생각했던 교육을 교실 밖으로, 온라인으로 옮겼다. 부족하나마 온라인에서도 수업이 가능하다는 것을 경험한 시간이기도 했다.

'코로나19 이전으로 돌아갈 수 없다. 대면 수업을 하더라도 상황에 따라 언제든지 온라인 수업을 진행해야 한다.'라는 명제는 이미 교육 현장에서 사실로 받아들여지고 있다. 코로나19와 같은 특별한 상황이 아니더라도 4차 산업 혁명의 중요성을 생각한다면 온라인 수업이나 온라인 에듀테크 기능을 활용한 교수 학습법을 고민해야 하는 이유다. 연극 수업에서도 온라인과 오프라인 수업을 어떻게 병행할지 고민해야 한다.

연극 수업은 전적으로 학생 참여를 바탕으로 이루어진다. 교사는 '가르치는' 역할이 아니라 아이들이 표현하도록 '돕는' 역할을 한다. 하지만 온라인에서는 아이들이 수업에 주체적으로 참여하기 어렵고 '관객'이 되기 일쑤다. 마음껏 표현하고 떠들어야 하는데 마이크를 꺼 놓고, 교사의 지명을 받아 발표를 해야 한다. 특히 자기 얼굴이 화면에 크게 뜨면 자의식이 발동해 역할이나 상황에 맘껏 몰입하기 어려워한다. 다인수 학급에서는 더더욱 숨어들게 되고, 사춘기에 접어들수록 카메라 켜는 일조차 꺼리는 아이들이 많다. 연극이나 낭독극이 공동 작업으로 이루어지는(1인극 공연이라 해도 그 뒤에는 수많은 스태프가 있다. 결코 혼자 만들어지는 결과물이 아니다.) 공연 예술이라는 점에 비춰 보면, 온라인 수업을 활용한 연극 수업이 어떤 방향으로 나아가야 하는지 거듭 생각해 보게 된다.

무대와 동선을 한정적으로 사용하며 관객의 상상력을 높이는 낭독극이야말로 이러한 상황에 적합한 연극 형태라고 할 수 있다. 쌍방향 원격 수업의 기능적인 면을 적절히 활용한다면 연극적 효과를 살릴 수도 있다.

이 글에서는 낭독극 수업을 할 때 온라인 수업의 장점을 어떻게 활용할 수 있는지, 블렌디드 형식으로 낭독극 수업을 꾸린다면 어떤 방향이 좋을지 안내했다.

온라인에서 할 수 있는 연극놀이와 즉흥

연극 수업에서는 몸으로 감정을 표현하므로 몸과 마음이 열려야 원활히 진행된다. 온라인 수업도 마찬가지이다. 비대면 수업에서 할 수 있는 몸과 마음 열기(웜업)로 다음 활동을 해 보면 수월하다.

소리 찾기

술래가 카메라 화면을 끈 상태에서 소리를 들려주고 다른 사람들은 그 소리가 어떻게 나는지, 어떤 상황에서 들리는지 맞히는 놀이이다. 소리를 소재로 삼은 다양한 이야기의 창작으로도 이어질 수 있다.

① 술래를 정하면 술래는 자신의 비디오를 끈다.
② 술래는 어떠한 사물을 사용해 소리를 낸다. 답은 미리 교사에게 메시지로 보내 놓는다.
   예 연필로 글씨를 쓰는 소리, "00은 일기를 쓰고 있다."
③ 다른 학생들은 채팅창에 정답을 올리고, 술래는 비디오를 켜 함께 정답을 확인한다.

고요 속의 외침

원격 수업의 음소거 기능을 활용하여 소리를 듣지 않고 입 모양만 보고 단어를 유추하는 놀이이다.

① 교사가 술래 한 명에게 특정 단어를 알려 준다.

② 술래는 음소거를 한 채로 단어를 설명한다.
③ 학생들은 술래의 입 모양을 관찰하고 정답을 채팅창에 올린다.

한 글자 대사

어, 왜, 아, 음 등 한 글자 대사만을 듣고 그 억양과 느낌만으로 어떠한 상황에서 나온 대사인지 맞히는 놀이이다.

처음부터 긴 대사를 하기 부담스러워하는 학생에게 도움이 될 수 있다. 말의 억양과 느낌에 집중하면서 타인의 말을 이해하고 공감하는 능력을 길러 준다.

① 술래는 교사에게 어떤 상황 속 대사인지 메시지를 보내 놓는다.

> 예 아!(문지방에 발가락이 부딪혀서 아파한다)

② 술래는 비디오를 끈 채로 한 글자 대사를 한다.
③ 다른 학생들은 어떤 상황인지 상상하고 채팅창에 올린다. 정답이 나오면 술래의 비디오를 켜고 상황을 재연한다.

거울놀이

술래가 하는 동작을 다른 학생들이 거울처럼 따라 하는 놀이이다. 카메라가 찍는 범위만큼 볼 수 있어 시야의 제약이 있기 때문에 작은 동작부터 천천히 하는 것이 좋다.

① 술래가 거울 앞에 있는 사람이 되고 다른 학생들은 거울 속에 비친 상이 된다.

② 술래는 작은 동작부터 시작해서 천천히 움직인다.

③ 학생들은 술래의 동작을 똑같이 따라한다.

④ "아침에 일어나서 기지개를 켭니다. 밥을 먹습니다."처럼 일상적인 이야기를 해설하듯 넣으면 한 편의 내레이션 연극을 만들 수 있다.

연필놀이

① 상상력을 발휘해 연필을 다른 사물처럼 표현한다. 연필이 아이스크림이라면, 연필로 낚시를 한다면, 연필이 야구 방망이라면? 자유롭게 상상한다.

② 표현을 위해 움직였다가 멈춘다. 대사도 넣어 본다.

③ 다른 사람과 상상이 겹치지 않도록 표현한다.

몸으로 말해요

단어나 문장을 몸으로만 표현하고 다른 학생들이 맞히는 놀이이다. 이전 활동과 달리 정지 동작이 아닌 움직임을 표현한다. 학생들이 정지 동작에 익숙해진 다음 단계에서 해 보길 권한다. 카메라의 시야를 활용해 입장과 퇴장을 할 수 있다.

① 술래가 속담이나 단어를 몸으로 표현한다.

　　예 소 잃고 외양간 고친다.

② 학생들은 술래의 동작을 보고 정답을 채팅으로 올린다.

선물이 왔어요!

눈앞에 내가 받고 싶은 선물이 있다고 상상하고 그 선물을 활용하는 모습을 표현한다. 다른 학생은 선물을 맞히는 놀이이다. 채팅 기능을 사용해도 좋지만 모두가 소리를 들을 수 있게 하는 방향이 적절하다. 문제를 낼 때에도, 정답을 맞힐 때에도 말을 하면 생동감 넘치는 활동이 된다.

① 눈앞에 물건이 있다고 상상하고 기뻐하며 물건을 활용하는 동작과 말한다.
② 정답을 아는 사람들은 손을 들어 "너 ○○(선물) 받아서 좋겠다."라고 말한다.
③ 정답이 나오면 다음 사람을 지명하여 게임을 이어 간다.

○○으로 가자!

교사가 장소(○○)를 제시하면 학생들은 그 장소에 어울리는 동작을 표현한다. 신체 전체가 보이도록 카메라 위치를 조정하면 좋다.

① 교사는 다양한 사람들의 모습을 볼 수 있는 익숙한 장소인 교실, 운동장, 시장, 해수욕장, 놀이동산 등을 제시한다.
② 학생들은 그곳에서 볼 수 있는 사람의 모습을 각자 상상한다. 표현을 어려워하면 몸동작 전에 이야기를 미리 나눠서 힌트를 줄 수 있다.
③ '하나, 둘, 셋!' 하면 학생들은 각자 생각하는 정지 동작을 한다.

④ 교사가 함께 보고 싶은 동작이 있다면 그 학생의 화면을 모두에게 고정하고 '액션!'이라 외친다. 지명받은 학생은 정지 동작을 풀고 움직이면서 간단한 대사를 하고 멈춘다. 여러 사람의 동작을 보고 싶다면 여러 개의 화면을 동시에 고정할 수 있다.

⑤ 모둠별로 다른 장소를 쪽지로 제시해 모둠원이 동시에 표현하는 장소를 다른 모둠에서 돌아가며 알아맞히는 놀이로 변형할 수도 있다.

일심동체

교사가 주제어를 제시하면 그 단어를 듣고 즉흥적으로 떠오르는 대표 동작을 학생들이 동시에 표현하는 놀이이다. 모두 같은 동작을 했을 때 성공, 한 사람이라도 동작이 다르면 실패로 간주한다. 모둠별로 진행하기에도 좋은 활동이다.

① 교사는 주제어(학생, 축구, 수영, 식사 등)를 제시한다.
② 학생들은 주제어의 가장 대표적인 동작을 떠올린다.
③ 교사의 신호에 따라 동작을 한다.
④ 모두 같은 동작을 했다면 성공, 다른 동작이 나온다면 실패로 본다.
⑤ 교사가 보는 전체 화면을 공유해 주고 학생들도 직접 확인할 수 있게 하면 좋다. 모둠 학생들 화면만 고정해 따로 보이게 할 수 있다.

대장 찾기 놀이

한 명이 대장이 되어 동작을 제시하면, 나머지 사람들은 대장의 행동을 따라 표현한다. 술래는 관찰을 통해 누가 대장인지 찾는다.

① 술래는 눈을 감는다.

② 교사는 종이에 대장의 이름을 적어 보여 주고 갤러리 화면을 공유한다.

③ 교사의 신호에 따라 대장은 동작을 하고 학생들은 따라 한다. 한 동작을 30초 이상 하고, 모두가 따라 하면 새로운 동작으로 바꾸도록 한다.

④ 2번 정도 연습이 끝나면 술래가 눈을 뜨고 관찰한다.

⑤ 술래는 대장을 찾으면 "○○, 네가 대장이지?"라고 지명한다.

⑦ 술래가 맞추면 술래와 대장을 바꾸어 계속한다.

바뀐 점을 찾아라!

술래가 1분 동안 옷매무새를 바꾸면, 다른 학생들이 술래의 달라진 점을 찾아본다. 교사가 먼저 시범을 보이면 좋다. 너무 찾기 어렵게 만들기보다 어느 정도 찾을 만하게 바꾸도록 술래에게 미리 이야기를 한다. 익숙해지면 소회의실 기능을 이용해 모둠별로 해도 좋다.

① 술래를 정하고 학생들은 술래의 모습, 옷매무새, 표정, 손동작 등을 관찰한다.

② 술래는 카메라를 끄고 1분 동안 모습을 바꾼다.

③ 준비가 되면 카메라를 켜고, 교사는 술래의 화면을 모두가 보게끔 고정한다.

④ 학생들은 채팅창에 달라진 점을 찾아 올린다.

⑤ 달라진 점을 모두 찾으면 술래를 바꾼다.

소리 오케스트라

학생들을 모둠으로 나눈 다음 각 모둠에게 표현해야 할 장소를 알려 준다. 모둠원들은 해당 장소에서 나는 소리를 여러 개 떠올려 본다. 처음에는 한 명이 소리를 내고, 그다음에는 또 한 명이 소리를 더한다. 모둠원 모두가 소리를 낼 때까지 점점 소리를 쌓아 간다. '카메라 끄기' 기능을 이용해 소리의 효과를 극적으로 살리는 활동이다.

① 교사가 모둠별로 쪽지를 보내 장소를 미리 알려 준다. 이끎이에게만 쪽지를 보내고 되고, 해당 모둠만 눈을 뜨게 한 다음 종이에 적어 카메라에 비춰도 된다.
② 소회의실에서 모둠별로 각자 낼 소리와 순서를 정한다.
③ 전체 회의실로 돌아와 발표 모둠만 비디오를 끈다.
④ 교사의 신호에 따라 정해진 순서대로 소리를 내다가 마지막에는 한꺼번에 소리를 낸다.
⑤ 나머지 학생들은 정답을 채팅창에 적는다. 모둠 발표가 끝나면 정답을 확인하고, 다음 모둠이 발표한다.

사연 소개하기

낭독극 이야기의 등장인물과 어울리는 소품들을 집 안에서 찾아와 소개하는 놀이이다. 물건을 보고 등장인물을 추측할 수도 있고, 인물별로 어울리는 소품을 모은 다음 '손들기' 기능으로 가장 적절한 소품 한 가지를 정할 수도 있다. 이 활동에서 소개되거나 추천된 소품들은 낭독극 만들기에서 실제 소품으로 사용해도 좋다.

① 교사와 함께 낭독극 이야기의 등장인물들을 확인한다.

② 3분 동안 집 안에서 등장인물의 사연과 관련된 물건을 찾아온다. 물건이 어렵다면 간단한 그림을 그려도 좋다.

③ 각자 가져온 물건과 그 물건의 주인공을 소개한다.

소문 만들기

이야기 혹은 시의 핵심 사건을 둘러싼 다양한 의견을 듣거나 해당 스토리텔링의 빈 부분을 상상하기 위해 소문을 만들고 공유하는 놀이이다.

① 소문을 만들 이야기의 핵심 사건이나 시의 한 장면을 정한다.

② 교사는 '그 뒤에 어떻게 되었을까?' '왜 그런 일이 일어났을까?' '그 소식을 듣고 사람들은 어떤 말을 했을까?' 등 질문을 다양하게 던지며 소문의 방향을 정해 준다.

③ 학생들은 채팅창에 댓글을 달아 의견을 쓴다.

④ 교사는 채팅창의 내용을 읽어 주거나 반응을 하며 낭독극 만들기에 필요한 내용을 중점적으로 살려 활용한다.

낭독극 수업에서 활용도 높은 에듀테크 기능

온라인 수업에서 사용하는 기능 중에는 낭독극 수업에서도 효과적으로 활용할 수 있는 것들이 있다. 온라인 수업에서는 교사가 보여 주고

자 하는 화면을 학생들이 그대로 볼 수 있다. 평소에는 인식하지 못했던 '내 얼굴'과 '내 목소리'를 수업 시간 내내 보고 들을 수 있다는 것도 장점이다.

소회의실 기능을 활용하면 학생들끼리 논의해 장면을 만들거나, 만들어진 대본을 돌아가며 읽을 수 있다. 또한 온라인에서는 낭독극에 필요한 음악이나 이미지 자료를 바로 찾아 공유할 수도 있다. 공동 작업 플랫폼을 이용한다면 동시에 자료 만들기가 가능하고, 그 자료를 온라인상에 계속 보관할 수 있어 편리하다. 그 밖에 유용하게 활용 가능한 구체적인 기능을 몇 가지 더 소개해 본다. 수업뿐만 아니라 공연에서 활용 가능한 기능도 포함되어 있다.

비디오 On/Off

쌍방창 수업 환경에서는 자신의 비디오를 켠 사람을 자동으로 화면 상단에 우선 배치하게 되어 있다. 화면을 끈 학생들은 자연스레 화면 상단에 배치된 학생들을 무대 위의 배우처럼 느끼고 관람할 수 있으며 화면을 끈 상태에서는 다시 관객의 입장으로 돌아올 수 있다. 또한 배우의 비디오를 켜고 끄는 것으로 입퇴장을 표현할 수 있다.

이 기능은 관객과 배우가 상호 작용하는 포럼 시어터에도 활용할 수 있다. 포럼 시어터는 관객이 배우와 상호작용을 하기도 하고 무대 위에서 벌어지는 일에 자기 의견을 이야기하기도 하는 형태이다. 이 형태의 극을 준비하지 않더라도, 낭독극 수업 주체는 학생이기 때문에 이 기능을 적절히 이용해 아이들의 적극적인 참여를 이끌어 낸다면 좋겠다.

가상 배경

배경 효과를 통해 연극의 시공간을 표현할 수 있다. 예를 들어 극의 이야기가 숲속에서 이뤄진다면 배우들 모두 동일한 숲 이미지를 사용하면 된다. 또한 동일한 시간대에 배우들이 다른 배경 이미지를 사용한다면 관객에게 설명하지 않아도 두 배우가 다른 장소에 있음을 표현할 수 있다.

비디오 필터 및 스튜디오 효과

필터 효과(흑백, 세피아톤 등)를 통해 연극에서 여러 조명을 쓰듯, 극의 분위기를 바꿀 수 있다. 또한 이미지 필터와 스튜디오 효과를 이용해 학생들이 특별히 분장을 하지 않더라도 역할에 맞는 인물의 얼굴 또는 의상을 표현할 수 있다. 한 배우가 이러한 효과를 통해 여러 인물을 표현하는 멀티맨의 역할을 해도 인상적이다.

소리, 화면 공유

극의 분위기에 맞는 음향 및 음악을 원격 수업 기능으로 넣어 줄 수 있다. 줌(Zoom)에서는 컴퓨터 소리 공유 기능으로 한 사람이 스태프가 되어 모든 음향을 틀어 줄 수 있다. 또한 화면 공유를 통해 극의 분위기에 맞는 영상을 넣어 줄 수 있다. 대본 낭독 연습을 할 경우에는 화면 공유를 통해 대본을 같이 보면서 낭독하면 효율적이다.

소회의실 활용

다인원이 함께 하는 낭독극 특성상 소외되는 학생이 생길 수도 있고 자신이 원하지 않는 역할을 맡는 학생도 있을 수 있다. 그렇다고 교실에서 모둠을 나눠 낭독극을 실시하면 같은 공간에서 소리가 겹치기 때문에 제대로 공연과 관람이 이뤄질 수 없다. 원격 수업의 소회의실 기능을 활용하면 모둠별 공연이 가능하기 때문에 학생들의 역할 분배에도 다양성이 생길 수 있다.

기록 기능

원격 수업 호스트의 기록 기능을 통해 공연을 간단히 촬영할 수 있다. 다른 모둠의 공연을 보지 못했을 경우 공연이 기록된 영상 파일을 공유함으로써 손쉽게 같은 대본의 다양한 낭독극을 감상할 수 있다.

음소거 기능

교사 또는 학생이 배우 외 학생들의 소리를 음소거함으로써 극의 집중도를 높일 수 있다. 또한 음소거를 한 채로 상대방이 말하는 바를 파악하는 훈련을 통해 감정 및 대사 전달 훈련을 할 수 있다.

반응 기능

관객들이 실시간으로 극에 다양하게 반응하며 감정적인 공유를 할 수 있다. 공연을 할 때에 채팅창으로 구체적인 의견이나 감상을 나누면 극의 집중도가 떨어질 수 있는데, 채팅창보다는 이모티콘을 활용하면 좋다. 반응 기능에 쓰이는 이모티콘으로 박수, 최고, 눈물, 놀람, 사랑, 축하 등을 표현할 수 있다.

낭독극 블렌디드 수업 디자인하기

블렌디드 수업 이야기에서는 온라인 수업의 장점을 활용하면서 등교 수업과 병행해 낭독극 완성하는 과정을 간단히 안내하려 한다. 사전 활동부터 장편 동화『도야의 초록 리본』을 바탕으로 한 블렌디드 수업 디자인까지 정리해 두었다.

온라인 낭독극 수업 준비하기

어색한 연극 수업 초반, 어색함을 극복하고 성공적인 온라인 낭독극 수업을 하기 위해 대면 수업에서 다음과 같은 사전 활동을 하면 좋다.

친해지기

온라인 수업 이전에 학생들이 충분히 관계가 쌓이고, 서로 수용적인 분위기가 되어야 온라인 수업이 원활하게 진행된다. 학기 초에 서로 알고 친해지는 시간을 충분히 보내고 시작한다.

약속 정하기

오프라인과 다른 온라인 수업만의 약속을 정하는 과정이 필요하다. '카메라 켜기, 실명 대화명 사용하기, 채팅창에 불필요한 대화 줄이기, 소회의실에서는 마이크 켜고 대화하기' 정도는 꼭 약속하고 시작하자.

    소회의실 활동을 할 때는 이끎이를 정해 줘야 학생들끼리 눈치를 보다 시간 낭비하는 것을 막을 수 있다. 이끎이가 전체적인 진행을 하고, 모둠에서 대본 낭독 순서를 정하거나 역할을 결정하는 일로 회의를 하면 회의 결과를 공유하도록 한다. 활동 순서나 활동에 필요한 자료는 학급용 온라인 게시판에 안내해 두면, 수업 중 학생들이 놓치더라도 내용을 확인하면서 참여할 수 있다.

온라인 매체와 플랫폼 사용법 알려 주기

수업 시간에 충분히 연극 활동에 집중할 수 있도록 학생들에게 온라인 매체와 플랫폼 사용법을 안내한다. 가능하다면 학교에서 직접 실습을 해 보는 방식이 가장 좋으며, 수준에 따라 동영상이나 온라인 수업 중에 안내할 수도 있다.

    최근에 나온 온라인 공유 플랫폼은 계정 없이도 참여가 가능한 것이 많으며, 구글 계정이 있으면 대부분 손쉽게 가입이 된다. 개인 계정이 있으면 로그인해서 사용하고 그렇지 않다면 활동할 때마다 반드시 이름을 기록하게 한다.

온라인 수업에서 활용할 수 있는 대표 활동

순서를 정해서 대본을 읽거나 표현하는 활동

동시에 읽기가 어렵기에 순서를 정해서 대본을 읽으면 좋다. 돌아가면서 혹은 서로 지명하면서 읽거나 표현을 해 본다. 놀이를 하듯, 대본을 낚아채는 사람이 읽어도 좋고 역할을 나눠서 자신의 캐릭터를 실감나게 살려도 재미있다.

소회의실 기능을 이용하는 활동

모둠 활동이 가능한 소회의실 기능을 이용하면 다양한 것들을 해 볼 수 있다. 특히 공유 플랫폼을 이용해 활동 내용을 기록해 두면 좋은 자료가 된다.

- 줄거리 또는 해당 장면 요약하기
- 각자 정리한 내용 즉 전체 줄거리나 특정 장면에서 보이는 인물의 특징, 느낀 점 등을 발표하고 공동 작업 플랫폼(패들릿, 구글 문서, 잼보드 등)에 기록하기
- 핫시팅 인터뷰 하기
- 연극놀이하기
- 공동 대본 작성하기

이야기와 관련된 음악 자료나 그림을 찾는 활동

연극 수업에 관한 자료를 인터넷에서 바로 찾고 공유할 수 있다는 것이 온라인 수업의 최대 장점이다. 이때 주의할 부분은 교육을 목적으로 한 결과물이라도, 공개된 공간(유튜브 등)에 공연을 올리거나 작품을 업로드하고 음원과 이미지를 사용하는 일이 저작권에 위배될 수 있다는 점이다. 사전에 저작권 활용 관련 사항을 확인해 보는 과정이 필요하다.

- 이야기의 장면과 어울리는 배경 음악, 주인공 주제곡 찾기

  기존 곡을 사용할 때 저작권에 위배되지 않으려면 원곡의 20퍼센트만 사용해야 한다. 저작권이 있는 음악을 활용할 때에는 여러 곡을 편집해서 넣는 쪽이 좋다. 유튜브 오디오 보관함, 프리 뮤직 아카이브 등 무료 음원 사이트를 활용하는 방법도 효율적이다. 오르프 악기, 피아노나 멜로디언 같은 가락 악기로 직접 연주하고 녹음해도 재미있다.

유튜브 오디오 보관함

프리 뮤직 아카이브

- 이야기의 배경과 잘 어울리는 이미지 찾기

  픽사베이나 언스플래쉬 같은 무료 이미지 사이트에서 극에 적합한 이미지를 찾아본다. 하늘이나 길 등은 직접 사진을 찍어 배경으로 활용하면 더 의미 있는 작업이 될 것이다. 천이나 컬러 스펀지

픽사베이

언스플래쉬

막대를 이용해 상징적으로 표현해도 좋다.

장편 동화 『도야의 초록 리본』으로 블렌디드 수업 하기

『도야의 초록 리본』(박상기 장편 동화, 구자선 그림, 사계절, 2020)은 유해 동물로 지정된 동물들, 고라니, 멧돼지, 청설모, 들개, 뉴트리아 등이 인간들과 어떻게 어울려 살아갈 수 있는지 묻는 동화이다. 인간의 필요에 따라 '유해'동물이라고 지정한 이들이 과연 정말 '유해'한지, 정말 유해한 존재는 '인간'이 아닌지 고민하게 된다. 로드킬, 겨울 사냥, 외래종 도입과 관련된 다양한 이슈의 한복판에 서 있는 유해 동물 이야기를 통해 인간의 행동을 다시 한번 생각해 볼 수 있다. 이야기로써의 즐거움을 주는 것은 물론 사회, 과학, 환경, 창체 등 다양한 교과와 연계하여 활동을 진행할 수 있는 작품이기도 하다. 특별히 낭독극을 염두에 두고 '낭독일기'라는 워크북을 만들어 꾸준히 활동 내용과 책을 읽고 난 소감을 기록하게 했다.

낭독극을 만들기 위해 가장 집중한 부분은 '소리 내 읽기'이다. 읽기는 학교에서 함께 할 수도 있고, 온라인 수업 시간 또는 과제로 제시해도 되기에 여건에 따라 다양하게 활용할 수 있다. 실제로 학생들이 단어를 정확하게 끊어 읽거나 모든 소제목마다 한 쪽 정도는 무조건 소리 내서 읽는 활동을 하도록 했다. 읽기의 재미를 더하고, 낭독극의 감각을 익혀 나갈 수 있도록 '평소 읽기'와 '특별하게 읽기'로 나누어 꾸준히 해 볼 수 있도록 안내했다.

평소 읽기

'평소 읽기'는 교사의 검사 없이 학생 스스로 '평소에' 작품을 소리 내 읽도록 하자는 의미로 붙인 이름이다. 정해진 단계에 따라 틈틈이 혼자서, 혹은 친구나 가족과 읽으면 된다. 이야기의 소제목마다 네 단계에 걸쳐 '평소 읽기'를 하면 된다. 단계는 점점 난이도가 높아지는 구성으로 이루어져 있는데 이 활동을 통해 읽기 감각과 재미를 지속적으로 키울 수 있다.

1단계   마음에 드는 한 문단에서 세 문장 이상 소리 내 읽기.
2단계   마음에 드는 한 쪽을 정해 통째로 읽기.
3단계   인물의 입장, 상황, 감정을 생각하며 대화글 읽기.
4단계   친구와 역할(해설, 인물)을 정해 내용이 잘 드러나게 읽기.

특별하게 읽기

'특별하게 읽기'는 낭독극을 위한 다양한 경험을 하도록 구성되었으며, 각 활동의 목표가 분명하다. '평소 읽기'와 다르게 하고 싶은 것부터 먼저 시작하면 된다. 아이들이 책을 읽으며 느끼는 감각(욕구, 감정)을 그대로 존중하겠다는 의도에서다.

하나 두 쪽 읽어 녹음하기.

둘   소제목 하나 통째로 읽기.

셋   등장인물에게 알맞은 주제곡 찾기.

넷   장면에 어울리는 배경 음악 찾기.

다섯 주변 사물들을 이용해 장면에 필요한 음향 직접 만들어 녹음하기.

여섯 모둠 친구들과 역할을 정해 소제목 하나 녹음하기.

특히 '셋, 등장인물에게 알맞은 주제곡 찾기'를 할 때 학생들이 노래 추천 이유를 함께 말하면 주제곡 선정을 위한 토의에 도움이 된다.

다져진 읽기 실력을 뽐낼 수 있는 다양한 시도와 도전적 과제를 해내며, 음악과 어우러지는 낭독극의 감각을 익혀 나갈 수 있는 활동이라 학생들의 성취도도 높다. 교사에게는 낭독극을 만들 때 직접 쓸 수 있는 음악이나 아이들이 녹음한 소리를 공연 자료로 삼을 수 있다는 점에서도 의미 있는 활동이다.

이 작품은 열여섯 개의 소제목으로 되어 있는 장편 동화이기에 절반은 학교에서 읽고, 나머지 절반은 온라인 수업 시간에 함께 읽었다. 함께 소리 내어 읽고 내용 되짚기, 연극놀이로 내용 깊게 음미하기, 사회, 과학, 창체, 미술, 음악 등 타교과와 연계하여 활동하기, 낭독극 만들기로 활동을 구성했다. 그중 낭독극 만들기와 관련된 활동 중심으로 수업 디자인 예시를 간략하게 소개하면 다음과 같다.

'『도야의 초록 리본』으로 낭독극 만들기' 수업 디자인

구분	활동 내용	비고
오프라인	친구들과 친해지기(연극놀이) - 거울놀이 - 소리 오케스트라(숲속, 도로, 마을 등) - 소리 만들기("어린 고라니 한 마리가 도로에 갑자기 나타났어요. 도로 건너편에는 그 모습을 바라보고 있는 또 다른 어린 고라니가 있었어요." 그 뒤에 어떻게 되었을지 상상해 소리로 표현하기)	
	다양한 활동으로 내용 상상하기 - 자연 개발과 관련된 갈등 사례 영상을 보고 의견 말하기 - 자연 개발 이슈를 두고 찬반 투표하기 - 호기심 상자의 단서들을 이용하여 책 내용 상상하기	온라인 가능
오프라인	「어린 고라니, 솔랑」 읽고 활동하기 - 동물이 되어 걷기 활동으로 로드킬 경험하기 - 로드킬에 관한 영상 보고 소감 나누기	
오프라인	「너무나 다른 곳」 읽고 활동하기 - 산이 우리에게 주는 도움이 무엇인지 돌아가며 말하기 - 산에 사는 동물이 되어 먹이 찾기 놀이에 참여하기 - 야생 멧돼지와 관련된 동영상을 보고 인간이 동물과 자연을 위해 할 수 있는 일 생각하기	
온라인	「애꾸눈 멧돼지, 도야」「이상한 물건들」 읽고 활동하기 - 외래종이 우리나라에 있게 된 이유 상상하기 - 외래종과 관련된 기사 시청하기 - 기자와 외래종이 되어 2인 1조로 인터뷰하기	
오프라인	「날개 다친 까마귀, 깍」 읽고 활동하기 - 모둠별로 등장인물들의 사연을 생각해서 세 장면 만들기 - 모둠별로 인물소개서 작성하기	
온라인	「산의 침입자」「떠나는 늪너구리, 죠니」「대표 짐승 회의」「합동 작전 실행」 읽고 활동하기 - 인간들의 공격을 막기 위한 협공 계획 세우기 - 실제 이야기와 비교하기	
온라인	- 집 안에 있는 여러 물건을 활용하여 산속 동물들의 전투 장면과 어울리는 폴리사운드(생음악) 만들기	

온라인	「도야의 소원」「쫓겨난 솔랑」「알 수 없는 두 발 괴물」 읽고 활동하기 - 우리 주위의 환경 보호 단체 활동을 상상하여 글로 쓰기 - 환경 보호 단체의 활동 조사하기 - 지속가능한 발전을 위해 우리가 할 수 있는 일 찾기	
오프라인	「고깃덩어리」「마지막 결심」 읽고 활동하기 - 도야와 솔랑이 되어 모노큐드라마 하기. 도야와 솔랑으로 역할을 나눈 후, 도야에게만 '고기에 독이 있다'는 추가 정보를 제공하고 드라마(대화)를 한 후 선택(고기를 먹을지 말지)하게 하는 활동 - 도야의 입장에서 솔랑에게 마지막 편지 쓰기	
온라인	배경 음악과 주제곡 찾기 - 이야기의 사건에 어울리는 배경 음악 찾기 - 등장인물의 주제곡 찾기	
오프라인	「도야의 초록 리본」 읽고 활동하기 - 붉은 숲 동물역사학자들이 되어 2인 1조로 인터뷰하기 - 붉은 숲 동물역사책의 마지막 부분 채우기	온라인 가능
오프라인	인물 성적표 만들기 - 돌아가며 한 문장씩 말해 이야기 전체 내용 정리하기 - 인물 성적표 만들기	온라인 가능
온라인	롤 온 더 월(105쪽 활동지 참고) 기법으로 캐릭터 파악하기 - 도야와 솔랑의 캐릭터 분석하기 - 관심 있는 등장인물 분석하기	오프라인 가능
온라인	등장인물과 관련된 상징적 소품 찾기 - 등장인물을 상징적으로 드러낼 수 있는 소품 찾아 소개하기	
온라인	주요 장면 정하기 - 모둠별로 이야기에서 중요한 다섯 가지 중심 사건 찾기 - 우리 반에서 이야기 주요 장면 다섯 가지 정하기	
온라인	공연 주제 정하기 - 동물들의 작전에 대한 의미 찾기 - 도야의 초록 리본 사건은 성공인가, 실패인가? - 초록 리본의 의미 찾기	오프라인 가능
오프라인	장면 표현 아이디어 모으기 - 주제와 관련된 핵심 장면 정하기 - 모둠별로 정지 장면(또는 움직이는 장면)으로 표현하기 - 극적 표현을 고려하며 장면 수정, 보완하기	

온라인	모둠별 대본 쓰기 - 인상 깊은 단어 모으고 분류하기 - 모둠별로 해당되는 장면의 문장을 이용해 돌아가며 줄거리 말하기 - 줄거리를 대본으로 바꿔 쓰기	
오프 라인	전체 대본 완성하기 - 모둠별로 역할 맡아 소리 내어 읽어 보기 - 의견 주고받으며 빠진 부분 보완하기 - 대본 완성하기	
온라인	모둠(장면)별 역할 정하고 연습하기 - 보지 않고 읽을 수 있을 만큼 문장이 익숙하도록 소리 내어 읽기 - 자신에게 맞는 어휘나 표현으로 바꾸기	오프 라인 가능
오프 라인	장면 연습하기 - 모둠별로 동선을 고려하여 장면 만들기	
오프 라인	리허설하기 - 조명과 음향 약속 확인하기 - 동선과 소품 챙겨서 리허설하기	
오프 라인	공연하기	
오프 라인	공연 소감 나누기 - 공연을 통해 나에 관해 새롭게 알게 된 점과 느낀 점 나누기 - 공연 소감문 쓰기(온라인도 가능)	

모든 수업에 정해진 정답은 없다. 낭독극 수업도 마찬가지다. 학교 상황에 따라 온라인과 오프라인 수업의 비중은 언제든 바뀔 수 있다. 다만 온라인 수업에 관한 막연한 두려움이나 환상을 벗어 버리고 온라인 플랫폼의 특성을 잘 이해하고 있다면 과감히 도전해 보자. 우리 반 수업의 최고 전문가는 우리 반을 가장 잘 아는 바로 '나'이기 때문이다.

〈낭독일기 활동지 예시〉

제 15장 도야의 초록 리본

특별하게 읽기

배경	
등장 인물	
주요사건	

내용 깊이 보기

닫힌 질문 만들기	
열린 질문 만들기	

내 마음 살펴보기

기억에 남는 문장	
나에게 주는 의미	

한 줄 평

내가 쓰는 '등장인물 소개'

| ○○ 편

'롤 온 더 월(Role on the wall)' 기법으로 캐릭터 파악하기

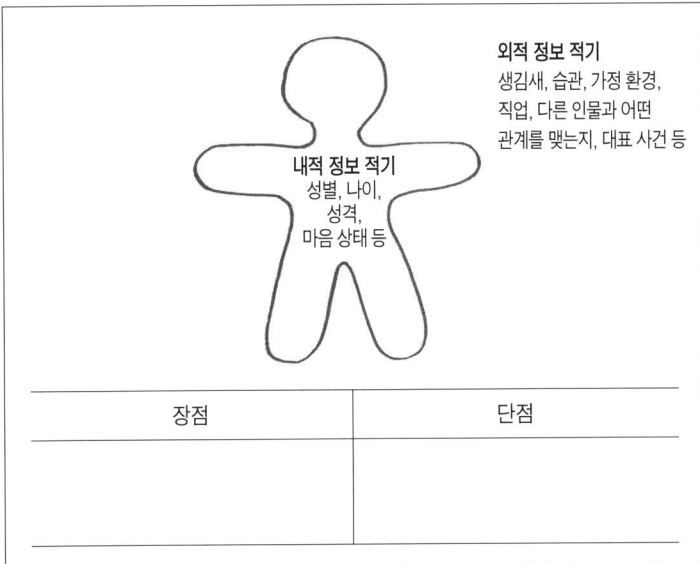

외적 정보 적기
생김새, 습관, 가정 환경, 직업, 다른 인물과 어떤 관계를 맺는지, 대표 사건 등

내적 정보 적기
성별, 나이, 성격, 마음 상태 등

장점	단점

우리 반이 꼽은 주요 장면 BEST 5

1. _____
2. _____
3. _____
4. _____
5. _____

〈도야의 초록 리본〉 낭독극 함께 만들기

– 배우 _____

– 스태프 포함 _____

2장

문학 작품으로 낭독극 만들기

문학 작품을 낭독극으로 각색하기

이세진, 이인호, 서호필

왜 문학 작품일까?

아이들과 공연을 하고자 할 때 가장 먼저 고민하는 것은 '대본'이다. 학생들 수준에 맞으면서도 재미와 감동을 줄 수 있는 좋은 이야기가 담긴 대본을 찾기는 만만치 않다. 직접 창작을 한다고 해도 우리가 기대하는 좋은 이야기 다시 말해 흥미로운 소재, 탄탄한 전개, 입체적인 캐릭터와 서사 요소를 갖추기가 어렵다. 이럴 때 선택할 수 있는 것은 바로 문학 작품이다. 이미 검증된 작품을 활용해 대본을 쓴다면 일단 원작의 탄탄한 기본기를 토대로 시작하는 작업이므로 '대본 만들기'의 부담을 줄일 수 있다.

더불어 학생들에게 문학 작품을 이해하고 향유하는 능력을 길러 주는 것이 국어과 교육 목표라는 점을 생각한다면 '문학 작품을 활용한 공연(특히 낭독극)'은 작품의 문장과 분위기, 텍스트의 매력을 최대한 살리기에 적절한 교수 방법이라 할 수 있다.

동화나 소설, 시를 활용한 낭독극 대본 만들기의 과정과 방법을 현장에서 적용해 볼 수 있도록 소개하려 한다.

동화나 소설로 낭독극 대본 만들기

낭독극은 특성상 '낭독'에 힘을 준 형태이다 보니 아무래도 '낭독'을 위한 '문장'의 힘에 많이 기댈 수밖에 없다. 원작 속에서 눈으로만 보던 문장들이 입으로, 행동으로 옮겨지며 학생들은 살아 있는 문장들을 만나게 된다. 그것이 가장 큰 낭독극의 매력이다.

동화나 소설은 다른 문학 장르에 비해 문장이 많다. 문장도 대화, 상황이나 심리 묘사, 사건 전개 등 성격이 다양하다. 이러한 방대한 분량의 산문 작품을 40분 내외의 낭독극 대본으로 어떻게 만들 수 있을까?

1. 문장과 친해지기

읽기 훈련

낭독극을 위한 기초 단계이다. 학생들은 문학 작품의 문장에 익숙해질 필요가 있다. 그래서 눈으로 읽기보다 '소리 내어' 읽도록 한다. 눈으로

만 읽다 보면 줄거리에 집중하느라 놓치는 문장들이 제법 많다. 그래서 꼼꼼히 읽도록 함께 '소리 내어 읽기'를 하는 것이 좋다. 같이 읽다 보면 내용을 자세히 알게 되고 의성어, 의태어처럼 말로 직접 읽어 볼 때 비로소 살아나는 문장을 만나게 된다. 이렇게 찾은 문장들은 낭독극을 더욱 풍성하게 만드는 데 쓰일 수 있으므로 꼭 소리 내어 읽도록 하고, 질리지 않도록 다양한 방법(역할 나누기, 순서대로 읽기, 읽고 싶은 만큼 읽기, 번갈아 가며 읽기, 전체 읽기, 모둠 읽기 등)도 활용해 본다.

연극은 기본적으로 '대사(해설)'를 통해 이야기가 전달된다. 그만큼 배우들의 대사 전달력은 매우 중요하다. 작품 한 편을 소리 내어 읽으면서 저절로 정확한 발음, 속도, 휴지 등을 자연스럽게 익힐 수 있다. 친구들이 읽는 모습을 보며 방법을 스스로 찾아갈 수 있기도 하므로 낭독극을 생각한다면 소리 내어 읽는 과정은 매우 중요하다.

자신의 낭독을 객관적으로 들어 볼 수 있도록 낭독하고 녹음해 보는 활동도 좋다. 읽을 때 몰랐던 습관을 스스로 고칠 수 있기도 하고, 녹음을 한다고 하면 학생들이 훨씬 집중해서 낭독하기도 한다.

문장 모으기

장편 동화나 소설의 특성상 전체를 대본으로 만들기에는 대본량이 너무 많고 공연 시간도 길어지기 십상이다. 분량을 적절하게 조정하면서도 학생들에게 의미 있는 대본을 만들기 위한 방법으로 '문장 모으기'를 제안한다.

평소 학생들과 함께 책을 읽으면서 대본 쓰기를 위한 밑작업으로 인상 깊은 문장을 꾸준히 모으고 정리해 둔다. 공책이나 따로 만든 워크북에 개별적으로 기록하고, 교실 게시판에 다수가 공감한 문장은 따로 정리해서 게시한다. 이렇게 모은 문장들을 작품 소제목이나 중심 사건을 중심으로 분류한다. 문장들을 이용해 줄거리와 주요 대사를 정리하고, 흐름상 필요한 부분들은 해설을 넣어 적절히 엮기만 해도 쉽게 낭독극 대본을 완성할 수 있다.

2. 동화와 소설로 낭독극 대본 쓰기

소설이나 동화를 대본으로 만들 때 가장 중요한 부분은 내용에 관한 합의이다. 특히 장편 소설과 동화는 이야기의 특성상 많은 등장인물과 사건, 정보가 등장하기에 학생들이 서로 같은 정보를 이해하고 있는지, 극으로 만들 때 꼭 넣어야 할 사건은 무엇인지 함께 논의하며 정리하는 일이 중요하다. 시와 달리 서사 구조가 중요한 소설과 동화의 경우 꼭 짚고 넘어가야 한다.

줄거리 정리하기

돌아가며 말하기, 그래프로 사건 정리하기, 이야기 구조별로 정리하기 등 줄거리를 정리하는 다양한 방법이 있다. 그중 가장 보편적으로 활용되는 방식은 '이야기 구조별'로 정리하는 것이다.

    이는 이야기를 발단 – 전개 – 절정 – 위기 – 결말의 단계로 나누어이에 맞게 큰 사건을 정리하는 방식이다. 학생들 수준에 맞게 교사와 함께 세부 사건을 정리할 수도 있고, 모둠별로 학생들이 할 수도 있다.

이외에 좀 더 연극적인 방법으로 내용을 정리할 수도 있다. 예를 들면 가상 상황, 즉 이야기가 모두 끝난 시점에서 작품 속 사건을 기록하고자 하는 '역사 학자'와 '등장인물'이 되어 '작품 내용으로 역사책을 만들려고 인터뷰를 한다'는 설정을 해 보자. 이때 역사 학자 두 명씩 서로 이야기를 주고받으며 인터뷰 내용을 되짚어 보고, 알게 된 내용을 돌아가며 발표하고 취합해 나가는 과정에서 줄거리를 정리할 수 있다.

등장인물 정보 정리하기

롤 온 더 월(Roll on the Wall) 기법(105쪽 참고)으로 핵심 인물인 주인공의 정보를 내적인 측면과 외적인 측면으로 나누어 정리한다. 이 기법은 사람 형태로 윤곽을 크게 그리는 일에서 시작한다. 그림 안쪽에는 인물의 내적 정보(성별, 나이, 성격, 마음 상태 등)를 적고, 그림 바깥쪽에는 외적 정보(생김새, 습관, 가정 환경, 직업, 다른 인물과의 관계, 대표 사건 등)을 적는다. 주인공은 학급 전체가 모여서 하고, 주변 인물들은 원하는 학생들끼리 하고 싶은 인물을 서너 명 정해서 정리하고 발표한다.

인물들의 장단점을 한눈에 보기 좋게 정리하고, 마지막으로 나만의 별명도 붙여 보며 인물을 어떤 식으로 표현할지 방향도 정할 수 있다. 이 과정은 장면 구성은 물론 전체 대본을 짜는 데 많은 도움이 된다.

주제 정하기

작가의 의도는 무엇일지, 학생들은 작품을 읽고 어떤 인상을 받았는지 이야기 나누며 주제를 정한다. 특히 이야기의 가장 핵심적인 사건을 놓고 학생들과 평가하고 의미를 찾아보며 모두가 가장 공감하는 내용을 주제로 정하면 좋다.

주요 장면 정하기

대본의 분량을 정하는 데 가장 중요한 역할을 하는 것이 '주요 장면 정하기'이다. 모든 사건과 인물을 전부 반영하기 어려운 장편 소설과 동화의 경우는 더더욱 필요한 과정이다. 여러 사건 중 우리가 꼭 넣어야 할 사건들은 무엇인지 모둠별로 모여서 4~6가지 정도 정하고, 그것을 다시 모아 우리 학급 모두가 합의하는 4~6가지 주요 사건을 문장으로 만든다. 필요에 따라 이어 주는 사건을 추가하여 장면을 확정한다.

인상 깊은 문장을 중심으로 모둠별 대본 쓰기

앞서 정한 주요 장면을 토대로 모둠별로 나누어 대본 쓰기를 한다. 교사는 장면 중 하나를 택해 인상 깊은 문장을 중심으로 대본 만들기 예시를 제시한다. 대본의 구성 요소(대사, 지문, 해설)를 설명하고, 학생들끼리 대본을 만들 때는 각 신마다 시작 부분과 끝나는 지점을 명확하게 정해 준다. 그래야 다음 신에서 중요한 내용이 빠지지 않으며, 급작스러운 전개를 막을 수도 있다.

학생들끼리 모여서 대본을 짤 때는 모둠 안에서 역할을 정해 각자의 입장에서 대화를 주고받듯 즉흥으로 대사를 말하고 정리하도록 한다. 이때 녹음을 하면 정리가 훨씬 수월하다.

원작 장면이 각색되는 예시

2장에 등장하는 낭독극 「웃는 동안」을 예로 들어 원작 상황이 어떻게 대사와 지문으로 바뀌는지 간단히 살펴보자.

- 원작 상황 -

원작에서는 '나'의 부음을 들은 조카가 나의 세 친구인 영재, 민기, 성민에게 전화를 한다. 영재의 휴대전화는 정지된 상태다. 조카와 연락이 닿은 성민이 영재를 찾아갔을 때 영재는 라면을 먹고 있었다. 성민은 '나'의 부음을 전하지 않은 채 영재의 옷장을 뒤진다. 영재는 성민이 옷장을 뒤지는 까닭을 전혀 모른다. 성민은 영재가 라면을 다 먹길 기다려 '나'의 부음을 전한다. 영재는 의사가 '나'의 병을 이야기할 때 6개월은 산다고 한 이야기를 떠올리며 화가 나 냄비를 던진다.

- 대본 -

*(해설)*나   나에게는 세 친구가 있다. 고등학교 시절부터 함께 지내 온 정든 친구들이었다. 하지만 이제는 함께할 수 없다. 내가 병에 걸려 일찍 '죽음'이라는 것을 맞이했기 때문이다. 고등학생 조카가 세

친구들에게 내 죽음을 알렸다. 그중에서 연락을 받은 사람은 성민뿐이었다.

성민이 전화를 받는다.

(해설)나 성민은 소식을 듣고 영재에게로 갔다. 10분이면 갈 수 있는 일인데 택시를 타다니, 나는 고마웠다.
성민 또 라면 먹고 있었구나?
영재 먹을래?
성민 아니.
영재 오늘 두 개 끓였어. 먹어도 돼.
성민 배고팠나 보다. 할 말 있으니 빨리 먹어라.
영재 (후루룩 짭짭)
성민 야, 옷장 좀 볼게.
영재 (장난스럽게) 왜, 너 여자 생겼냐? 옷 필요해?
(해설)나 옷장에는 내가 영재에게 빌려주고 돌려받지 못한 아디다스 티셔츠가 보였다.

영재가 냄비를 들고 마지막 국물까지 마신다.

(해설)나 성민은 영재가 마지막 국물까지 마시는 것을 지켜본 후, 소식을 알렸다.
영재 (냄비 손잡이를 꽉 잡고) 그 의사 새끼가 6개월은 산다 그랬잖아!

영재가 들고 있던 냄비를 집어 던진다.

영재   그리고 그걸 왜 이제 얘기해.

성민   (떨어진 냄비를 보며) 저렇게 던질 줄 알고.

소리 내어 읽으며 대본 다듬기

앞서 함께 만든 대본을 문서 프로그램으로 정리한 다음, 학생들끼리 소리 내어 읽고 어색하거나 빠진 부분을 수정하도록 한다. 최종 정리는 교사가 맡으면 효율적이다. 대본을 모아서 형식을 통일하고 빠진 부분까지 정리해 최종 대본을 만든다.

시로 낭독극 대본 만들기

중고등학교 때 배운 시들을 교사가 되어 가르치면서 다시 읽어 보면 엄청난 감동과 아름다움을 느끼는 작품이 많다. 학생 시절에는 시를 느끼고 생각하기보다 시험에 나올 만한 내용을 필기하고 암기하기에 바빴던 것 같다.

  학생들과 문학 수업을 하면서 시로 간단한 연극이나 낭독극을 만들어 발표하며 즐거웠다. 자기 목소리와 몸짓으로 공연을 하고 다른 친구들의 공연을 즐기는 일은 해석과 암기 위주의 감상과는 차원이 다른 것이었다.

  이 글에서는 시 수업이, 활기찬 가운데 깊은 감동을 느끼는 시간이 되도록 시를 낭독극 대본으로 만드는 방법과 과정을 소개하고자 한다.

시에 따라 이미지가 중시되는 작품도 있고 서사적 구조나 내용 이해가 중요한 작품도 있다. 그래서 크게 이미지 형상화를 중시한 시와 이야기나 서사가 중심이 되는 시를 예로 들어 대본을 어떻게 쓸지 안내하고자 한다.

1. 시와 친해지기

다양한 방법으로 시 읽기

혼자서 편하게 읽기, 두 사람이 짝이 되어 다양한 방법으로 소리 내어 읽기, 속도를 다르게 하며 읽기, 걷거나 뛰면서 읽기 등을 통해 시의 분위기가 달라지는 것을 느껴 본다.

이원규의 「겁나게와 잉 사이」, 함민복의 「어머니가 나를 깨어나게 한다」, 이시영의 「공사장 끝에」, 복효근의 「한 수 위」 같은 작품을 배역을 나눠 읽어 보며 시에 녹아 있는 정서를 대사에 담아 감정을 실러 낭독한다. 내용이나 분위기를 자연스럽고 즐겁게 파악할 수 있다.

「어머니가 나를 깨어나게 한다」(함민복) 내용을 살펴보자. 이 시는 한 달 만에 어머니에게 전화를 건 아들이 등장한다. 귀가 어두운 어머니와 대화다운 대화를 하기가 어렵다. 아들은 어머니에게 계속해서 안부를 묻고 어머니는 잘 안 들린다며 나중에 걸라는 말을 반복한다.

이 시를 어머니와 나로 나누어 읽어 보자. 어느 것이 어머니 말이고 시적 화자의 말인지 구분해서 두세 모둠이 발표하게 한다. 세 번째 모둠 정도에서 3연을 빠른 속도로 읽는다. '안 들려서'와 '어머니'가 동시에 나왔음을 표현한 부분을 실감나게 살리면 좋다. 1, 2연이 대사를 주고받는 부분이라면 3연은 시 낭송 분위기를 잘 살릴 수 있는 부분이다. 참고로 이 시와 함민복의 「눈물은 왜 짠가」를 연결하면 몇 개의 장면이 있는 낭독극을 원작에 충실하게 짤 수 있다.

시에서 마음에 와닿는 구절을 정지 동작으로 표현해 보고 정지 동작을 풀며 시를 낭송하는 방법도 시 읽기에서 잘 활용하면 극 만들기 사전 작업이 될 수 있다. 안도현의 시 「스며드는 것」을 예로 살펴보겠다. 이 시는 쏟아지는 간장 속에 엎드려 죽음을 눈앞에 둔 꽃게의 모성애를 느끼게 한다. 좋아하는 구절을 한두 줄 고르고 그것을 다르게 낭독해 보고 구절들을 조각으로 만들어 모둠별로 낭독해 보는 활동을 하면 시가 다양한 느낌으로 다가온다. 어떤 구절들은 반복되기 때문에 시의 주제나 핵심 감정을 느낄 수 있다.

'다양한 방법으로 시 읽기' 활동을 다음 순서로 계획하면 수업을 좀 더 체계적으로 진행할 수 있다.

① 좋아하는 구절을 고른다.
② 고른 구절을 소리 내어 읽는다.
③ 속도가 다르게, 걸으며 또는 뛰며, 고개를 들거나 숙이고 등 동작을 다르게 해 가며 읽는다.
④ 좋아하는 구절을 정지 동작으로 표현해 본다.
⑤ 둥그렇게 서서 자신이 고른 구절을 낭송한다. 이 자체로 시의 여러 느낌을 인식하게 되며 작품을 더 극적으로 느낀다.

⑥ 두 명씩 짝을 지어 각자의 구절을 정지 동작으로 표현한다.

⑦ 차례로 정지 동작을 풀며 시를 낭독한다.

⑧ 네 개 모둠으로 나눠 정지 동작 조각을 만들고 차례로 풀면서 낭독한다.

문장이나 핵심어 모으기

시를 읽고 가장 인상적인 문장이나 핵심어를 한두 개씩 찾아 써 본다. 특히 이미지를 중시한 시에서는 깊이 와닿은 문장을 활용해 낭독극을 만들면 더 생생한 연기를 연출하는 데 도움이 된다. 서사 구조 이해가 중요한 시에서는 중심 사건을 한 문장으로 써 보고 그 문장을 고른 이유도 기록한다. 포스트잇에 적어 붙여 뒀다가 대본 쓸 때 참고하면 좋다.

2. 시로 낭독극 대본 쓰기

시를 대본으로 만들 때 가장 중요한 것은 시의 특징에 따른 대본 방향을 다르게 잡아야 한다는 점이다. 이미지를 중시한 시의 경우 조각 만들기, 몸짓, 또는 그림 등을 활용한 형상화가 중요하다. 서사 구조나 시적 화자의 이야기가 잘 드러난 시는 장면 만들기를 통해 대본을 만드는 것이 좋다.

시의 서사적 구조를 살려 낭독극 만들기

시의 서사나 배경, 인물 등이 잘 드러난 작품의 경우 앞에서 설명한 동화나 소설로 대본 만드는 방법(줄거리 사건 정리 - 등장인물의 정보 정리 - 주제 정하기 - 주요 장면 정하기 - 모둠별 대본 쓰기 - 소리 내어 읽으며 대본 정리)을 적용하면 된다. 여기서는 구체적으로 이시영의 「공사장 끝에」라는 시를 어떻게 대본으로 각색하는지 예로 들어 본다. 이 시는 소장의 명령으로 루핑 집을 철거하러 온 인부들이 그 안에 여인과 아이들이 자고 있어 망설이는 상황을 그렸다. 빈민층의 터전을 빼앗는 도시화의 그늘이 가슴 아프게 다가오는 작품이다.

「공사장 끝에」

"지금 부숴 버릴까"
"안 돼, 오늘 밤은 자게 하고 내일 아침에……"
"안 돼, 오늘 밤은 오늘 밤은이 벌써 며칠째야? 소장이 알면……"
"그래도 안 돼……"
두런두런 인부들 목소리 꿈결처럼 섞이어 들려오는
루핑 집 안 단칸 벽에 기대어 그 여자
작은 발이 삐져나온 어린것들을
불빛인 듯 덮어 주고는
가만히 일어나 앉아
칠흑처럼 깜깜한 밖을 내다본다

- 인물 분석 – 핫시팅

    ① 「공사장 끝에」의 인부 인터뷰하기

    인터뷰이가 된 학생은 의자에 앉는 순간 인부가 된다고 생각한다. 다른 학생들은 인부에게 궁금한 것들을 질문하고, 인부는 시의 감정을 살려 대답한다. 인터뷰 질문은 다음 예시를 활용해도 좋다.

    예 철거를 망설이는 가장 큰 이유는 무엇인가요?

    오늘 소장이 뭐라고 했나요? 등

    ② 「공사장 끝에」의 엄마 인터뷰하기

    인부 핫시팅 하기와 마찬가지로 엄마 역할을 맡은 학생이 의자에 앉는다. 다른 학생들은 인부들의 말소리를 들은 엄마가 어떤 마음일지 질문한다.

    예 아빠는 어디 갔나요?, 아이는 몇 살인가요?

    공사장 인부 중에 아는 사람이 있나요? 등

- 이야기가 있는 정지 장면 만들기

    ① 5~7명 정도로 모둠을 만든다.

    ② 모둠별로 시의 대사와 장면을 이야기 나눈다.

    ③ 시를 이용하여 하나의 이야기를 만든다.

    ④ 각 모둠원의 번호를 정해 1번부터 정지 장면을 하고 2, 3, 4번이 동작을 보태어 하나의 정지 장면을 만든다. 이끎이가 1번부터 차

례로 손을 대면 움직임과 대사를 한다.

> 예 불호령을 내리는 소장, 인부1과 엄마의 통화, 인부1, 2의 대화
> 아이의 발을 덮어 주며 불안해하는 엄마, 시 낭독자의 낭송

⑤ 즉흥을 바탕으로 대본을 구성하고 다듬는다.

⑥ 천, 신문지, 종이 등 소품을 이용할 수 있다. 한 즉흥에서 다른 즉흥으로 넘어갈 때 노래를 하거나 음악을 넣거나 자연스럽게 연결하는 동작을 한다.(배역과 스태프로 역할을 나눠 스태프가 음악, 연주, 소품 준비, 무대 구성 등을 맡는다.)

⑦ 모둠별로 발표한다.

● 대본 정리

등장인물 : 엄마, 소장, 인부1, 인부2, 해설

무대는 철거를 앞둔 집과 인부들이 있는 공간으로 나눈다. 나무 상자가 공간마다 두 개씩 놓여 있다. 해설, 엄마, 인부1, 2의 자리이다.

#1. 현장 사무소

소장 앉아 있고 인부 1, 2가 긴장된 자세로 서 있다.

소장 오늘이 마지막이야. 오늘도 그 집 철거 못 하면 내가 당신들 다시 보지 않을 거야. 공사 하루 늦어지면 손해가 얼만 줄 알아?
인부1 옛. 알겠습니다.

인부2   세 살짜리 어린애까지 있는데 만약 사람이라도 다치면,
소장   (말을 끊으며) 사람이라도 다치면? 지금 내 모가지가 날아가게 생겼어. 당장 나가서 철거 준비해.

무대, 잠시 어두워졌다 밝아진다. 슬픈 간주 음악.

#2. 여자의 집

여자가 아이에게 이불을 덮어 준다. 전화벨 소리.

엄마   (다급하게) 여보, 당신이야?
인부2   아, 죄송합니다. 저 철거반 김 씨요.
엄마   애 아빠가 바로 연락하고 온다고 해서…….
인부2   아직 연락이 없군요. 저도 집 철거당하고 받은 입주권 2년 뒤에나 입주할 수 있대서 지금 이 짓 하고는 있는데…… 오늘 밤에는 철거하지 않으면 우리가 잘려요. 우선 애 다치지 않게 피하고 보셔요.
엄마   애 아빠가 왔다가 우리 없으면 어떻게 해요? 우리 없으면 세상 버릴지도 모르는 사람이에요. 애 아빠 올 때까지만, 아니 하루만 더 기다려 주세요. 그리고 당장 갈 데도 없어요.

인부1이 다가오자 인부2 얼른 전화를 끊는다.

인부1   지금 누구랑 통화하는 겨? 우리 코가 석 자여. 지금 부숴 버릴까?
인부2   안 돼, 오늘 밤은 자게 하고 내일 아침에…….
인부1   '안 돼, 오늘 밤은 오늘 밤은'이 벌써 며칠째야? 소장이 알면…….

인부2 그래도 안 돼…….

#3. 여자의 집

여자의 집만 조명.
해설은 시를 5행부터 읽는다. 여자 천천히 시의 내용에 따라 절제된 동작을 한다.
무대 천천히 어두워진다. 음악 고조되며 암전.

여러 편의 시로 대본 만들기

한 작품에 담긴 이야기나 그 이야기 전후를 상상한 장면 등을 추가해 낭독극을 만들 수도 있지만 비슷한 주제의 작품, 같은 시인의 여러 작품을 연결하거나 재구성하여 낭독극을 만들 수도 있다. 경우에 따라서는 시집 한 권을 대상으로 할 수 있고 연관성 있는 작품들을 선별할 수도 있다.

대개 학생들과 할 때는 두세 편 정도를 선택한 다음 내용을 이해하고 중심인물과 중심 사건을 선정한다. 주제를 염두에 두고 구성 단계를 고려해 사건들을 배치한다.

2장에 수록된 이은택 시인의 시 여덟 편을 활용한 「이인삼각」을 예로 들어 대본 만들기 과정을 살펴본다.

① 주요 내용 정리하기

여덟 편의 시에 나타난 여러 이야기를, 시적 화자에게 긍정적인 요소로 작용하는 것과 곤란하거나 힘든 일로 구분해 본다.

긍정적인 일(즐거움, 보람, 기쁜 일)	부정적인 일(어려움, 갈등, 회의적인 일)
「등교」-수민이의 복학 「삼겹살데이」-체육대회 후 단합 대회 「이인삼각」-끝까지 협심하여 완주 「선생은」-선풍기 물청소	「각설이」-다짐과 계획대로 안 되는 삶 「오해」-지나의 야자 지각 오해와 꾸중 「우리 소개서」-입시 교육, 획일적 생활 「헐」-세대 차이

② 인물 정보 정리하고 중심인물 정하기

주요 등장인물을 정리한다. 이 작품에서는 시적 화자가 대부분 교사이고 아이들을 아끼고 사랑하며 입시 교육 현실 속에 힘겨워하는 학생들을 안타깝게 여긴다. 이 점을 고려해 교사가 중심인물 겸 내레이션을 담당하게 할 수 있다. 시에 등장하는 학생뿐만 아니라 교사가 맡은 여러 학생의 모습을 떠올려 평범한 학생, 봉사상이나 내신에 민감한 학생, 가출한 이후 복학한 학생처럼 내적 갈등을 가진 학생 등을 등장인물로 뽑을 수 있다.

③ 주제와 중심 사건 정하기

입시 위주의 현실 속에서 좌절하지만 또 학생들로 인해 희망을 찾아가는 교사와, 서로 경쟁하고 갈등 상황을 직면하기도 하지만 공동체의 일원으로 살아가는 아이들의 여러 일이 그려지는 작품들이다. 상징적으로 형상화할 수 있는 아이와 교사의 교감과 성장에 관한 이야기를 주제로 한다. 다만 극적 효과를 위해 가출했다 복학한 학생의 갈등을 부각해도 좋겠다.

④ 구성 단계에 따른 이야기 배치
①에서 정리한 내용을 소설의 구성 단계인 발단, 전개, 위기, 절정, 결말 구성에 따라 배치해 본다.

 발단에는 교사의 다짐과 좌절(「각설이」 - 다짐과 계획대로 안 되는 삶)을 보여 준다. 전개 부분에는 학교에서 일어나는 여러 일들, 교육 현실(「등교」 - 수민이의 복학, 「선생은」 - 선풍기 물청소, 「오해」 - 지나의 야자 지각, 오해와 꾸중, 「우리 소개서」 - 입시 교육, 획일적 생활, 「헐」 - 세대 차이)을 담는다. 위기에서는 수민의 자퇴와 복학, 그리고 경쟁적 교육 현실(「등교」 - 수민이의 복학, 수민이가 복학 전 겪은 일, 복학 후 느끼는 갈등 이야기 만들어 장면 구성)을 이야기한다. 절정은 갈등 해소의 계기(「삼겹살데이」 - 체육대회 후 단합대회, 「이인삼각」 - 끝까지 협심하여 완주)를 배치한다. 결말에서는 좌절과 새로운 시작을 보여 준다.

⑤ 모둠별로 대본 쓰기와 읽고 고치기
모둠별로 각 구성 단계를 맡아 쓰고 모여서 전체적으로 읽으며 고친다. 특히 시의 경우 어미를 적절하게 고쳐서 통일하고 자연스럽게 말하듯이 수정하는 과정이 중요하다.

시와 소설을 연결하여 대본 만들기

시와 연관된 소설이나 시 속의 상황을 잘 드러낼 수 있는 소설을 연결해 대본 만들기를 할 수 있다. 대본 작성 단계나 방법은 '시의 서사적 구조를 살려 낭독극 만들기'와 유사하다. 임철우의 소설 「사평역」은 곽재구의 시 「사평역에서」를 모티브 삼아 탄생한 작품이다. 사평역 대합실에 있는 사람들은 저마다 아픔, 고단함, 슬픔이 있는 사연을 안고 있다. 이들의 이야기가 오가며 살아간다는 것, 살아 있다는 것의 애환을 보여 준다.

두 작품을 활용해 낭독극을 하면 소설을 대본으로 만들면서 시가 결합했을 때 어떤 극적 효과를 내는지 느낄 수 있다. 시의 분위기와 어조, 이미지 등과 잘 어울리는 소설을 결합하면 그 정서와 주제가 나의 호흡처럼 더 가깝게 느껴진다.

시의 상황을 대본으로 만들기

시에 드러난 상황이나 주제, 또는 연상되는 이야기를 대본으로 만들 수 있다. 양성우의 시 「또 하나의 나」는 시에 담긴 상황을 교사 입장과 학생 입장에 대입해 줄거리를 떠올리기 좋다. 해당 각색 대본은 261쪽에 실었으므로 연출 노트를 참고해 시와 시에 등장하지 않는 새로운 인물을 연결하는 각색 작업도 해 보길 바란다.

소설을 각색한 낭독극 대본

「웃는 동안」

원작 : 단편 소설 「웃는 동안」(윤성희 지음, 『웃는 동안』 수록, 문학과지성사, 2011)
정리 : 한만수 / 각색 : 인천대건고 연극반 '마른 잎 다시 살아나'

낭독극은 목소리로 이끌어 나가는 예술이지만 적절한 동작 연기를 곁들이면 훨씬 풍부한 무대가 된다. 교사가 적절한 동작 연기 지도를 하며 연출을 할 수 있도록 구체적인 지시문을 곁들인 대본을 만들어 보고자 했다.

남인우 연출가가 입체낭독극으로 공연한 「어쩌면&웃는 동안」을 보고 낭독극도 눈물을 쏟을 만큼 감동적이라는 사실을 몸소 겪었다. 문학 수업 시간에 이 작품을 학생들과 각색하는데, 아이들은 의외로 어려움을 느끼기도 했다. 특히 '주제가 뭐냐'는 질문을 하기도 했는데 그만큼 해석에 따라 열린 주제를 이끌어 낼 수 있다는 점이 이 소설의 매력이라는 생각이 들었다.

작품의 특징

「웃는 동안」은 남자 고등학교 학생들이 공연하기에 매력적인 작품이다. 등장인물이 모두 남성이며 팍팍한 현실을 함께 마주하는 친구 사이로 등장한다. '나'의 부음을 들은 세 친구 성민, 영재, 민기는 다시 만나고, 과거를 회상한다. '나'의 집을 정리한 후에는 소파를 누가 가질지 내기를 하기도 한다. '앙상한 서사의 별자리가 아니라 무수한 여담들의 은하수를 보는 즐거움은 여전히 윤성희 소설가가 우리에게 주는 기쁨'이라는 어느 평론가의 말처럼 상처받은 영혼들의 삶을 담담하면서도 따뜻한 유머로 그려 내는 작품이다.

등장인물

'나' 주인공이며 유쾌한 성격의 소유자로 작은 일에도 즐거워할 줄 안다. 병에 걸려 일찍 죽음.

성민 '나'의 부음 소식을 가장 먼저 접한 뒤 침착하게 대응한다. 신중하고 세심하며 진지한 성격.

민기 민첩하지 않고 미련하다 할 만큼 움직이는 것을 귀찮아한다.

영재 흥분하면 조절을 못 하는 다혈질 기질이 있다. 성격이 단순하며 자기만의 고집과 근성이 있음.

연출 노트

세상을 떠난 '나'가 해설을 맡아 서사자로서 이야기를 이끌어 가기 때문에 극적인 효과를 넣기 위한 방법을 모색한다. 효과음 넣기, 시선과 동작 일치시키기, 배경음 찾기, 사건이 잘 보일 수 있도록 장면 만들기, 단순한 동작 만들기, 동작과 말을 반복하기 등 다양하게 생각할 수 있다. 배우들은 대본을 여러 번 읽어 중요 장면을 연기할 때 대본을 보지 않으면 더욱 좋다. 대본에 의존하지 않고 상대 배우들의 숨소리, 말소리에 집중하여 관객들도 감정의 맛을 느끼게 한다. 또 작품의 성격상 적절한 음악을 선곡하는 것이 무엇보다 중요하기도 하다.

무대 구성

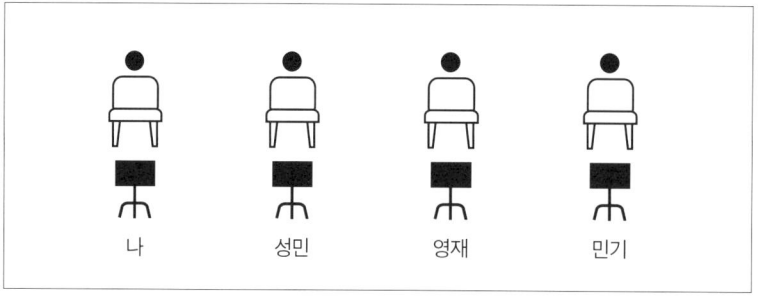

- 무대 중앙에 나무 상자(의자) 네 개와 보면대 네 개를 놓는다.
- 보면대 앞에 인물 이름을 붙일 수 있다. '나'의 이름에는 영정 표시를 한다.
- 나 – 성민 – 영재 – 민기 또는 민기 – 영재 – 성민 – 나 순서로 앉는 것이 좋다.
- 의상은 흰색 셔츠와 검은색 바지로 통일하고 대신 '나'는 꼭 검은색

셔츠를 입는다.
- 낭독극 음향과 PPT 배경 화면을 담당하는 학생을 따로 정해 둔다. 상황에 따라 PPT 배경 화면은 사용하지 않아도 무방하다.
- 주요 소품인 냄비, 검은 양복, 선글라스, 수염 등은 미리 준비해 둔다.
- 조명은 기본 조명을 사용하고 극이 진행되는 동안에는 별도의 조작을 하지 않는다.
- 적절한 음악을 활용하고 장면을 전환할 때에는 배우들의 연기, 정지 장면, 내레이션을 함께 활용한다.

#1

음악 「I'm Forrest… Forrest Gump」(영화 〈포레스트 검프〉 OST).
조명이 켜지면 나(주인공, 내레이션)를 제외한 배우들은 의자에 앉아서 각자의 일(성민은 전화하기, 영재는 라면 먹기, 민기는 핸드폰 게임)을 하는 동작으로 정지.
'나'가 무대 뒤에서 앞으로 걸어나오며 내레이션을 시작함과 동시에 공연이 시작된다.
'나'는 첫 내레이션을 외우는 것이 자연스럽다.

나   나에게는 세 친구가 있다. 고등학교 시절부터 함께 지내 온 정든 친구들이었다. 하지만 이제는 함께할 수 없다. 내가 병에 걸려 일찍 '죽음'이라는 것을 맞이했기 때문이다.

음악 out.

나   (의자에 앉으며) 고등학생 조카가 세 친구들에게 내 죽음을 알렸다. 그 중에서 연락을 받은 사람은 성민뿐이었다.
성민   (전화를 받으며) 네, 여보세요?
나   성민은 소식을 듣고 영재에게로 갔다. 10분이면 갈 수 있는 거리인데 택시를 타다니, 나는 고마웠다.

영재, 마임으로 라면을 먹는 연기를 한다.

성민   또 라면 먹고 있었냐?
영재   (라면을 먹다가) 먹을래?
성민   됐어.
영재   아니야, 오늘 두 개 끓였어. 먹어도 돼.
성민   괜찮아. 배고팠나 보네.
영재   그럼 그냥 먹는다?

영재, 계속 라면 먹는 연기를 한다.

성민   할 말 있으니 빨리 먹어라.

성민은 영재에게 등을 돌린다.

성민 야, 옷장 좀 볼게.

영재 왜, 너 여자 생겼냐? 옷 필요해?

나 옷장에는 내가 영재에게 빌려주고 돌려받지 못한 아디다스 티셔츠가 보였다.

영재가 냄비를 들고 마지막 국물까지 마신다.

나 성민은 영재가 마지막 국물까지 마시는 것을 지켜본 후, 소식을 알렸다.

음악 「Mia Gets Home」(저스틴 허위츠).

영재 그 의사 새끼가 6개월은 산다 그랬잖아.

영재가 들고 있던 냄비를 집어 던진다.

영재 그리고 그걸 왜 이제 얘기해.

성민 (떨어진 냄비를 보며) 저렇게 던질 거였잖아.

음악 out.
음악 「Forgetting little things」(영화 〈비포 미드나잇〉 OST).

나 둘은 택시를 타고 민기네 집으로 갔다.

성민과 영재 의자에서 일어난다.

나 2,800원이 나왔는데(성민, 영재 자리에 앉는다) 성민은 5천 원을 내고 거

스름돈도 받지 않았다.

영재와 성민이 민기가 들어가 있는 화장실 문을 두드린다. 소리는 나무 상자를 두드려 표현한다.

민기   영재 왔냐?
성민   나도 왔어 민기야.
영재   (성민에게 귓속말로) 야, 근데 똥 싸는데 그 말 들으면 좀 그렇지 않을까?

화장실 안에 있는 민기와 밖에 있는 인물들의 대화는 공간을 구분하기 위해서 더 크게 말한다.

민기   (큰 목소리로) 무슨 일이야?
성민   (민기에게) 너 똥 싸고 있냐?
민기   아니, 왜? 뭔데?

영재, 성민은 눈 마주 보고 고개를 끄덕인다.

영재   야, 얼른 나와 장례식장 가야 해.
나   이제 민기도 그 사실을 알게 되었다.
민기   (조심스럽게) 벌써?
영재   응.

음악 *out*.

민기   (코를 훌쩍거린다)

성민   너 울어?

민기   세수하는 거야. 기다려.

나   장례식장에 가기 전에 친구들은 백화점에 들렀다. 내가 병원에 입원했을 때 우리는 이런 농담을 주고받았다.

음악 「눈치 작전」(드라마 〈미생〉 OST). 음악이 바뀌면서 과거 장면을 연출한다.

성민   우리 내기 하나 하자. 너 6개월 지나도 살아 있으면 우리가 백만 원씩 줄게!

성민, 영재, 민기 모두 나를 바라본다.

나   그건 내가 이기지.

영재   (장난스럽게 웃으며) 야, 어차피 줄 일 없을 것 같은데 천만 원씩으로 할까?

민기   (영재를 툭 치며) 무슨 선 넘는 말음 하고 있어 미치놈 아니야?

나   그럼 만약에 내가 6개월 못 버티면 멋진 양복이나 입고 와라. 선글라스도 하나씩 끼고. (사이) 나는 친구들에게 부탁을 했다. (사이) 그래서 내 친구들은 멋진 검은 양복을 샀다.

성민, 영재, 민기는 나의 말에 맞춰 자리에서 일어나 양복 재킷을 입는다.

나   그러고 나서 선글라스를 살지 말지 회의하기 시작했다.

영재   (선글라스를 꺼내며) 근데, 난 선글라스는 도수가 안 맞아서 못 써.

민기   어른들이 싸가지 없다 그럴 거야.

나   (방백) 사, 사란 말이야.

성민   난 돈이 부족해.

성민, 나한테 선글라스를 던지듯 떨어뜨린다.
나는 떨어진 선글라스를 주워서 써 본다.

나   치사하게, 녀석들은, 선글라스는 생략하기로 했다. (사이) 아무튼, 세 친구들은 이제 장례식장으로 향한다.

음악 out.
나는 자리에 앉고 성민, 영재, 민기는 '나' 쪽을 바라보고 서서 고개를 숙여 죽은 친구에게 애도를 표한다.

#2

장례식 장면 전환은 성민, 영재, 민기가 검은 윗옷을 벗는 것으로 표현한다.

나   친구들은 장례식 후에 내 집으로 가서 화분 밑의 열쇠를 찾아냈다. 그러고 나서 민기가 문을 따고 들어갔다.

세 친구는 '나'가 앉아 있는 반대 방향으로 서서 연기를 한다. 민기는 밑에서 열쇠를 주워 문 따는 시늉을 한다.

나   (청소하는 마임) 영재는 청소를 했고, (설거지하는 마임) 성민은 밀린 설거지를 했고, (눕듯이 앉으며) 민기는 소파에 길게 누웠다.

나의 대사가 끝남과 동시에 배우들이 연기를 하고 각자의 자리에 앉는다.

음악 「급할수록 서둘러라」(〈미생〉 OST).

영재   야, 그런데 그 소파, 누가 먼저 훔치자고 했지? 확실한 건 난 아니었어.
민기   나도.
성민   나도 아닌데.
나   그러고 보니 내가 그랬던 것 같은 생각이 든다. 수능을 보던 날이었다. 수험표를 제출하면 영화가 공짜라는 말에 우리는 영화를 보러 갔다. 하지만 직원은,
민기   (직원을 흉내 내며) 시험을 보고 오셔야죠.
나   치사한 생각이 들어서 우리는 돈을 내고 영화를 봤다. 영화는 형편없었고 나는 관객을 졸게 만들었으니 영화값을 되돌려 받아야 한다고 생각했다.

'나' 박수를 치면 성민, 영재, 민기, '나' 쪽을 바라본다.

나   애들아, 그러니까 대신 (앉아 있는 의자를 집으며) 이 소파를 들고 나가자!

모두 서로를 바라보고 고개를 끄덕인 뒤, 의자 뒤에 서서 주변을 살핀 후 네 사람이 함께 소파를 들고 나가는 마임을 한다.

민기   이렇게 생각하자. 우리는 소파 수리공이다.
성민   (큰 목소리로) 오케이, 우린 대한민국에서 가장 솜씨가 좋은 소파 수리공이야. 이거 고치려면 좀 오래 걸리겠는걸! 자, 들자. 하나, 둘, 셋!

모두 의자를 잡고 무겁게, 힘겹게 살짝 들어 올리기, 발은 천천히 계속 움직인다. 소파를 나르는 장면에서 성민은 자리를 옮겨 제일 끝으로 간다.

나 　(소파를 들고 있어서 힘겨운 듯이) 성민의 말을 듣고 극장 입구에 서 있던 관객들이 길을 내주었다.
민기 　천천히 내려, 하나, 둘, 셋!

모두 민기의 말에 맞춰서 동시에 의자를 내리고 숨을 돌린다.

나 　그날 이후 아무것도 없던 내 자취방은 근사해 보였다.

모두 뿌듯하게 앞을 바라보고 서로를 보며 끄덕인 후 자리에 앉는다.
음악 out.

#3

나 　내 방에 있던 세 친구들은 소파를 서로 갖겠다고 싸웠다.

민기를 사이에 두고 성민은 앉아서, 영재는 서서 소리 없이 싸운다.

민기 　야, 야, 야, 그러지 말고 가장 바보 같은 얘기를 하는 놈이 갖기로 하자. 자기가 제일 바보처럼 느껴질 때가 언제였는지 얘기하는 거야.
영재 　음……. 그래. 내가 먼저 할게.

음악 「Rotten Smile」(파리아).
친구들끼리 자연스럽게 농담 따 먹기 하듯 대화한다.

영재 　너네 우리 동네에 가로등이 몇 개 있는 줄 알아?

민기   한 50개?
성민   더 되지 150개?
영재   (고개를 저으며) 서른두 개.
민기   그걸 어떻게 알아.
성민   세 봤어?
영재   (끄덕) 사흘 걸렸다.

성민, 영재, 민기 모두 웃는다.

민기   다음은 나, 내가 할게. 나는 고등학교 때 공부 안 한 거.
영재   뭐야.
성민   야, 그건 좀 아니다.
영재   그런 말은 오십 대쯤 되면 하자.
민기   그럼 난 좀 있다 다시 할게.
성민   나는 중학교 때 도보 여행을 갔던 거, 반찬 투정을 절대 하지 않는 거, 외박을 하지 않는 거, 이 세 가지 빼고 늘 바보 같아.
민기   (성민의 말이 끝나자 마자) 아!

성민, 영재는 깜짝 놀란다.

민기   난 구글어스를 보는 일. 아직 가 보지 못한 나라의 골목길을 이렇게 좍악 보고 있으면 내 자신이 한없이 초라하게 느껴져.

성민과 영재는 민기의 '좍악'에 맞춰 손동작으로 반응한다.

나   영재는 민기의 이야기가 가장 바보 같았다고 했고, 민기는 영재의 이야기가 가장 바보 같다고 했다. 성민은 자신의 이야기가 가장 리얼리티가 있다고 했지만 우리는 자기가 자기에게 투표를 할 수 없다는 규칙이 있었다.

성민, 영재, 민기는 '나'의 대사에 맞춰서 사람을 손가락으로 가리킨다.

성민 야, 그러면, 너네 둘이 다른 얘기를 하나씩 해 봐.
영재 (성민을 보며) 너 같은 친구를 둔 게 내가 바보라는 증거다.
민기 (멀리 액자를 손가락으로 가리키며) 에휴, 저거 봐, 뭐가 좋은지 웃고 있다.

모두, 관객석 뒤쪽을 멀리 바라본다.

나 민기가 우리 넷이 찍은 사진을 가리키며 말했다. 재작년에 넷이 같이 차렸다가 망한 조개구이 집 앞에서 찍은 사진이었다. 아무도 찾아오지 않는 식당에서 우리들은 조개를 구워 먹었다.

둘씩 짝을 지어 조개를 구워 먹는 연기를 실감나게 한다.

나 손님이 많아 보이기 위해 둘씩 나눠 앉아서는(술잔을 서로 부딪치며, 캬~ 한다) 서로 모르는 사람처럼 굴기도 했다.
성민 (민기의 손을 들어 올리며) 민기 승, 소파는 네가 가져.
나 친구들은 소파를 들고 민기네 집에 갔다. 하지만 5분 후,

모두 자리에서 일어나 각자 의자 뒤에 선다.

민기 (민기 어머니를 흉내내며) 절대 안 돼!

성민, 영재는 시끄러운 듯 귀를 막는다.

나   민기 어머니의 일장연설 같은 잔소리를 듣고 세 친구들은 다시 소파를 들고 밖으로 나왔다.

성민, 영재, 민기는 의자를 들고 오른쪽 옆으로 조금씩 이동한다.

나   그러고는 영재의 집으로 향했지만 그 집에는 소파가 들어갈 틈이 없었다.
민기   아, 왜 이렇게 좁아.
영재   돌아가, 돌아가.

성민, 영재, 민기는 의자를 들고 다시 왼쪽 옆으로 조금씩 이동한다.

나   결국, 소파를 성민의 집 옥상에 두기로 했다.

음악 out.

성민   영재야 좀만 더 옆으로 하나, 둘, 셋!

성민의 신호에 맞춰서 의자를 동시에 내려놓고 자기 의자에 앉는다.
음악 「날 사랑하는 이」(Cover by Rachel).

성민   넌 먹을 거부터 찾냐? 기다려 봐. 뭐 좀 가져와 볼게.
영재   맛있는 거 좀 가져와!

성민, 자리에서 일어나 먹을 것을 가져와서 민기에게 준다.

성민 야, 여기.
민기 웬 잡채?
성민 장례식장에서 좀 싸 왔어.
민기 재수 없게 그걸 왜 가져와.
성민 아깝잖아!

영재, 민기에게서 잡채를 덜어 먹는다.

영재 그래도 맛은 있다.
민기 우리 다시 식당 차려 볼까?
성민 (익살스럽게) 또 같이 망하기 싫어.
민기 그렇지?
성민 (잡채를 던지며) 말도 안 되는 소리 하고 있어.
민기 야, 이걸 왜 던져. (잡채를 던진다)
성민 아, 코에 들어갔잖아!
영재 아, 먹을 거 갖고 장난치지 마. (잡채를 던진다)

성민이 낄낄대며 웃는다, 그러자 다 같이 웃는다. '나'가 일어나면 멈춘다.

나 웃는 동안, 친구들은 아주 먼 곳으로 여행을 갔다. 민기는 15년 후의 자기 모습을 보았다. 수염을 길렀는데 생각보다 잘 어울렸다. 자동차 타이어를 교체하는 일을 하고 있었다. 영재는 하루에 알약을 열다섯 개씩 먹어야 하는 아저씨가 되어 있었다. 공부를 열심히 했던 영재는 티비 퀴즈 프로그램에 나가 퀴즈왕이 되기도 했다.

'나'는 민기, 영재에게 차례대로 다가가 내레이션을 한다. 이때 민기, 영재는 대사에 어울리는 상징적인 동작을 하고 정지한다.
'나'는 마지막으로 성민에게 다가간다.

나 성민은 술에 취해 그 소파에서 밤을 지새우곤 했다. 눈을 감고 있던 성민은 나를 만났다.
성민 잘 있었니?
나 응. 잘 있었어. 성민아, 그 소파 잘 간직해 줘서 고맙다.
성민 그런데 우린 어떻게 만난 거야?
나 너도 죽었거든.

성민, 눈물을 흘리지만 여전히 웃고 있다. 세 친구는 서로를 보며 미소 짓는다.

나 여행을 마치고 돌아와서 웃음을 그친 친구들은 조금 전에 왜 자신들이 웃었는지 그 이유를 잘 알지 못했다. 하지만 웃고 난 후에 친구들은 이런 자신감이 들기 시작했다.
성민 이제는 공중부양도 할 수 있을 것 같아.

모두 서로를 바라보고 웃으면서 어깨동무를 한다. 먼 곳을 바라본다.
음악 out.
암전.

낭독극 「웃는 동안」 영상

「소나기」

원작 : 단편 소설 「소나기」 (황순원 지음)
정리, 각색 : 이인호

오랫동안 교과서에도 수록되며 널리 사랑받는 단편 소설을 낭독극으로 만남으로써 공감과 감동을 더하고자 했다. 코러스를 활용해서 무대 배경이나 소품 등을 연극적 상상력으로 보여 줄 수 있도록 하여 공연에 대한 두려움을 줄이고 싶었다.

작품의 특징

소년과 소녀의 순수한 만남과 사랑이 스타카토 문체로 그려져 비극적 결말마저 아름답게 그려 낸 작품이다. 요즘 학생들의 간결한 대화체를 잘 살릴 수 있다. 또한 소년과 소녀가 같이 산 너머까지 다녀오는 여정에 만나는 것을 여러 가지를 코러스를 통해 표현하여 공간과 시간의 제약을 뛰어넘는다. 원작이 갖고 있는 문장의 아름다움과 표현의 특징을 살리기 위해 해설은 낭독자로서 텍스트를 충실하게 전달하도록 구성하였다.

등장인물

소년 내성적이고 우유부단한 성격에 부끄러움도 많지만 산과

	들에서는 적극적으로 변한다. 소녀에게 열등감을 가지고 있고 시골살이를 잘 알고 있다.
소녀	서울에서 온 윤초시네 증손녀딸. 적극적이고 명랑하며 솔직하고 대담함. 시골을 잘 모르고 몸이 약하다.
아버지	소년에게 소녀의 죽음을 알게 하는 존재이다.
어머니	소년의 어머니로 소녀에 관한 정보를 전달한다.
코러스 1-4	무대 장치, 소품, 배경, 스태프 등의 역할을 하며 극의 진행을 돕는다.
낭독자	해설을 하며 원작 본문을 전달해 주는 역할을 한다.

연출 노트

해설자(낭독자)를 무대 왼쪽에 고정적으로 배치하고 해설을 할 때는 집중될 수 있게 낭독사에게만 조명을 주는 것이 좋다. 소년과 소녀는 지연스럽게 움직이며 대사를 하면 감정을 생생하게 전달할 수 있다. 몇 번 맞춰 보면 대사를 자연스레 외울 수 있지만 상황이 어렵다면 보면대를 움직이며 대본을 보면서 대사를 해도 좋다.

코러스를 네 명 정도 배치하여 원두막, 소, 징검다리, 소나무 등으로 그때그때 역할을 할 수 있도록 무대 변화를 자연스럽게 연결한다. 코러스가 아버지, 어머니, 동네 사람 등 다양한 역할을 할 수 있다.

무대 구성

무대에는 나무 상자 세 개 정도를 놓고 나무 상자 앞에서 간단한 연기를 할 수 있게 한다. 퇴장 장면에서 굳이 무대 밖으로 나가지 않고 나무 상자에 뒤로 돌아앉아 있어도 무방하다.

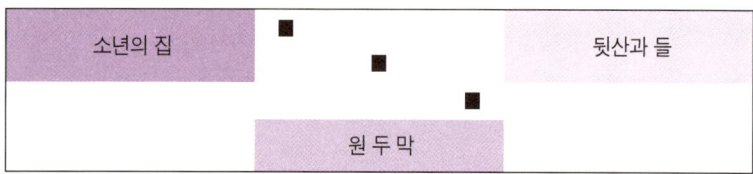

■ (나무 상자로 징검다리 표시)

#1-1장 개울가

무대 중앙에 나무 상자를 세 개 놓고 가운데 나무 상자에 소녀가 앉는다. 소년은 한쪽 구석 바닥에 앉는다. 무대 밝아진다.

낭독자   소년은 개울가에서 소녀를 보자 곧 윤초시네 증손녀딸이라는 걸 알 수 있었다. 소녀는 개울에다 손을 담그고 물장난을 하고 있는 것이다. 서울서는 이런 개울물을 보지 못하기나 한 듯이 벌써 며칠째 소녀는 학교서 돌아오는 길에 물장난이었다. 어제까지는 개울 기슭에서 하더니 오늘은 징검다리 한가운데 앉아서 하고 있다. 소년은 개울둑에 앉아 버렸다. 소녀가 비키기를 기다리는 것이다.

소녀   (하얀 조약돌을 던지며) 이 바보!

소녀 퇴장한다. 소년 하얀 조약돌을 줍는다.

소년   (소녀를 바라보며) 저기…….

#1-2장 개울가

무대 잠시 어두워졌다 밝아진다. 소년과 소녀의 자리는 조금 전과 동일하다.

소녀   얘.
소녀   …….
소녀   얘, 이게 무슨 조개니?
소년   (무심한 말투로) 비단 조개.
소녀   이름도 참 곱다. (관객석을 가리키며) ……너 저 산 너머에 가 본 적 있니?
소년   없다.
소녀   (밝게) 우리 같이 가 보지 않을래? 시골에 오니까 혼자 심심해서 못 견디겠어.
소년   저래 보여도 꽤 멀 텐데…….
소녀   멀면 얼마나 멀다구. 서울에 있을 땐 꽤 먼 곳까지 소풍 갔었어.
소년   (마지못해 가는 듯이) 그래, 가 보지 뭐.

소년, 소녀 함께 퇴장한다.

2장 들판과 산길

무대 잠시 어두워졌다 밝아진다. 무대 왼쪽에 허수아비, 오른쪽은 무밭. 무밭에 코러스 세 명이 손을 잡고 원두막을 만든다.

소년   (먼저 등장하며) 맞다, 오늘은 일찍 집으로 돌아가 텃논의 참새를 봐야 하는데…….
소녀   (등장하며) 우아 재밌다! (허수아비 근처를 돌아다니며) 너도 해 봐!
소년   그게 뭐가 재미있다고 그러냐?
소녀   (웃으며) 왜, 재미있지 않니? 난 재밌는데?
낭독자   소녀의 왼쪽 볼에 살포시 보조개가 패었다. 소년은 집안일을 도와야 한다는 생각을 잊어버리기라도 한 듯이 소녀를 따라 걸었다.

소년과 소녀 무대를 뛰어다닌다.

소녀   우리 저쪽으로 가 보자. 저 멀리에 꽃이 많이 피어 있어!
소년   네 마음대로 해……. (코러스들이 푸른 천으로 만든 도랑을 조심스레 먼저 건너며) 도랑에 빠지지 않게 조심해서 건너.

소녀 긴 스커트를 잡고 도랑을 건넌다.

소녀   (오른쪽을 가리키며) 저게 뭐니?
소년   원두막.
소녀   여기 참외 맛있니?
소년   그럼, 참외 맛도 좋지만, 수박 맛이 더 훌륭해.
소녀   하나 먹어 봤으면 좋겠다.

소년 잠깐만 기다려 봐.

소년 오른쪽으로 가서 무 두 개를 가져온다.

소년 (무를 뽑아 쓱쓱 옷에 닦아 소녀에게 건네며) 맛봐라.
소녀 뭐야? 그건 무잖아. 왜 무를 가져왔어.
소년 그래도 한번 먹어 봐.
소녀 (소녀 오른쪽으로 무를 던지며) 아, 매워.
소년 (소녀보다 멀리 던지며) 정말 맛없어서 못 먹겠다.
소녀 이러지 말고 우리 빨리 산에 가 보자 응? 꽃 보고 싶어.
소년 그래, 빨리 가 보자.

소년과 소녀, 다시 무대를 한 바퀴 돌고 관객들 앞으로 간다.

소녀 (관객들을 가리키며) 이건 들국화, 이건 싸리꽃, 이게 도라지꽃……. 도라지꽃이 이렇게 예쁜 줄 몰랐네. 난 보랏빛이 좋아! 근데 이 양산 같이 생긴 노란 꽃은 뭐야?
소년 마타리꽃.

(관객들을 꽃으로 적절하게 참여시킨다.) 소녀 마타리꽃을 꺾는다. 소년은 그 외 모든 꽃을 꺾어 꽃다발을 만든다.

소년 (꽃다발을 건네며) 자, 가져 선물이야.
소녀 (기뻐하며) 우아, 진짜로 나 주는 거야? 예쁘다, 고마워! (무대 쪽을 가리키며) 저건 또 무슨 꽃이지? 꼭 등꽃 같네. 서울 우리 학교에 큰 등나무가 있었는데 저 꽃을 보니까 등나무 밑에서 같이 놀던 친구들이 생각나.

소녀 무대 쪽으로 달려간다. 무대에서 넘어진다. 소녀, 발목을 잡는다.

소년 (놀라서 달려간다) 어? 괜찮아? (소나무에서 채취한 송진을 발라 주며) 소나무에서 나는 송진이야. 이걸 바르면 나을 거야.

소년은 앉아 있는 소녀 주변을 거닐며 꽃 한 묶음을 가져온다. 소녀, 꽃을 받아 향기를 맡아 본다.

소년 저기 송아지가 있어. 저쪽으로 가 보자.

소년과 소녀 무대 아래로 뛰어간다. 코러스 중 두 명 정도 송아지 역할을 한다. 관객 한 명 정도를 송아지로 참여시켜도 좋다.

낭독자 소년은 등을 긁어 주는 척 훌쩍 올라탔다. 어린 송아지가 껑충거리며 돌아간다. ……그 순간 소녀의 흰 얼굴이, 분홍 스웨터가, 남색 스커트가, 안고 있는 꽃과 함께 범벅이 된다. 모두가 하나의 큰 꽃 묶음 같다.

코러스1 (낭독자 대사 끝나고 무대 잠시 암전) 너희 여기서 뭣들 하고 있냐? 어서들 집으로 가거라! 소나기가 올 것 같다.

낭독자 하늘을 보니 먹장구름 한 장이 머리 위에 와 있다. 갑자기 사면이 소란스러워 진 것 같다. (빗소리 효과음) 산마루를 넘는데 목덜미가 선뜩선뜩했다. 굵은 빗방울이었다.

무대 가운데에 코러스 세 명이 손을 잡고 원두막을 만든다. 소년과 소녀는 오른쪽으로 올라온다.

소년 (소녀의 손목을 잡고 무대 가운데로 앞장선다) 일단 빨리 비를 피하자. 따라와!
소녀 (도착한 뒤 덜덜 떨며) 야. 나…… 추워…….

소년은 낭독자의 대사에 맞게 행동한다.

낭독자 소녀의 입술이 파랗게 질렸다. 소년은 겹저고리를 벗어 소녀의 어깨에 감싸 주었다. 소녀는 소년이 하는 대로 가만히 있었다. 원두막은 허름하여 곳곳이 비가 새고 있었다. 소년은 수수밭 쪽으로 달려가 (소년 관객석으로 내려와 송아지 역할을 했던 관객을 데려간다) 수숫단을 날라서 덧세웠다. 그러고는 소녀를 부른다.

관객과 코러스가 서로 손을 올려 수숫단을 만들어 준다. 그 안에 소녀가 앉아 있고 소년은 조금 떨어져 있다.

소녀 안쪽으로 들어와, 춥잖아.
소년 괜찮아.
소녀 빨리 들어오라니깐.
소년 (소녀 옆에 앉는다)
낭독자 소녀는 소년이 움직이는 바람에 꽃 묶음이 망가졌지만 상관없다고 생각했다. 오히려 소년의 몸기운으로 떨리던 몸이 누그러지는 느낌이었다. 둘 사이에 많은 대화는 없었지만 어색함과 거리감이 사라졌다. 잠시 뒤 비는 그쳤고 밝은 햇살이 눈부시게 내리부었다.

무대 조금 어두워졌다가 밝아진다. 소년과 소녀 도랑 앞에 도착한다. 코러스, 황색 천으로 도랑물을 만든다.

소녀 저기 도랑 봐 봐. 물이 엄청나게 불었어. 어떡하지?
소년 (등을 대며) 내가 업고 갈게. 빨리 업혀.
소녀 (소녀는 망설이다 소년이 재촉하자 소년에게 업힌다. 소년이 휘청하자) 어머나!
소년 건넌다. 꽉 잡아.

소년, 소녀를 업고 조심스레 도랑을 건넌다. 암전.

3장 개울가

낭독자에게만 조명.

낭독자 소녀는 순순히 업혀 소년의 목덜미를 꽉 잡았다. 소년은 묵묵히 물이 불어난 도랑을 지났다. 소년이 다르게 보였다. ……그 일이 있은 후로 소녀의 모습은 보이지 않았다. 소년이 매일같이 개울가에 나와 소녀를 찾아봐도, 쉬는 시간에 운동장을 살펴봐도, 남들 몰래 5학년 여자 반을 엿봐도 소녀는 없었다. 그날도 소년은 주머니 속 흰 조약돌을 만지작거리며 개울가로 나왔다. 그런데 오늘은 소녀가 있었다.

소년 소녀 징검다리 위에 앉는다. 무대 밝아진다.

소년 야, 그동안 어디 갔었어?
소녀 왜? 걱정했어?
소년 …….

소녀   사실…… 그동안 아팠어.
소년   그날 소나기 맞아서 그래?

소녀 조용히 고개를 끄덕인다.

소년   이제 괜찮은 거지? 안 아픈 거 맞지?
소녀   아직, 조금 아파.
소년   그럼 누워 있어야지 여기서 뭐 해. 빨리 들어가.
소녀   하도 갑갑해서 나왔어. (침묵 후) 그날 재미있었어. (분홍 스웨터 앞자락을 가리키며) 근데 그날 어디서 이런 물이 들었는지 잘 안 지워지더라.
소년   글쎄.
소녀   나 생각났어. 그날 도랑물이 불어서 내가 업힌 적 있지? 그때 네 등에서 묻은 물이야. 소나무 송진인 것 같아.

소년 당황하며 부끄러워한다.

소녀   자, 받아. 오늘 아침에 우리 집에서 대추를 땄거든. 추석에 제사 지내려고……. 자 어서 받으래도. (소녀가 소년의 손에 대추를 쥐여 준다) 그리고…… 저기, 우리 이번에 추석 지내고 나서 이사 가게 됐어. 왜 그런지 난. 이사 가는 게 싫어. 어른들이 하는 일이니까 어쩔 수 없긴 하지만…….

무대 암전. 낭독자에게만 조명.

낭독자   이날 소년은 소녀의 눈동자에서 쓸쓸함을 보았다. 그리고 소녀가 이사 간다는 말을 수없이 되뇌어 보았다. 뭐 그리 안타까울 것도 없었다. 그렇지만 소년은 지금 씹고 있는 커다란 대추의 단맛을 모르고 있었다. 그리고 소년은 소녀에게 병이 낫거든 이사 가기 전에 개울가로 나와 달라는 말을 못 해 둔 것을 자책했다. 이날 밤 소년은 덕쇠 할아버지네 호두밭으로 가서 호두를 땄다. 소녀를 생각하며 호두나무를 작대기로 마구 내리쳤다. 소년은 주머니를 가득 채우고 집에 돌아왔다.

#4장 소년의 집

아버지 어머니는 암탉을 안고 있다. 소년 무대 밖에서 등장한다. 무대 밝아진다.

소년 (등장하며) 다녀왔습니다. 아버지 어디 가시게요?
아버지 이만하면 될까?
어머니 며칠째 걀걀하고 알 낳을 자리를 보던데요. 크진 않아도 살은 쪘을 거예요.
소년 어머니, 아버지 어디 가세요? 암탉은 왜?
어머니 저기 서당골 윤초시 댁에 가신다. 내일이 추석이라 제사상에라도 놓으시라고…….
소년 에이, 그럼 큰놈으로 하나 가져가지. 저기 얼룩 수탉으로…….
아버지 (웃으며) 허허, 인마 그래도 이게 실속 있다.

무대 어두워지며 낭독자에게만 조명.

낭독자 소녀네가 내일이면 양평으로 이사를 간다. 소년은 자리에 누워서 자기도 모르게 주머니 속 호두알을 만지작거리며 소녀 생각만 하고 있었다.

소년은 왼쪽에 누워 있고 어머니는 오른쪽에 위치한다.

소년 (하얀 조약돌을 들고 혼잣말로) 아, 어떡하지? 내일 이사하는 걸 가 볼까? 가면 볼 수 있을까? 만나면 뭐라고 말하지?

아버지 등장한다.

아버지 허, 참 세상일도……. 윤초시 댁도 말이 아니야. 그 많던 전답을 다 팔아 버리고, 대대로 살아오던 집마저 남의 손에 넘기더니, 또 악상까지 당하는 것 보면…….
어머니 증손이라곤 그 기집애 하나뿐이었지요?
아버지 그렇지, 사내애 둘 있던 건 어려서 잃어버리고.
어머니 (안쓰럽다는 말투로) 어쩌면 그렇게 자식 복이 없을까?
아버지 글쎄 말이지. 이번 계집애는 꽤 오랫동안 아팠던 걸 약도 제대로 못 써 봤다더군. 지금 같아서는 윤초시네두 대가 끊긴 셈이지……. 그런데 그 계집애는 어린것이 여간 잔망스럽지가 않아. 글쎄 죽기 전에 이런 말을 했다지 않아?
소년 (소리만) 아버지 어머니 제가 죽으면 제 분홍 스웨터를 그대로 입혀서 묻어 주세요.

소년 일어나 나와서 쪼그려 앉는다. 잠시 후 어깨를 들먹이는 소년. 소년에게만 조명 비치다 서서히 암전.

「비곗덩어리」

원작 : 단편 소설 「비곗덩어리」(모파상 지음)
정리, 각색 : 서호필

학교에서는 주로 분량이 짧은 작품을 활용해 낭독극을 한다. 그런데 대사를 모두 외워야 하는 부담감이 없는 형태라면, 중단편 작품 중에서도 좀 더 긴 작품을 '낭독'과 '극'으로 만나 볼 수 있지 않을까?

중고등학교에서 꼭 읽었으면 하는 단편 소설 중 긴 분량의 작품으로 투르게네프의 「무무」, 모파상의 「비곗덩어리」를 생각했다. 그중 다양한 인물의 속성이 드러나며 타인을 향한 존중, 배려, 공감에 관해 울림을 주는 「비곗덩어리」를 낭독극으로 만들고 싶었다.

작품의 특징

「비곗덩어리」는 프로이센 – 프랑스 전쟁이 배경이다. 마차 한 대에 모여 타고 피난길에 오른 열 사람을 통해 이기심과 타인을 향한 배척과 멸시를 풍자하는 소설이다. 낭독을 하면서 자연스럽게 '나라면 어떻게 했을까?' 하는 질문을 만날 수 있다.

작품 전문을 낭독하려면 두 시간이 걸린다. 한 시간 이상 공연하겠다는 의도가 아니라면 내용을 압축할 필요가 있다.

등장하는 인물도 다양하다. 많은 학생이 참여하는 낭독극을 계획한다면 도전하기 좋은 작품이다. 여러 악기가 조화를 이루는 오케스트라처럼, 학생들이 각자의 개성을 살려 다양한 군상을 표현해 볼 수 있다는 매력이 있다.

    단지 길기만 한가? 아니다. 시작하면 낭독에 빠져들어 한 시간이 언제 흘러갔는지 모를 정도로 몰입의 맛을 던져 주는 이야기이기도 하다.

등장인물

마부	원작에서는 단순한 마부이지만, 낭독극에서는 작품의 흐름을 이끌면서 상황과 인물에 관한 정보를 제공한다.
불 드 쉬이프	직업 때문에 남들에게 손가락질받고 무시당한다. 하지만 조국 프랑스를 사랑하고 이웃의 고통을 외면하지 않는 따뜻한 성품을 지녔다.
코르뉘데	공화주의자로 주변 인물들이 두려워하고 기피하는 대상이다. 자유와 혁명을 늘 말하지만, 행동이나 태도가 그렇지 못한 가벼운 인물로 취급받는다.
루아조와 그 부인	루아조는 익살스러운 성격으로 참견과 농담을 좋아한다. 점원으로 출발해 나쁜 포도주로 술책을 부려 부자가 되었다. 아내는 남편보다 판단력이 있고 활기차다.
브레빌 백작과 그 부인	브레빌은 도의회 의원이고 귀족이어서 권위와 인

	품을 앞세운다. 하지만 자신의 탈출을 위해서 불 드 쉬이프를 희생양으로 삼는 데 앞장선다. 부인 역시 타인의 고통에 무관심하거나 냉정하다.
수녀	신앙심이 깊지만 불 드 쉬이프의 희생에 일조한다.

원작에는 방적공장을 지녔고 도의회 의원인 카레 라마동 부부가 있으나, 인물 수와 내용의 길이를 고려해 각색 과정에서 생략하였다.

연출 노트

다양한 인물의 모습을 살리기 위해서 학생 열 명 정도가 참여하면 좋다. 작품의 흐름에 따른 움직임(마차 밖-마차-숙소-마차)이 들어가면 좀 더 역동적인 낭독극이 될 수 있다.

 작품 속에 음식을 먹는 장면이 있는데 소품으로 실제 음식을 쓰면 효과적이다. 여러 가지 낭독 방법이 있겠지만 등장인물 중 '마부'가 해설자 역할을 하면 가장 적절하다.

 무대는 높낮이를 두어 두 줄로 구성하면 배우의 이동, 관람에 도움이 된다. 낭독극으로 만든 작품에서는 학생들의 의견을 반영해 실제 소설과는 다르지만, 울지 않으려 노력하는 불 드 쉬이프의 대사를 넣었다.

무대 구성

		코르뉘데	불 드 쉬이프	수녀	
	루아조 부인	루아조		브레빌 백작 부인	브레빌 백작
마부	(마부는 좌우로 이동하거나 인물들 쪽으로 움직여도 좋다.)				

대본

음악 1, 조용한 분위기의 곡으로.
무대는 비어 있다. 마부 천천히 걸어 나온다. 손에는 채찍을 들었다. 관객을 본다.

마부   여기는 프로이센과 프랑스의 전쟁이 벌어지고 있는 프랑스 루앙입니다. 저기, 프로이센군에 패해 후퇴하고 있는 프랑스 군인들의 모습이 보이는군요. 먼지가 잔뜩 묻은 수염, 누더기 같은 군복, 깃발도 없이, 지친 다리를 힘없이 끌면서 앞만 보고 걸어가고 있습니다. 처음 전쟁이 일어났을 때는 두려움 때문에 가게란 가게가 모두 문을 닫고 지나다니는 사람이 하나도 없었습니다. (자신이 앉을 가상의 마차를 손질한다. 말 울음소리) 이제 거리는 프로이센 병정들로 흥청거리고 있습니다. 프로이센 점령지가 된 도시에서 귀족들과 장사꾼들은 프랑스군이 점령하고 있는 르아브르에 막대한 자본을 투자하고 있었지요. 그래서 어떻게 해서든지 그 항구 도시로 가고 싶어 했습니다. 물론 프로이센군을 증오해서 떠나는 사람도 있고요. 오늘, 몇 사람들이 프로이센 장교를 움직여 여행 허가증을 얻었습니다. 오늘 이 마차를 타고 르아브르로 떠납니다. (해설 도중 하늘에서 조금씩 눈이 내린다. 마부, 머리에 쌓인 눈을 털며) 눈이 내리기 시작하는군요.

인물들, 천천히 걸어와 한쪽에 서서 웅성거린다.

마부   저기 마차를 타려고 기다리는 사람들이 보입니다. 전부 일곱 명입니다. 아직 모두 잠에서 덜 깬 모양입니다. 날씨까지 추워 담요를 둘러썼지만 덜덜덜 떨고 있습니다.

인물들 모여 있는 자리에서 순서대로 나오며,

루아조   난 부인를 데리고 갑니다.
브레빌 백작   나도 마찬가지요. 우리 가족은 루앙에는 절대 돌아오지 않을 작정일세. 만약 르아브르까지 프로이센군이 쳐들어온다면 영국으로 건너가겠소.
루아조 부인   빨리 마차를 타요.
브레빌 백작 부인   추워서 못 견디겠어요.
마부   이제 그만 모두들 타시지요. 눈이라도 피할 수 있을 테니까.

인물들 마차에 탄다.

마부   다 타셨습니까?

| 모두 | 다 탔소. |
| 마부 | 그럼 출발하겠습니다. 이랴! |

말 울음소리, 마차 소리, 마차를 타고 가는 도중 잠깐의 침묵이 이어지다가,

루아조	우리 서로 소개나 합시다. 난 루아조입니다. 그랑퐁가의 포도주 도매상이오. 처음에는 점원이었지만 멍청한 주인이 사업에 실패해 그 집의 권리를 몽땅 사서 돈을 좀 많이 벌었죠.
루아조 부인	그 돈을 버는 데는 제가 한몫했어요. 이 남자는 결단력이 좀 부족해서 문제가 있거든요.
마부	시골 소매상들을 상대로 질이 나쁜 포도주를 싼값에 파는 수법을 썼기 때문에, 저 친구는 동업자나 친구들 사이에서 사기꾼이란 평판이 확고부동합니다. 그 옆에 있는 사람이 루아조의 부인입니다. 사실은 그녀가 주판을 한 손에 들고 가게를 꾸려 나가곤 하지요. 이 부부 곁에 거만스레 앉아 있는 사람이 보이시나요?
브레빌 백작	거만스럽다고? 뭐 무식한 자들이 하는 말이니 내가 용서하지. 난 저런 루아조와 격이 다른 사람이오. 재산으로 보나 살아온 내력으로 보나 굴지의 명문가에 속하지. 더욱이 난 이 지방 오를레앙 당을 대표하는 인물이고…….
브레빌 백작 부인	됐어요. 우리 얘기를 한다고 저들이 뭘 알겠어요. 저는요, 오를레앙 당을 대표하는 브레빌 백작의 부인이에요.
마부	거만한 사람 맞죠? 저기 수녀도 보이네요.

수녀는 긴 묵주를 헤아리며 주의 기도를 중얼거리고 있다.

마부	그 옆에 있는 남자가 코르뉘데입니다. 자칭 프랑스의 민주주의를 대표한다는 사람입니다.
코르뉘데	자칭? 이 사람이…… 하하하! 저를 소개하죠. 저는 온건하고 학식 있는 사람들에게 두려움을 받고 있는 사람입니다. 오직 프랑스에 공화국이 실현되길 기다리면서 열심히 노력하고 있지요. 아마도 여기 있는 사람 중에 저만큼 프랑스를 사랑하는 사람은 없을 겁니다. 이번 전쟁 때도 프랑스를 지키기 위해 도시를 방어하는 데 정열을 쏟았습니다. 들판에 참호를 팠고, 부근 숲의 어린 나무는 모조리 베어 눕혔으며 모든 길에는 함정을 설치했지요. 프로이센군들이 여기 들어오기만 하면 모두,
마부	(말을 가로채며) 사실은 그런 뒤에, 적군이 다가오자 부하들에게 미소를 지어 보이면서 재빨리 물러섰죠. 도망갔다는 말이 더 나을까요? 그렇게 도망쳐 놓고 이제는 르아브르로 가서 자신이 새로운 방어 진지를 만들어야 한다고 생각하고 있습니다. 그리고 저기 저 여자! (불 드 쉬이프 쪽을 가리킨다)

모두들 여자 쪽을 바라본다.
음악 2.

불 드 쉬이프	저요? 사람들은 저를 밤거리의 여자라고 부르죠. 제가 이렇게 유명한 건 나이에 맞지 않게 살이 올랐기 때문인데, 그래서 불 드 쉬이프, 그러니까 '비곗덩어리'라는 별명까지 있어요. 그래도 남자들이 계속 달라붙는 이유는 제가 지닌 이 싱싱한 피부색이 보기 좋기 때문이겠죠. 제 얼굴은 빨간 사과나 방금 핀 모란꽃 봉오리 같고, 제 입술은…… 키스하기에 알맞은, 촉

		촉이 젖은…… 매혹적인 작은 입술이죠.
마부	소문에 의하면, 이 여자에게는 자신이 말한 것 말고도 일일이 다 헤아릴 수 없을 만큼 무수한 매력이 있다고 합니다.

인물들 놀라며,

코르뉘데	불 드 쉬이프?
루아조	불 드 쉬이프? 비곗덩어리?
루아조 부인	갈보?
브레빌 백작 부인	홍! 프로이센군에게도 추파를 던졌겠군!
브레빌 백작	프랑스의 수치!
수녀	오, 주님!
코르뉘데	불 드 쉬이프!
루아조	창녀!
루아조 부인	더러워!
브레빌 백작 부인	추잡해!
브레빌 백작	쓰레기!
모두	(큰 소리로) 쓰레기!
수녀	오, 주님!
브레빌 백작 부인	저런 여자와 함께 마차를 타다니…… 자리 좀 바꿔 줘요.

브레빌 백작 부인과 백작이 자리를 바꾼다.

루아조 부인	난 저 여자와 떨어져 앉았으니 운이 좋네.
코르뉘데	(얼굴을 불 드 쉬이프 쪽에 대며 본다) 불 드 쉬이프라!
불 드 쉬이프	(코르뉘데의 얼굴을 피하며 주위를 둘러본다)

불 드 쉬이프가 둘러보면 사람들은 모두 고개를 숙이거나 외면한다.

마부   여자들은 여자들끼리 불 드 쉬이프라는 창녀와 마차를 같이 탔다는 사실만으로 서로 친구처럼 친밀해졌습니다. 이 파렴치한 갈보에 대항해서 굳게 결속하지 않으면 안 된다고 생각했던 모양이지요. 물론 자칭 민주주의자 행세를 하는 코르뉘데에 대항하려는 본능으로 남자들도 서로 가까워졌습니다.

잠시 인물들의 행동을 보여 준다.
남자들은 코르뉘데를 손가락질하며 이야기한다.
수녀는 조용히 묵주를 돌리며 기도를 한다.
불 드 쉬이프는 책을 읽고 있다.
코르뉘데도 책을 읽다가 수녀에게, 그리고 불 드 쉬이프에게 계속 집적댄다.
수녀도 불 드 쉬이프도 코르뉘데의 행동이 귀찮아 외면한다.

루아조   저는 재고품인 싸구려 포도주를 한 병도 남김없이 프랑스군 병참부에 팔아넘겼습니다. 전쟁터에서의 피곤이란, 고급 포도주와 싸구려 포도주를 구별하진 않습죠. 그러니까 국가는 저에게 막대한 빚이 있죠. 사실…… 이번에 르아브르로 가는 이유도 그 돈을 받기 위해서랍니다.

코르뉘데   허, 프랑스의 운명이 위기에 빠진 판국에 돈 얘기만 하다니!

루아조   당신에게 얘기하는 게 아니잖아! 자넨 끼지 말고. 그런데, 백작님은 왜 르아브르에 가시죠?

브레빌 백작   아, 그거야 당연히……. 험! 사실은 자네한테만 말하는데…… 내 재산, 그러니까 집과 땅을 모두 팔았어.

루아조 부인   아니, 집과 땅을 팔다뇨?

루아조	그럼 어디서 사시려고?
브레빌 백작	전쟁이 났어. 프로이센군이 점령했어. 그럼 어떤 일이 생기겠나?
코르뉘데	당연히 프로이센군에 대항해서 싸움을,
루아조	(말을 가로채며) 자넨 끼지 말라고 했잖아. 싸우겠다고 하면서 제일 먼저 도망친 사람이 어딜!
코르뉘데	(말을 가로채며) 도망친 것이 아니라,
브레빌 백작	(말을 가로채며) 헐값에 팔았지. 헐값이라곤 해도 지금처럼 전쟁 같은 상황이라면 작은 돈이 아니. 물론 내 집과 땅을 산 사람은 옳다구나 하고 샀지. 아마 돈 벌었다, 이렇게 소리쳤을 거야.
루아조	저라도 그랬겠네요.
루아조 부인	아니, 아니지. 전쟁인데 집과 땅을 사면 손해를,
브레빌 백작	(말을 가로채며) 역시 부인은 혜안이 있군요. 내 집과 물건을 산 그놈은, 그것을 프로이센군에게 다 빼앗겨 징징대고 있겠지. 또 한 가지 있어요.
브레빌 백작 부인	그 얘기까지 하진 말아요. 체면이 있는데…….
루아조,루아조 부인	뭔데요?
브레빌 백작	무슨 체면? 나라가 망한 판국에. 사실 프랑스가 프로이센에게 패배할 때를 생각해서, 벌써 영국에 60만 프랑을 송금해 두었지. 여차하면 영국으로 건너가려고,
루아조 부인	(말을 가로채며) 미리 앞일을 예견하시다니…… 역시 저희들은 따라가지 못할 혜안을 지니고 계시네요.
브레빌 백작	뭐 그 정도 가지고, 힘!
마부	눈이 내려서 마차의 속도가 느려졌습니다. 오전이 다 지나가도록 채 16킬로미터를 가지 못했죠. 설상가상이라고 마차가

	눈구덩이에 빠지기까지 했습니다. 그러다 보니 모두들 배가 고파서 정신이 없습니다. 그런데 밥집이나 술집 같은 가게는 통 나타나질 않습니다. 중간에 남자들이 내려서 먹을 것을 찾아보았지만 빵 한 조각도 얻어 내질 못했지요.
루아조 부인	어떻게 해 봐요. 위 속에 커다란 구멍이 생긴 것 같아요.
루아조	내가 어떻게 해. 보이는 거라곤 눈 덮인 들판뿐인데…….
브레빌 백작 부인	아, 창피하지만 저도 너무 배가 고파요.
브레빌 백작	체통을 생각해서 좀 참으시오.
수녀	(배를 만지며) 오, 주님!

불 드 쉬이프, 보자기를 만지작거린다. 다른 인물들 때문에 조심스럽다. 눈치를 살핀다.

루아조	햄 한 조각에 천 프랑을 내도 좋아. 누구 먹을 거 가진 사람 없소?
루아조 부인	아니 아무리 배가 고파도 그렇지 천 프랑이 뭐예요? 차라리 전 굶어 죽겠어요. 그 돈을 쓴다면.
브레빌 백작 부인	(말을 가로채며) 기운도 빠지고 기분이 좋지 않네요.
브레빌 백작	나 역시 기분이 별로 좋지 않소. 왜 먹을 것을 가져온다는 걸 잊어버렸을까?
코르뉘데	여기 럼주 한 병이 있는데, 마시겠소? (백작에게 내민다. 백작 외면한다)

모두들 외면한다. 술을 싫어한다기보다는 코르뉘데가 싫다는 몸짓과 표정.

루아조	(눈치를 살피다가) 꿩 대신 닭이라고, 그거라도 몇 잔 마십시다. (마신다) 역시 술은 좋아. 첫째, 몸이 따뜻해지고 그리고 시장

	기가 감쪽같이 없어지거든. 어, 취한다.
코르뉘데	배가 고플 때는 술이 최고지요.
루아조	술 한잔한 김에 제안 하나 할까요? 먹을 것이 없어 표류하는 뱃사람들은, 배가 고프면 사람들 가운데서 제일 살찐 사람을 잡아먹는다고 하는데…… 우리도 그럴까요?

모두 불 드 쉬이프를 바라본다.
사람들 이맛살을 찌푸린다. 불 드 쉬이프, 루아조를 째려본다.

마부	마차는 계속 달렸습니다. 세 시가 넘었습니다. 사방을 둘러봐도 마을 하나 안 보이는 끝없는 벌판 한가운데입니다.

고민을 하던 불 드 쉬이프가 보자기를 풀자, 보기에도 먹음직스러운 맛있는 음식들이 있다. 불 드 쉬이프는 음식을 꺼내어 조금씩 먹기 시작한다.
모든 시선이 그녀에게로 쏠린다. 코를 벌름거린다. 배가 고픈 듯이 배를 움켜쥔다.
그러나 샬모 따위에게 한 방 낭하다니, 하는 표정으로 애써 참고 외면한다. 불 드 쉬이프를 제외한 인물들, 이런 동작들을 잠시 동안 이어간다.

루아조	(일어나며) 참 용의주도하군요. 감탄했습니다. 역시 모든 일에 다 생각이 미치는 분도 계시는 법이죠.
불 드 쉬이프	좀 드시겠어요, 선생님? 아침부터 아무것도 안 드셨다면 견딜 수 없을 거예요.
루아조	허허, 그럼 염치없이 하나 먹어 볼까요. 도저히 참을 수가 없어. 전시에는 전시답게 굴어야죠, 안 그래요, 여러분? (일행을 돌아보며) 정말 고마운 일이죠. 이렇게 각박한 때에 이런 친절한 분이 계시다고 생각하면.

불 드 쉬이프, 수녀에게도 자기가 가져온 음식을 권한다. 수녀는 즉석에서 응하며 몇 마디 고맙다는 말을 중얼거리고 나서 고개를 숙인 채 급히 먹기 시작한다.
쉴 새 없이 입들이 열렸다가 닫히고, 쑤셔 넣고 씹고 삼키는 모습이 사력을 다하는 것 같다. 루아조는 혼자 한구석에서 곁눈질도 하지 않고 먹고 있다. 이따금 작은 소리로 아내에게도 자기처럼 먹으라고 권한다. 아내, 외면하다가 고개를 끄덕인다.

코르뉘데	혹시 저도 얻어먹을 수 있습니까?
불 드 쉬이프	예, 그러세요.
루아조	(사근사근한 말씨로) 가능하다면 우리 마누라에게도 하나 나눠 줄 수 없을까요?
불 드 쉬이프	어머, 그러세요.
루아조 부인	고……고맙군요.

브레빌 백작 내외는 괴로운 표정을 짓는다.
순간, 백작 부인이 비명을 지른다.
수녀가 백작 부인의 머리를 받쳐 들고 불 드 쉬이프가 가진 컵을 입술에 대어 포도주 몇 방울을 흘려 넣어 준다. 백작 부인, 정신을 차린다.

브레빌 백작 부인	이제 괜찮아요. (옷을 바르게 하며) 그저 배가 고파서,
불 드 쉬이프	(말을 가로채고 일어나며) 어머, 이걸 어떡하죠. 선생님들이나 부인들께 도리어 실례가 될까 음식을 권할 수가 없었는데-.
코르뉘데	아이고, 이런 아름다운 마음씨를 가진 분이었다니. 뭐가 실례가 되겠어요. 목구멍이 포도청이라고,
루아조	(말을 가로채며) 자, 이런 때는 서로 동기간 같으니 돕는 것이 당연하죠. 여기, 부인들께서도 사양하지 마시고 하나씩 드시는 게 어떻습니까? 생각해 봐요. 오늘 밤 지붕 밑에서 자게 될 수

	있을지 누가 압니까. 이런 식으로 가다가는 토트에 도착하려
	면 내일 오후도 지나야 될 것 같군요.
브레빌 백작	그렇다면 고맙게 받겠소이다.

모두들 허겁지겁 음식을 먹는다.

코르뉘데	그런데 루앙을 탈출하면서 이렇게 음식까지 챙기다니, 준비성이 대단하군요.
루아조	그래요.
루아조 부인	정말 현명해요.
수녀	주님의 은혜가 있기를!
불 드 쉬이프	이렇게들 말하니까 부끄럽네요. 사실 저도 처음에는 남아 있을 생각이었어요. 집에 저장해 둔 식량도 꽤 있기 때문에, 낯선 곳으로 도망치는 것보다 적병 너덧 놈쯤 먹여 주는 편이 나을 거라고 생각했던 거예요. 그런데 막상 그놈들을 보니 더 이상 참을 수가 없었어요! 프로이센 병정들을 보니까 분해서 피가 끓어오르는 것 같았고, 나라의 수치라고 생각하니 화가 치밀어 난 하루 종일 울었답니다! 정말 그래요. 제가 남자라면 가만두지 않았을 거예요!
코르뉘데	용감하시군요.
브레빌 백작 부인	남자도 도망가는 세상에.
루아조	(말을 가로채며) 그래서요?
불 드 쉬이프	창문으로 내다보았죠. 그랬더니 끝이 뾰족한 모자를 쓴 돼지 새끼들, 살이 찐 돼지 새끼들, 프로이센 병사들이 보였어요. 저는 놈들의 등을 향해 의자라도 집어 던질 생각이었어요. 그런데 하녀가 제 손을 꽉 붙잡더군요.

루아조 부인	그래서요?
수녀	붙잡아서요?
불 드 쉬이프	그들이 우리 집에 몰려와서 방을 빌리자는 거예요. 난 제일 먼저 들어선 놈의 모가지를 겨누고 달려들었죠.
브레빌 백작	달려들어서?
브레빌 백작 부인	그럼 그 놈을,
불 드 쉬이프	(말을 가로채며) 전 그놈을 해치울 생각이었어요. 그런데 누군가가 제 머리채를 휘어잡고 떼어 놓는 게 아니겠어요. 이 일 때문에 전 그놈들에게 들키면 곤란한 처지에 놓였죠. 그래서 마차가 떠난다는 소식을 듣자 이렇게 동승하게 됐답니다.
브레빌 백작 부인	용기가 대단하세요.
코르뉘데	여장부가 따로 없습니다. 우리들 중에 누가 이 여자만큼 프로이센군에게 대항한 사람이 있습니까?
수녀	그래요. 정말 지혜롭고 용감한 사람이네요.
불 드 쉬이프	아니, 그 정도까지는…….

모두들 웃는다. 마부, 램프에 불을 켠다.
프로이센 장교 등장하여 마부 반대편에 선다. 침묵.

마부	달리고 달리다 보니 저녁이 되었습니다. 간신히 우리는 토트 읍에 도착했습니다. 그런데 마차가 섰지만 아무도 내리려 하지 않았습니다. 프로이센군이 이미 여기도 점령했던 것입니다. 나가면 즉시 학살당한다고 생각한 사람들은 내리지 못하고 덜덜 떨고 있었죠.
프로이센 장교	모두들 내려!
마부	프로이센 장교의 명령에 모두들 죄인처럼 내렸습니다. 다만

	불 드 쉬프만이 그를 부축하려는 프로이센 장교의 팔을 뿌리치면서!
불 드 쉬이프	(말을 가로채며) 제 힘으로 내릴 거예요.
마부	이렇게 말하며 내렸습니다.

내린 뒤에, 모두 무대 뒤로(혹은 옆으로) 사라진다.
공간이 없다면 옆으로 가 서도 좋다.

마부	지금은 모두들 토트 읍 여관에서 저녁을 보내고 있습니다. 내일이면 여기를 떠나 유토피아에 도착할 거라는 희망을 가지고 말입니다.

음악 3.

마부	그런데, 그날 저녁 일이 생겼습니다. 무슨 일이냐고요? 프로이센 사병이 한 명 와서 '엘리자베트 루세'라는 여자를 찾은 것입니다. '엘리자베트 루세가 누구죠?' 이렇게. 사람들은 알게 되었습니다. 불 드 쉬이프, 그러니까 비곗덩어리라는 별명의 그녀가 본명이 엘리자베트 루세라는 사실을. 그런데 이름이 문제가 아니라, 진짜 문제는 프로이센 장교가 엘리자베트 루세, 그러니까 불 드 쉬이프에게 홀딱 반했다는 것입니다. 프로이센 장교가 엘리자베트 루세에게 장교를 만나러 오라고 하자 엘레자베트 루세는…….

불 드 쉬이프 등장.

| 불 드 쉬이프 | 전 가지 않겠어요. |

모두들 등장. 사람들이 몰려나오며 설득하듯이 이런저런 말을 한다.

불 드 쉬이프	전 가지 않겠어요.
브레빌 백작	그건 좋지 않소. 당신이 거절하면 당신뿐만 아니라 동행한 모두에게 어떤 난제를 들고나올지 모르잖소?
루아조	강자에겐 결코 거역해서는 안 되지요. 당신이 고분고분하게 따라갔다고 해서 별로 위험한 일은 없지 않겠어요?
브레빌 백작 부인	분명히 수속이 하나 누락된 정도의 일일 거예요.
코르뉘데	우리 모두를 위해 가는 것은 아주 훌륭한 일입니다.
루아조 부인	간다고 별일이 있겠어요.
수녀	주님께서 당신을 지켜 주실 거예요!
불 드 쉬이프	……가긴 ……가겠지만, 기억해 두세요! 이건 모두 여러분을 위해서예요. 여러분들을.
루아조	그럼요.
루아조 부인	여부가 있겠어요.
브레빌 백작 부인	모두 감사하고 있어요.

불 드 쉬이프 퇴장. 모두들 걱정스러운 표정으로 앉는다.
불 드 쉬이프가 다시 들어온다.

| 불 드 쉬이프 | 그 개자식! 개 같은 놈! |

모두 불 드 쉬이프에게 집중한다.

브레빌 백작	무슨 일이오?
불 드 쉬프	당신들이 아실 일이 아니에요. 말하지 못하겠어요!

모두 의아한 표정을 짓는다. 궁금하다는 몸짓.

마부	불 드 쉬프가 어떤 일을 당했든 말든 일행은 속이 우묵한 수프 접시를 가운데 놓고 둘러앉아 배를 채웠습니다. 그리고 잠이 들었죠. 마치 아무 일도 없는 것처럼.

모두들 자리에 앉아 자는 것처럼 침묵을 지킨다.
불 드 쉬프만 잠을 자지 않고 있다. 일어나 왔다 갔다 한다.
코르뉘데가 일어나 슬쩍 불 드 쉬프의 손을 잡으려고 한다.
불 드 쉬프, 거절한다. 다시 코르뉘데가 잡으려고 한다.
불 드 쉬프, 코르뉘데의 팔을 강하게 뿌리친다.
코르뉘데, 민망해하며 돌아가 다시 잠을 청한다.
음악 4,

마부	다음 날 아침, 그들은 떠날 수 없었습니다. 왜냐고요? 불 드 쉬프, 아니 엘리자 – 베트 – 루세에게 흑심을 품은 프로이센 장교가,
프로이센 장교	(말을 가로채며) 엘리자베트 루세 양이 나와 함께 하룻밤을 보내지 않는다면, 더 이상의 통행은 불가하오!
마부	그러니까 불 드 쉬프가 자신과 하룻밤을 보내지 않으면 그들이 떠날 수 없도록 통행금지 명령을 내렸기 때문입니다. 아침에 프로이센 병사가 와서 다시 물었죠. 장교님께서 엘리자베트 루세 양의 생각이 달라졌는지 어떤지 알아보고 오라고

	했다며.
불 드 쉬이프	(큰 목소리로 화를 내며) 가서 이렇게 말해 주세요. 그 더럽고 치사한 바람둥이에게, 구더기 같은 놈에게, 개도 안 물어갈 놈에게 난 절대로 싫다고, 누가 뭐래도 싫다고 말해 주세요. 그래요, 절대로 그렇고말고요!
루아조	더러운 프로이센 새끼들!
루아조 부인	당신보다 더 집적거리는군요!
브레빌 백작 부인	병신 같은 놈!
브레빌 백작	장교가 이렇게 썩었다니, 쯧쯧쯧!
수녀	오, 주님! 죄인을 용서하소서!
코르뉘데	참 질긴 놈이군!
마부	사람들은 당황했죠. 처음에는 불 드 쉬이프만큼 화를 내며 프로이센 장교의 야만성, 무법적인 행동을 비난했습니다. 그리고 모두들 불 드 쉬이프의 용감함과 프랑스를 사랑하는 마음, 그녀의 정숙함을 칭찬했습니다.
불 드 쉬이프	그놈이 뭘 요구했냐구요? 그놈이 저보고 자기와 하룻밤을 자자는 거예요!
모두들	자자고!

모두들 놀란 표정으로 정지. 불 드 쉬이프 천천히 퇴장.
음악 5.

마부	그런데 사람들이란 게 늘 그렇지만, 프로이센 장교를 향한 분노는 그리 오래가지 않았습니다. 그 문제는 불 드 쉬이프, 그러니까 비곗덩어리의 문제였고, 오히려 사람들은 피해를 입는 쪽이 자신들이라고 생각하기 시작했으니까요. 하루, 이틀,

마침내 마차가 움직이지 못하는 시간이 사흘까지 이어지자 사람들은 당황하기 시작했습니다. 그리고 답답한 속내를 서로에게 얘기하기 시작했죠. 불 드 쉬이프가 빠진 셋째 날 아침 식사 자리에서 그들은 이제 노골적으로 불 드 쉬이프를 비난했습니다.

루아조 부인 (일어나서 주위를 둘러보며) 아니, 누가 뭐래? 아무도 모르게 장교의 방에 가 주면 되는 거 아니야? 아무도 모르니 누가 비난하겠어?

브레빌 백작 부인 별로 대수롭지 않은 일 아니에요? 우리를 위해서, 그러니까 우리 프랑스를 위해서 슬쩍 자 주면 그걸 누가 안다고요. 그리고 아침에 일어났을 때 우리에게 의외의 희소식을 가져다 주면 얼마나 좋아요!

수녀 함께 가는 사람들이 딱해서 왔노라고 장교에게 말한다면 아마 그녀의 체면도 깎이지 않겠지요.

루아조 그런 일을 마다할 만큼 똑바로 된 인품도 아니고, 매일같이 그걸 하는 게 직업이면서 숭고한 척하기는.

브레빌 백작 이렇게 말만 하지 말고, 우리가 설득해 봅시다.

코르뉘데 (일어나며) 설득요? 설득이라니! 그럼 그녀를 프로이센 장교에게 희생양으로 넘기겠다는 건가요?

브레빌 백작 그럼 다른 방법이 있소? 장교가 당신을 좋아한다면 몰라도.

코르뉘데 다른 방법이 있는 건 아니지만. 그냥 도망가면 어떤가요?

브레빌 백작 그러다 잡히면, 못 가는 정도가 아니라 모두 총살당할 텐데!

루아조 부인 그렇다고 우리가 이런 데서 늙어 죽을 수야 없잖아요. 원래 갈보라는 게, 어느 남자하고나 그 짓을 하는 거 아녜요. 새삼스레 가릴 게 뭐람. 제 말 좀 들어 보세요. 그 비곗덩어리는 루앙에서는 아무하고나 붙었답니다. 난 다 알고 있어요. 상대한 남

	자가 우리 집에 술을 사러 오는 녀석인데요. 그런데 지금은 어떻습니까. 우리가 곤경에 처한 이 마당에 얌전만 빼고 있잖아요! 흥, 똥갈보 같은 년이,
브레빌 백작 부인	(말을 가로채며) 난 그 장교가 꽤나 점잖다고 생각해요. 아마 오래 굶주렸을 테죠. 그러던 터에 우리가 좍 나타난 거예요. 사실 우리가 그 비곗덩어리보다 낫지만, 프로이센 장교는 그 계집으로 만족하겠다잖아요. 말하자면 유부녀에겐 실례되는 짓을 않겠다 그 말이죠. 얼마나 신사적이에요.
루아조	가만, 그러면 이 점을 생각해 봅시다. 그 장교는 '내가 그렇게 하겠다'면 그 말 한 마디로 뭐든지 할 수 있는 신분이잖아. 어쩜 자기 부하들을 시켜서 우리를 (주위를 둘러보며) 겁탈할 수도 있겠네.
수녀	오, 주님! 우리를 지켜 주소서. (기도한다)
브레빌 백작	그러니 불 드 쉬이프가 자기 스스로, 자기 발로 찾아가도록 우리가 손을 좀 써 봐야지.

불 드 쉬이프 등장한다. 가운데 선다.
불 드 쉬이프는 다른 인물의 말을 들어도 관객을 보며 대사를 한다.

마부	점심 식탁에 앉자마자 그들은 불 드 쉬이프를 향해 파상 공격을 시작했습니다. 희생정신, 헌신, 숭고함, 이런 이야기부터 시작해서 나아가 과거의 예를 인용해 유디트와 홀로페르네스 이야기를 하고, 뭘 생각했는지 루크레티아와 섹스투스에게로 옮겼는가 싶더니 다음번엔 클레오파트라가 되었습니다.
루아조	(불 드 쉬이프를 향해서) 클레오파트라는 적의 장군들을 차례로 자기 침실에 끌어들여 전부 노예처럼 길을 들였어. 자기 나

	라를 위해서 적의 장군들을 침실로 끌어들였다고. 얼마나 숭고해!
불 드 쉬이프	전 싫어요!
브레빌 백작	(불 드 쉬이프를 향해서) 조국을 위해서라면 더러운 남자든 싫은 남자든 눈을 딱 감고 안은 뒤에 적의 목을 벤 여자들도 있어. 복수와 충의를 위해서 제 정조를 희생했다고. 얼마나 대단해!
불 드 쉬이프	전 싫어요!
브레빌 백작 부인	수녀님, 그럼 예전 성자들은 어땠나요?
수녀	성자들? (무슨 말인가 고민을 하다. 주위의 눈치를 살피고 알아차렸다는 듯이 일어난다) 예전 성자 중에도 사람들의 눈에는 죄로 보이는 행위를 한 사람이 꽤 많았어요.
루아조 부인	성자들도요? 성자들도 그럼 기꺼이 자기 몸을 바쳤다는 말인가요?
브레빌 백작 부인	그들은 어떻게 됐어요? 벌을 받았나요?
수녀	그럼에도 교회는 그것이 신의 영광을 위해, 이웃의 행복을 위해 행한 일이라서 그 커다란 죄를 용서하였죠!
브레빌 백작 부인	그럼 수녀님, 동기만 훌륭하다면 신은 어떤 수단이나 행위도 용서해 주신다, 그 말씀인가요?
수녀	그야 물론이죠, 부인. 본래는 악한 행위일지라도 행하는 마음에 따라서 훌륭한 것이 되기도 합니다.
루아조 부인	악한 행위도 훌륭한 행위가 될 수 있군요!
루아조	그런데, 수녀님! 수녀님은 왜 르아브르에 가시려는 겁니까?
수녀	지금 제가 르아브르로 가는 이유는 프랑스 병사들 때문이에요.
코르뉘데	프랑스 병사들요?
수녀	그들은 천연두에 걸렸죠. 그리고 전 그 병사들을 병원에서 간호해야 해요. 아, 그 불쌍한 병사들의 모습이 눈에 선하게 보여요.

코르뉘데	그렇다면 수녀님이 못 가게 되면 어떻게 되는 거죠?
수녀	병사들이 모두 죽겠죠. 저 한 사람 때문에 수많은 프랑스 병사들이 죽게 돼요. 그런데 지금처럼 프로이센 장교의 고집 때문에 발이 묶였으니. 아, 저라도 프로이센 장교의 요구에 응할 수만 있다면 응하겠어요. 그래서 저 불쌍한 수백 명의 병사들을 구할 수만 있다면 말입니다.
브레빌 백작	수많은 사람을 걱정해서 하는 말인 건 잘 알겠소. 하지만 이 장교가 바라는 건 수녀님이 아니라,
불 드 쉬이프	(말을 가로채며) 하지만 저는!
브레빌 백작	(불 드 쉬이프를 비난하는 표정으로) 그럼 당신은 우리를 이곳에 묶어 두는 편이 좋다고 말하는 거요? 프로이센군이 후퇴할 땐 우리뿐만 아니라 당신도 욕을 볼 게 틀림없는데,
루아조 부인	(말을 가로채며) 어차피 당할 일이지.
브레빌 백작 부인	우리까지도 당할 수 있는 거고.
브레빌 백작	보시오! 그런데도 아직 당신이 그 사내를 잠시 기쁘게 해 주는 것보다 앞으로 일어날 일이 낫다고 말하는 거요? 내가 당신이었다면 난 기꺼이 그 일을 자청해서 하겠소.
루아조	나라도 그럴 거요.
코르뉘데	사실 그건 당신이 이제까지 해 온 일이지 않나요?
모두들	맞아요!

불 드 쉬이프, 사람들을 둘러보다가 괴로워하며 퇴장한다.
음악 6.

마부	그날 밤, 저녁 식탁에 불 드 쉬이프는 나타나지 않았습니다.
브레빌 백작	잘돼 가는 것 같죠?

루아조	그런 것 같습니다.
브레빌 백작	됐어. 이 집에 샴페인 있으면 내가 한턱 쏘지. 안심하세요. 만사가 잘돼 가고 있습니다!
루아조 부인	그럼 우리는 내일 출발할 수 있는 거죠?
브레빌 백작 부인	못 가게 된다면, 아예 그 여자만 두고 가면 되지 않아요?
코르뉘데	거지 같은 프로이센 놈, 두고 보자!
브레빌 백작	우리들의 해방을 축하하며 건배!
마부	그들이 즐겁게 축배를 드는 동안, 엘리자베트 루세는 고개를 떨구고 근심 어린 모습으로 프로이센 장교의 방에 갔습니다. 엘리자베트 루세가 곤욕을 치르는 동안, 그들의 술자리는 계속 이어졌습니다.
브레빌 백작 부인	근데 그 여자가 안 오는군요.
루아조	여자란 군인에게 한번 반하면 프랑스 사람이건 프로이센 놈이건 아무래도 좋은가 봐!
루아조 부인	기가 막혀! 그 여자가 원래 창녀라서 그런 거예요!
브레빌 백작 부인	이러다가 정말 그 여자가 아예 안 가겠다고 여기 남는 건 아닐까요?
코르뉘데	설마 그러겠어요?
루아조	모르지? 그게 여자니까!
수녀	오, 주님!

불 드 쉬이프, 고개를 숙이고 천천히 그들 옆을 지나다 그들을 바라본다.
그들은 불 드 쉬이프를 보지 못하고 웃고 떠들며 놀다가, 그 자세로 잠이 든다.
불 드 쉬이프도 그들이 잠든 것을 보고 퇴장한다.
음악 7 그리고 말 울음소리.

마부	날이 샜습니다. 겨울날의 밝은 햇살이 비쳐서 하얀 눈이 눈부실 정도로 빛났습니다.
백작 부인	(일어나며) 말 울음소리 들렸죠?
루아조 부인	그러네요!
브레빌 백작	자, 빨리 마차에 타지.
루아조	그래야죠. 프로이센 장교의 마음이 변하기 전에 말입니다.

그들은 각자 보자기를 하나씩 챙겨서 자리에 앉는다.

루아조 부인	자, 다 탔으니 빨리 떠나요.
브레빌 백작 부인	그래요. 프로이센군이 일어나면 뭔 짓을 벌일지 모르잖아요.
마부	그게…… 아직 안 탄 사람이…….
브레빌 백작	아직도 프로이센 장교와 붙어 있는 거 아닐까?
코르뉘데	아니, 저기 오는군요.

불 드 쉬이프 고개를 푹 숙이고 등장해서 마차에 앉는다.

불 드 쉬이프	안녕하세요. 부인.

브레빌 백작 부인, 루아조 부인, 고개를 돌린다.

불 드 쉬이프	수녀님도 안녕하세요.

수녀, 고개를 돌린다.

불 드 쉬이프	모두들 안녕하시죠?

남자들, 경멸스러운 표정으로 얼굴을 돌린다.
코르뉘데만 안타까운 듯 그녀를 쳐다본다.

브레빌 백작 부인	아, 갈보 냄새!
브레빌 백작	저러고도 이 마차에 타다니,
루아조 부인	(말을 가로채며) 참 뻔뻔스러워요!
루아조	비곗덩어리가 그렇지 뭐!
수녀	주님의 은총으로 우리가 이렇게 가게 된 것을 기뻐하며 기도해야죠! 고맙습니다, 주님!
코르뉘데	우리 심심한데 카드놀이나 할까요? 이제 걱정거리가 사라졌으니, 놀면서 가는 것도 좋잖아요.
모두들	좋죠.

불 드 쉬이프만 놔두고 그들끼리 카드놀이를 한다.
가끔씩 불 드 쉬이프를 보며 경멸스런 표정을 짓는다.

마부	눈이 녹아, 오늘의 마차는 별 탈 없이 잘 달렸습니다. 세 시간을 달렸죠.
루아조 부인	아, 배고파. (보자기를 푼다)
루아조	와, 이렇게 맛있는 걸…… 준비를 잘 했군!
브레빌 백작 부인	우리도 먹어요. (보자기를 푼다)
브레빌 백작	그러지.

수녀도, 코르뉘데도 모두 자기가 먹을 것을 꺼낸다.
그리고 모두들 먹는다.

마부	불 드 쉬프만이 아무것도 준비하지 못했습니다. 어제 겪었던 아픔을 밤새 눈물로 위로하느라 새벽까지 잠을 이루지 못했고, 아침엔 황급하게 일어나느라 먹을 것을 준비하지 못했습니다. 그런데 자신을 빼고 이 사람들이 태연히 먹고 있는 걸 보니 화가 치밀었습니다. 아무도 그녀의 일을 생각해 주지 않았고 심지어 돌아다보지도 않았습니다. 자신들의 희생물로 바치고서는 용무가 끝나자 쓸모없는 오물처럼 버리는 인간들……. 그녀는 처음 마차를 탔을 때 저들과 함께 나눠 먹었던 자신의 커다란 바구니를 생각했습니다.
불 드 쉬프	(일어나서) 내가 애써서 맛난 음식을 잔뜩 담아 온 바구니를 보았을 때, 이자들은 굶주린 이리 떼처럼 달려들어 먹어 치우지 않았던가. 조린 국물이 발려 번들거리던 영계 두 마리와 파이, 배, 거기에 포도주 네 병까지 곁들여져 있었는데……. 그런데 이들은, 나를 거지처럼 생각하며 파이 한 조각 하나 나눠 먹자고 하지 않는다.
브레빌 백작 부인	(고개를 들어 불 드 쉬프를 보다가) 흥! 그게 어쨌다고.
루아조	자업자득이야.

수녀, 음식을 먹다가 불 드 쉬프를 보고 잠깐 멈춘다. 남은 음식을 봉지에 담아 넣으며 기도를 시작한다.
코르뉘데, 음식을 먹다가 불 드 쉬프를 잠깐 보지만 외면하고 계속 음식을 먹는다.
불 드 쉬프, 고개를 푹 숙이고 울음을 참는다.

마부	저는 말의 엉덩이를 채찍으로 내리쳤습니다. 쌓인 눈이 단단해지면서 마차 속도도 빨라졌습니다. 목적지인 르아브르에 도착할 때까지. 불 드 쉬프, 아니 엘리자베트 루세는 울음

을 참느라 굳어진 표정을 풀 수 없었습니다. 그 사이로 백작, 장사꾼, 부인, 수녀, 그리고 코르뉘데의 재잘거리는 소리, 먹을 것에 미친 비곗덩어리들의 돼지 먹따는 소리도 이어졌습니다.

음악 8. 불 드 쉬이프가 대사를 시작하기 전 소리가 낮아진다.

불 드 쉬이프   아! 울면 안 된다! 울면 저들에게 지는 것이다. 돈에, 신분에, 프랑스라는 허울 좋은 국가의 탈을 쓴 저 비곗덩어리들에게 지는 것이다. 엘리자베트 루세, 울면 안 된다. 울면 안 된다!

음악 9 소리가 점점 커진다.

끝.

동화와 청소년 소설을 각색한 낭독극 대본

「화요일의 두꺼비」

원작 : 동화『화요일의 두꺼비』(러셀 에릭슨 지음, 햇살과나무꾼 옮김, 김종도 그림, 사계절출판사, 2014)
정리, 각색 : 이세진

낭독극 연수를 진행하던 중 연수 시간의 특성상 대본을 꼼꼼히 살펴볼 기회가 없던 점이 아쉽다고 느꼈다. 충분한 연습을 통해 연수에서 놓쳤던 진짜 무대의 맛을 아이들이 느꼈으면 좋겠다고 생각했다.

낭독극이 단순히 대본을 읽는 공연이라는 편견을 깨고 문학 작품을 눈으로 감상하는 매력이 있다는 점도 알리고 싶었다. 원작 문장을 최대한 활용해 대본을 만들기로 했고, 아이들에게 오랫동안 사랑받아 온 동화인『화요일의 두꺼비』를 떠올렸다.

작품의 특징
중단편으로 내용이 비교적 길지 않아 원작 동화를 각색하기도 쉽고,

공연 시간도 길지 않다. 연습 시간만 확보하면 완성도 높은 공연이 될 수 있다. 천적인 두꺼비와 올빼미가 편견을 딛고 서로를 알아 가며 우정을 쌓는 줄거리가 보편적이면서도 따스한 울림을 준다. 또한 먹이와 친구가 되는 설정이 이야기의 긴장감을 유지하게 하며, 주인공(워턴과 올빼미)외 나머지 캐릭터도 특징과 역할이 뚜렷해 배역을 정하기에도 좋다.

등장인물

워턴　　주인공으로 호기심 많고 긍정적 에너지가 넘치는 두꺼비. 청소를 좋아함.

모턴　　워턴의 형으로, 워턴을 아끼며 요리를 잘하는 두꺼비.

조지　　골짜기에 사는 세상에서 제일 비겁하고 심술궂다고 소문난 올빼미. 친구가 없이 지내다 먹이인 워턴과 친해지게 된다.

사슴쥐1　눈웅덩이 속에 빠져 있다 워턴의 도움을 받음. 사슴쥐2와 친척.

사슴쥐2　사슴쥐1의 친척으로 워턴의 탈출을 도움.

여우　　조지와 적대적인 관계로 먹이 문제로 종종 싸움.

해설1　　해설과 함께 모턴(형)을 연기함.

해설2　　해설과 함께 사슴쥐1을 연기함.

해설3　　해설과 함께 사슴쥐2를 연기함.

해설4　　해설과 함께 여우를 연기함.

연출 노트

주인공인 워턴의 여행기라 워턴의 비중이 매우 크다. 인물의 긴장감을 유지하기 위해 워턴과 상대역인 조지를 제외하고 모든 인물이 해설과 역할을 하나씩 맡았다.

    무대를 해설의 공간(무대 뒤)과 이야기의 공간(무대 앞)으로 나눠서 배치했다. 좁은 무대의 공간감을 확보하기 위해 큐빅으로 높낮이를 주기도 하고 인물들의 시선을 무대 밖(off stage focus)에 둠으로써 이야기의 진행 공간이 실제보다 넓게 보이도록 했다.

    등장인물들은 검정 옷을 입고 각자 캐릭터를 나타내는 작은 소품(색 스카프)을 사용해 구분을 주었다. 악사를 따로 두지 않고 해설자들이 악사를 겸해서 무대의 소리를 채웠다.

    낮과 밤이 교차되는 이야기의 특성상 전체 조명을 켰다 끄는 것이 반복된다. 잦은 암전이 방해가 된다 싶으면 아침을 알리는 간단한 효과음(신호)을 이용해도 좋다. 실제 공연에서는 등장인물의 심리에 따라 무대 조명을 파랑(올빼미에게 잡힘), 노랑(올빼미와 저녁 대화), 화이트(겨울철 야외), 레드(여우와의 전투)로 나눠 이야기의 분위기를 최대한 살리도록 했다.

    각색 대본은 필수적인 음향과 조명 위주로 정리했다. 현장 상황에 맞게 다양한 악기(목소리 포함)와 조명(손전등)을 활용하며 나만의 연출을 해 보길 권한다.

무대 구성

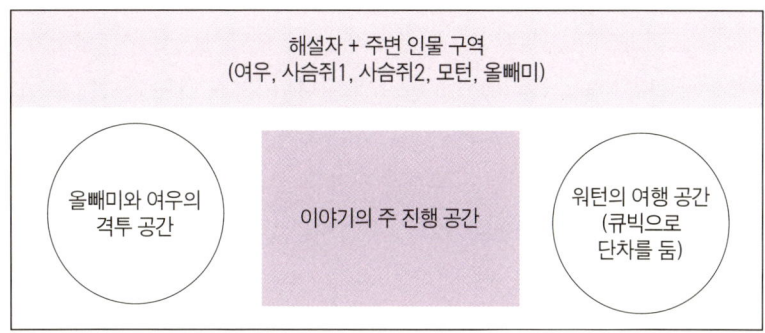

#1. 늙은 나무 그루터기 밑 굴속

해설2　바람 부는 겨울밤, 하늘엔 수많은 별들이 초롱초롱 빛나고, 눈 쌓인 땅 저 밑에 두꺼비 형제가 살고 있었어요.

워턴　음- 냠냠. 이렇게 맛있는 딱정벌레 과자는 처음이야. (사이) 나 - 이 과자, 툴리아 고모한테 갖다 드릴래!

모턴　그걸 말이라고 해? 밖은 지금 한겨울이야. 저 위는 춥고 눈이 쌓여 있단 말이야!

워턴, 당황한 듯 울먹거린다.

모턴	(워턴을 달래며) 워턴-. 그런 생각을 한 건 기특해. 근데 두 가지 문제가 있어. 첫째, 땅 위로 나가면 몸이 꽁꽁 얼어 버릴 거야. 둘째, 우리 두꺼비는 팔짝팔짝 뛰면서 가는데 눈밭에서는 뛸 수가 없잖아.
워턴	(시무룩하게) 그러네…… (사이) 알았다! 이렇게 하는 거야! (신나게) 음-. 우선 몸이 얼면 안 되니까 촘촘히 짠 스웨터 세 벌과 두툼한 외투 네 벌을 껴입고, 두꺼운 장갑 두 켤레를 끼고, 귀까지 덮이는 따뜻한 모자를 쓰는 거야. 그리고…… (흥분하며) 스키도 타는 거야!
해설3	모턴은 입이 쩍 벌어졌어요. 하지만 한 마디도 하지 않았어요. 워턴이 한번 마음먹으면 아무도 못 말리니까요.
모턴	(한숨을 쉬며) 휴우, 그래! 잘 다녀와. 몸조심하고!
해설4	워턴은 나무 그루터기 꼭대기로 나와 얼굴을 쑥 내밀었어요. 그 순간 워턴의 눈앞에 눈부신 풍경이 펼쳐졌어요.
워턴	와-겨울 풍경이 이렇게 아름다웠구나. 이제 출발해 볼까? 출발! 야호! (신나는 음악)

워턴은 관객을 보며 코러스들과 인사를 한다. 코러스는 뒤에서 워턴을 향해 한마디씩 ("두꺼비 아냐?" "안녕!" "한겨울에 웬 두꺼비?") 건넨다.

워턴	(숨을 몰아쉬며) 헉헉…… 스키를 열심히 탔더니 배가 고프네. (두리번거리다 무대 앞 큐빅으로 이동) 아-저기에서 점심을 먹어야겠다.
해설1	워턴은 그루터기 위로 폴짝 올라가 도시락을 꺼내고 따끈한 도토리 차를 따랐어요. 배고픈 워턴이 샌드위치를 한 입 베어 물려는 순간 이상한 소리가 들렸어요.

낭독자들은 다 같이 어깨를 으쓱거리며 '딸꾹!' 소리를 낸다.

사슴쥐1	살려 줘 –. ('딸꾹!') 헬프 미…… ('딸꾹!')
워턴	응? (주변을 두리번거리며) 무슨 소리지? 너야?

워턴은 코러스를 가리키기도 하고, 관객과 눈을 마주치며 사슴쥐1을 찾는다. 코러스는 고개를 젓거나, 손으로 X 표시를 한다.

사슴쥐1	웅덩이에 빠졌어…… ('딸꾹!' 소리. 고개를 숙이고 손을 높이 들며) 손 좀 잡아 줘! ('딸꾹!')
해설3	워턴은 펄쩍 뛰어 내려가 눈을 파헤치기 시작했어요. 눈을 다 파헤치자 갈색과 흰색 털이 섞인 사슴쥐가 보였어요.
사슴쥐1	(등장하며) 아, 고마워. 나…… 불편해서 혼났어. ('딸꾹!') 거꾸로 처박히면 꼭 딸꾹질이 난다니까. ('딸꾹!') 봄이 와서 눈이 녹을 때까지 묻혀 있어야 되는 줄 알았네. ('딸꾹!')
워턴	내가 딸꾹질을 그치게 해 줄게. (동작으로 차를 따라 준다)
사슴쥐1	(차를 받아 마시며) 고마워. 덕분에 딸꾹질이 그쳤네. 이제 살 것 같아. 그런데 겨울잠을 자야 할 네가 왜 한겨울에 돌아다니는 거야?
워턴	저 골짜기 너머에 사시는 고모한테 딱정벌레 과자를 갖다 드리려구.
사슴쥐1	(깜짝 놀라며) 앗–저 골짜기? 거기로 가면 안 돼! 거기엔 이 세상에서 제일 비겁하고 심술궂은 올빼미가 살거든. 얼마나 비겁하냐면 다른 올빼미들이 모두 자는 낮에 혼자 사냥하러 다닌다니까.
워턴	(잠시 멈칫하다가) 그래도 난 저 골짜기로 가야 해. (밝게) 걱정하지 마. 스키를 타고 쏜살같이 달려가면, 올빼미도 나를 못 잡을 거야.
사슴쥐1	에휴– 그럼 이 목도리를 하고 가. (목도리를 건네며) 이 목도리를 두르면, 내 친척들이 널 알아보고 반드시 널 도와줄 거야. 잘 가.

#2. 올빼미가 사는 골짜기(수요일)

무대, 약간(50~70%) 어두워진다.

해설4 숲을 거의 벗어날 무렵 워턴의 뒤에서 시커먼 그림자와 함께 음산한 기운이 느껴졌어요.

워턴은 불안한 표정으로 앞을 바라보고 두리번거린다. 도망치다가 벽에 부딪힌다.

워턴 (다리를 움켜쥐며) 아얏! 내 다리…….
올빼미 (등장하며) 이 한겨울에 두꺼운 옷 속에 있는 게 두꺼비 맞니?
워턴 (무서워하며) 으…… 응-. 맞아…….
올빼미 지금은 한겨울인데 뭘 하고 있니?
워턴 툴리아 고모 댁에 가는 길이야.
올빼미 (비아냥거리며) 어쩌지? 넌 우리 집에 가야겠다. 다음 주 화요일까지 우리 집에 있어 줘야겠어.
해설1 워턴은 달아나려 했지만, 한쪽 발을 심하게 다쳐서 꼼짝할 수가 없었어요. 마침내 올빼미의 단단한 발톱이 워턴을 움켜 잡았어요. (올빼미와 워턴 정지 동작) 올빼미의 날갯짓 소리와 함께 워턴의 몸이 하늘 높이 올라갔어요. (불안한 분위기를 고조시킬 수 있는 음악)
해설2 올빼미는 참나무 가지들을 단숨에 헤치고, 나무 꼭대기에 난 구멍으로 들어갔어요.
올빼미 이름이 뭐야?
워턴 (겁먹은 목소리로) 워턴-. 근데 나…… 나 잡아먹을 거야?
올빼미 (어이없다는 듯) 잡아먹을 거냐고? 당연하지! 여섯 밤만 자면 다음 주 화요일이잖아? 바로 그날이 내 생일이란 말씀이야. 한겨울에 두꺼비를 잡았으니, 난 뜻밖에 아주 특별한 생일 선물을 얻은 셈이지. 네 발을 보니까 도망칠 염려도 없겠다. 넌 절대로 이 나무에서 못 내려갈 테니까.

해설3 워턴은 퉁퉁 부어오른 자기 발을 내려다보며 땅이 꺼져라 한숨을 쉬었어요.

워턴 여기 있는 동안만이라도 편하게 있고 싶어. 나 촛불 좀 켜도 돼? 집 안이 썰렁해.

올빼미 썰렁하다고? 우리 집이? 맘대로 해.

해설4 워턴은 배낭을 뒤져 양초를 꺼내 불을 밝혔어요. 방 안이 밝아지자 워턴의 기분은 한결 나아졌어요.

조명, 약간(70%) 밝아진다.
워턴, 무대 앞으로 나와 양초를 꺼내고 청소를 한다.

워턴 (콧노래) 방 안이 환해지니까 기분이 한결 낫네.
어유-. 지저분해-.

올빼미 이봐-. 내가 나흘 수에 널 잡아먹는다는 말 못 들었어?

워턴 들었어-. (올빼미를 돌아보고는) 이름이 뭐야?

올빼미 몰라-. 그런 거 없어.

워턴 그럼 친구들이 뭐라고 부르는데?

올빼미 난 친구 없어.

워턴 참 안됐구나.

올빼미 (당당하게) 아니, 난 괜찮아. 난 친구 따위 필요도 없고, 사귀고 싶지도 않아! 그러니까 이제 조용히 해.

워턴 아…… 알았어…… (사이) 근데…… 만약 네 이름이 있다면 뭐가 좋을 것 같아?

해설1	올빼미는 당황스러웠어요. 이제껏 남들하고 이야기를 나눠 본 적이 거의 없었으니까요.
올빼미	이름? 음…… 음…… 만약에 이름이 있다면…… 음…… 조지가 어떨까?
워턴	그래. 멋진 이름인데? (사이) 이봐-. 조지.
올빼미	(눈을 번쩍 뜨며) 나…… 말야?
워턴	응. 차 끓여도 돼?
올빼미	네 맘대로 해.
해설2	워턴은 배낭에서 이것저것 꺼내 차를 끓이기 시작했어요.
워턴	(배낭에서 찻잔을 꺼내며) 다 됐어, 조지.
올빼미	뭐가?
워턴	차 말이야.
올빼미	마시기 싫어.
워턴	벌써 따라 놨는걸?
올빼미	아…… 알았어.
워턴	오늘 여기로 올 때 말이야. 무지무지 겁이 나긴 했지만, 하늘을 날아다니니까 재미있더라. 가고 싶은 대로 마음껏 날아다닐 수 있다면 정말 멋질 거야.
올빼미	그렇긴 해. 하지만 조심하지 않으면 큰일 나. 예전에 비바람이 치는 날 비행을 하는데 갑자기 내 위에서 (천둥 번개 소리) 천둥 번개가 치는 거야. 깜짝 놀라고 방향을 못 잡아서 몇 시간이나 헤맨 적이 있었어. (부르르 떨며) 어휴, 그때는 정말…….
워턴	(주전자를 내밀며) 차 한잔 더 마실래?
올빼미	네 맘대로 해.
워턴	(차를 따라 주며) 근데 조지…… 다른 올빼미들이 다 자는 낮에 돌아다니는 건 좀 치사하지 않니?

올빼미	(억울한 듯) 내가 낮에 돌아다니는 데는 다 이유가 있어. 예전에 야간 비행을 하는데 자꾸 졸린 거야. 안 자려고 애쓰다 깜빡 졸음 비행을 했는데, 글쎄 그때 커다란 벌집에 부딪히고 말았지 뭐야. 그렇게 큰 벌집은 처음이었고 또 그 벌들에 쏘이고 말았지.
워턴	아-. 그런 일이 있었구나.
해설3	워턴과 올빼미는 밤이 이슥해질 무렵까지 서로 이야기를 나누었어요.

워턴과 올빼미는 제자리로 돌아간다. 올빼미는 뒤로 돌아 앉아 있다.
암전 후 전체 조명.

#3. 이튿날 아침 올빼미 집(목요일)

해설4	다음 날 아침 워턴이 일어나 보니 올빼미는 보이지 않았어요.
워턴	아-함, 잘 잤다. 다리는 아직도 퉁퉁 부어 있네. 근데, 조지는 사냥 나갔나?
해설1	워턴은 벽에 있는 달력을 발견했어요. 달력에는 올빼미의 생일에 커다란 동그라미가 쳐 있고 어제 날짜에는 가위표가 그어져 있었어요.
워턴	(관객 쪽을 바라보며) 이제 겨우 닷새밖에 안 남았잖아! 이 높은 곳에서 내려갈 수도 없고, 내려간다고 해도 이 다리로는 걸을 수도 없고……. 화요일까지는 좀 남았으니 천천히 생각해 보자. 어휴-. (콜록) 근데 집이 너무 지저분하다. 청소를 해야겠어.
해설2	워턴은 먼지를 뒤집어쓰고 다리를 절뚝거리며 집 안 구석구석을 청소했어요.

조명, 약간(70%) 어두워지며.

해설3   얼마 후, 올빼미가 돌아왔어요. 청소를 한 번도 한 적 없는 올빼미는 자신의 집이 반짝반짝 윤이 나는 걸 보고 깜짝 놀랐어요.
올빼미   뭐- 나쁘진 않군. (눈을 부라리며) 그렇다고 다음 주 화요일에 널 잡아먹지 않을 거라곤 생각하지 마-.
워턴   그래서 청소한 건 아니야.
올빼미   오늘 밤에도 차 끓일 거야?
워턴   아마 그렇겠지.
올빼미   그래? (나지막이) 어쩌면 나도 차 마실지 몰라.
해설4   워턴과 올빼미는 그날 밤에도 차를 마시며 늦은 시간까지 이야기를 나누었어요.

암전 후 전체 조명.

#4. 탈출할 방법을 생각하는 워턴 (금요일)

해설1   다음 날 아침에도, 워턴이 일어났을 때 올빼미는 집에 없었어요. 하지만 달력에는 가위표가 하나 더 생겼어요.
워턴   (다급한 목소리로) 나흘밖에 안 남았어. 빨리 무슨 수를 써야 해……. 아-. 좋은 방법이 없을까? (주위를 환기시킬 만한 종소리) 그래!
해설2   워턴은 배낭에서 스웨터 털실을 풀어 발을 디딜 만한 크기의 작은 사다리를 만들기 시작했어요.
워턴   이 정도 털실이면 나무 아래까지 닿겠지?
해설3   기분이 좋아진 워턴은 콧노래를 흥얼거리며 사다리를 만들기 시작했어요. 바로 그때 올빼미가 어제보다 훨씬 일찍 돌아왔어요.

워턴은 서둘러 줄사다리와 스웨터를 배낭 속에 숨겼어요. 둘은 저녁을 먹고 나서 어제처럼 함께 차를 마셨어요.

워턴과 올빼미 쪽으로 손전등을 이용해 스포트라이트. 올빼미, 워턴 앞으로 나와 함께 차를 마신다.

올빼미	(차를 마시며) 차가 참 맛있다.
워턴	그래. 하지만 내가 제일 좋아하는 차보다는 못해.
올빼미	그게 뭔데?
워턴	노간주나무 열매 차야. 언젠가 사촌이 딱 한 번 갖다주었지. 그렇게 맛있는 차는 처음이었어. 하지만 노간주나무는 아무 데서나 자라지 않기 때문에 그 뒤로는 한 번도 그 차를 먹지 못했어.
올빼미	(중얼거리듯) 노간주나무…… 노간주나무……. 아-함, 오늘은 피곤하네. 난 그만 자야겠어.
워턴	(찻잔을 챙겨 자리로 돌아가서 다정하게) 잘 자, 조지. (잠을 잔다)
올빼미	잘 자, 위…… 티…… (변화를 암시하는 효과음 또는 음악 in)

암전 후 전체 조명.

#5. 사다리를 완성한 워턴(토, 일, 월요일)

해설4	다음 날 아침, 워턴은 올빼미가 나가고 없을 때 시험 삼아 줄사다리를 타고 조금 내려갔다가 낑낑대고 올라왔어요.
워턴	(사다리를 보며) 사다리를 다 만들려면 아직 멀었는데 조지가 올 시간이 되었네……. 근데…… 만약…… 만약 조지가 마음을 바꾼다면……. (사이) 그래, 어쩌면 조지는 날 잡아먹지 않을지도 몰라!

해설1	그때, 올빼미가 싸늘한 표정으로 돌아왔어요. (조명, 70% 정도로 약간 어두워지며)
워턴	(깜짝 놀라 사다리를 숨기며) 안녕? 조지! 오늘은 좀 늦었네? 오늘 잘 지냈어?
올빼미	(퉁명스럽게) 아니! 오늘은 안 좋았어. 사슴쥐가 빈 통나무로 들어가길래 따라 들어갔다가 사슴쥐는 놓치고, 나오려는데 입구에 여우가 떡 버티고 있는 거야. 덕분에 통나무에 갇혀 하루 종일 쫄쫄 굶었다구!
해설2	올빼미의 마음이 변하기는 틀린 것 같아 보였어요. 바로 그때, 올빼미가 워턴 가방에 삐죽 나와 있는 상자를 발견했어요.
올빼미	(상자를 가리키며) 저 상자엔 뭐가 들었어?
워턴	딱정벌레 과자.
올빼미	나 하나만 줘.
워턴	미안하지만 고모한테 갖다 드릴 거라 안 돼.
올빼미	(화를 내며) 딱 하나만 먹겠다니까! 그리고 어떻게 네가 고모한테 갈 수 있냐? (워턴 가방 상자에서 과자를 꺼내 먹으며) 흐음ㅡ. 맛있네.
워턴	(퉁명스럽게) 물론이지. 우리 형이 만든 건 뭐든지 맛있어!
올빼미	그래? 그럼 너네 형도 맛있겠다ㅡ.
워턴	뭐?
올빼미	쳇! 하나밖에 안 먹었어. 겨우 하나! 다시 넣어 두면 될 거 아냐. (상자를 넣다가 줄사다리를 발견하고) 아니ㅡ. 이런…… 이런……! 내가 없는 동안 이런 걸 만들다니……. (줄사다리를 던진다) 에잇!
해설3	그날 밤 올빼미는 가만히 앉아 부리부리한 노란 눈으로 앞만 노려보았고, 모든 희망이 사라져 버린 워턴은 절망과 슬픔에 지쳐 잠이 들었어요. (절망스러움이 느껴지는 효과음 또는 음악 in)

암전 후 전체 조명.

#6. 올빼미 생일날 올빼미 집(화요일)

워턴	이제 먹을 것도 없네……. (달력을 보고 절망적으로) 오늘은 화요일. 조지 생일날. 이제 난 죽는구나.
해설4	그때 멀리서 무슨 소리가 들렸어요.

코러스, 다 같이 악기나 목소리로 소리를 작게 내다가 점점 크게 낸다.

워턴	무슨 소리지? 조지가 벌써 생일 음식 먹으러 오나? 어떡해-.
해설1	소리는 점점 가까워지기 시작했어요. (소리 커짐)
워턴	(공포에 질려) 헉! 조지한테 먹히기 전에 괴물한테 먹히나? 으아악!
해설2	벽 아래쪽에 구멍이 뚫리더니, 빨간 목도리를 준 사슴쥐와 꼭 닮은 사슴쥐가 나타났어요. (음향 디이밍)
사슴쥐2	(일어서서) 안녕! 난 씨이야. 많이 놀랐지?
워턴	(일어서서) 안녕. 여긴 어떻게 왔어?
사슴쥐2	이젠 걱정하지 마. 내가 널 구해 줄게. 네가 빨간 목도리를 하고 있어서 내 친구의 친구라는 걸 알게 되었어. 내가 안전하게 내려갈 수 있도록 길을 만들어 놨어. 자, 어서 서둘러!
해설4	워턴은 서둘러 짐을 챙겼어요. 짐을 정리하다 올빼미와 함께 차를 마시며 이야기를 주고받던 일들이 떠올랐어요. 그러다 이내 정신을 차리고 양초를 넣고, 탁자 위에 있던 종이 조각도 넣었어요.
사슴쥐2	어서! 빨리! 올빼미가 언제 올지 모른단 말야. 이제 밑으로 내려가야 해. 내 꼬리를 꽉 붙잡아.

| 워턴과 사슴쥐2 | (워턴이 사슴쥐의 어깨를 잡는다.) 가즈아-. (정지) |

#7. 산등성이의 탁 트인 풀밭(화요일)

| 해설1 | (슬픈 느낌의 전투 배경음) 한편, 산등성이가 탁 트인 풀밭에서는 올빼미와 여우가 심하게 싸우고 있었어요. 힘이 빠지고 행동이 날렵하지 못한 올빼미가 점점 밀리기 시작했어요. |

무대 왼쪽에 올빼미는 엎드린 채로 버둥거리고, 여우는 잡아먹을 듯한 자세로 정지.

| 여우 | 별것도 아닌 게 날개가 있다고 위에서 거들먹거리더니……. (비아냥거리며) 오늘은 웬일로 땅에 내려왔네? 오늘 잘 걸렸다! (목덜미를 달려들며) (정지) |
| 해설1 | 여우는 올빼미의 목숨을 끊을 생각으로 목덜미를 심하게 물었어요. 올빼미는 날개만 파닥거릴 뿐 힘을 쓰지 못하고 당하기만 했어요. (정지) (전투 배경음 끄기) |

전투 배경음 끄기.

| 해설2 | 그사이 워턴과 사슴쥐는 나무 밑에 무사히 도착했어요. |

워턴과 사슴쥐, 무대 오른편 큐빅 위에서 등장.

| 워턴 | (기쁜 듯이) 와-. 자유다! |
| 사슴쥐2 | 자! 내 친구들이야! (함성 소리in, 악기 소리in) 이제 우리를 아무도 막지 못해! 자, 출발! (신나는 음악) |

해설2	나무 아래에서는 사슴쥐 백 마리가 워턴을 기다리고 있었어요. 사슴쥐 백 마리와 두꺼비 한 마리가 골짜기를 굽이굽이 누비며 쏜살같이 내달렸어요. 무리 앞에 드디어 산등성이의 탁 트인 풀밭이 나타났어요.
사슴쥐2	여기서 잠깐 쉬자.
워턴	헉헉, 그래. 그럼, 네 친구들에게 고맙다고 인사를……. (갑자기 올빼미를 발견하고) 조……지?
해설1	워턴은 여우한테 빠져나오려 심하게 몸부림치고 있는 올빼미를 발견했어요.
워턴	조……지? 조지-. (올빼미에게 가려 한다.)
사슴쥐2	(말리며) 어딜 가는 거야?
워턴	조지를 도와주러 가야 해.
사슴쥐2	조지? 저 올빼미 말하는 거야?
워턴	(고개를 끄덕인다.)
사슴쥐2	미쳤어? 넌 지금 올빼미한테 도망치고 있는 중이잖아!
워턴	그렇지만…… (망설이다 결심한 듯) 조지가 여우한테 잡아먹히는 걸 그냥 두고 볼 수 없어! (올빼미를 바라보며 정지) 조지-!
사슴쥐2	(멀리 워턴을 부르며) 야-. 올빼미가 널 잡아먹을 거라구! 에라 모르겠다. 우리도 도와주러 가자. 같이 가-!
해설2	여우는 다시 올빼미를 짓누르기 시작했어요. 올빼미도 마지막으로 거칠게 퍼덕거렸어요.
워턴	조지!
여우	(어이없는 목소리로) 이것들은 뭐-야?
사슴쥐2	(코러스들과 함께 나와서) 우리는 무적의 사슴쥐들이다. 왜, 겁나냐?
여우	이런 조무래기들이 어디서 까불어?
사슴쥐2	애들아- 소리 질러! (악기, 함성 소리 in) 저리 가라! 물리치자!

| 여우 | (귀를 막고) 악– 그만! 일단 도망가자. 너 운 좋은 줄 알아! |

여우, 퇴장한다.

해설1	올빼미는 가까스로 몸을 일으켰어요. 올빼미의 날개는 찢기고 한쪽 눈은 퉁퉁 부어서 완전히 감겨 있었어요.
올빼미	(힘없이 앉은 채로) 워턴, 네가 여긴 웬일이야?
워턴	나 탈출하고 있는 중이야. 네가 오늘 날 잡아먹을 거잖아.
올빼미	내 쪽지 못 봤어?
워턴	(생각해 보더니) 아– 탁자 위에! (고개를 저으며) 쪽지를 볼 틈이 없었어.
올빼미	저런, 내가 쪽지에 썼는데……. 사실 어제 여길 왔다가 널 놀라게 해 줄 걸 발견했거든. 그래서 쪽지를 써 놓고 여길 다시 왔는데, 여우한테 잡히고 말았어. 넌– . 노간주나무 열매 차를 제일 좋아한다고 했잖아.
워턴	노간주나무? 무…… 무슨 말인지 아직 모르겠어. 그러니까…… 나를 위해 노간주나무 열매를 구하러 여기까지 왔다고? 넌 오늘, 날 잡아먹을 예정이었잖아……?
올빼미	물론 널 잡아먹을 생각이었지……. 어젯밤까지만 해도…… (고백에 음악 in) (천천히 일어서며) 근데 어젯밤 우리가 아무 얘기도 안 했을 때, 한참을 생각해 봤어. 우리가 함께 이야기를 나누던 일이랑, 같이 차를 마시던 일이랑, 뭐 그런 것들 말이야. 그러다 보니 친구가 있는 것도 나쁘지 않을 것 같았어. 내 말은…… 물론 난 친구가 필요 없어……. 하지만 만약 친구를 사귄다면…… 바로 너…… 너 같은 친구였으면 좋겠어.
해설2	워턴은 여전히 믿기지 않는 듯 어안이 벙벙했지만, 몸속 깊은 곳에서 조그만 덩어리가 왈칵 치밀어 오르며 목이 메었어요.

워턴	나랑 친구가 되었으면 좋겠단 말이니? (「꼭 안아줄래요」 노래 in 작게)
올빼미	응.......
워턴	(손을 내밀며) 나도 너랑 친구가 되면 참 좋을 것 같아, 조지.
올빼미	(워턴의 손을 잡고, 좋으나 어색한 듯) 음, 아주 좋아. 다시는 두꺼비를 잡아먹지 않겠다고 약속할게. (사슴쥐를 보며) 물론 사슴쥐도 마찬가지야.
워턴과 사슴쥐들	야-호-!
올빼미	잘 날 수 있을지 모르겠지만, 널 고모네 집까지 데려다줄게.
워턴	(고개를 끄덕인다.) 친구들아-. 고마워-. 안녕!
해설4	올빼미와 워턴은 함께 멀리멀리 날아갔어요.

엔딩곡 「꼭 안아줄래요」, 점점 커진다.

워티.

드디어 화요일, 내 생일이야.

오늘 저녁 식사 후엔 네가 제일 좋아하는 노가주 열매 차를 마시자 숲에서 구해 올게.

－화요일에 너의 친구가 되고 싶은 조지가

배우들 제자리로 돌아가 서서 다 같이 인사.

「정신없는 도깨비」

원작 : 민담 「정신없는 도깨비」
정리, 각색 : 이정수

낭독극은 듣는 것인가, 보는 것인가? 이 질문을 출발점으로 삼고 낭독극을 더욱 다채롭게 만들기 위해, 새로운 연극적 양식으로 낭독극을 바라보기 위해 고민했다.

보통 학생들과 연극 또는 낭독극을 할 때 소설이나 동화를 바탕으로 각색하여 대본을 만드는 경우가 많다. '읽는' 텍스트를 어떻게 하면 더 편하고 쉽게 학생들이 무대에서 '말하기 좋은' 텍스트로 바꿀 수 있을까 생각해 보았다.

그래서 원작을 고를 때 서술자가 작품 속 상황이나 인물의 심리를 이야기하는 작품을 찾았다. 서술 부분을 해설로 바꾸어 각색해 내레이션을 통해 이야기를 진행시키고 인물의 감정을 들려준다. '스토리 시어터'에 가까운 연극 양식이다. 유럽 등 서구에서 많이 공연되었고, 우리나라에서도 공연된 적이 있다.

아이들과 이러한 형태의 낭독극을 경험해 보고자 입말체로 편안하게 이야기를 구사할 수 있는 작품을 선택했다. 바로 민담 「정신없는 도깨비」이다.

작품의 특징

옛이야기 「정신없는 도깨비」는 가난한 아이에게 서 푼을 꾼 도깨비가 돈 갚은 사실을 잊어버리고 매일매일 돈을 갚으러 아이를 찾아온다는 내용이다. 그림책 『깜박깜박 도깨비』, 『정신없는 도깨비』 등이 이 이야기를 소재로 삼고 있다.

옛이야기 특성상 텍스트가 문어체보다 구어체로 되어 있어 자연스럽게 이야기를 들려주듯 읽어 나갈 수 있다. 해설 부분 앞에 붙은 숫자는 낭독극을 하는 학생들이 본인의 대사를 편하게 나누고, 찾기 쉽도록 하기 위한 장치이다. 따라서 이야기꾼은 몇 명이어도 상관없다.

등장인물

아이   가난하지만 밝게 사는 아이.
도깨비   자주 깜박깜박한다.
이야기꾼 이야기꾼들은 학생1~59의 대사를 적당히 나누어 읽는다.

연출 노트

초등학교 저학년 학생들과 낭독극을 재미있게 하는 방법에 초점을 맞춘다. 먼저 옛이야기를 들려주는 기분으로 원작을 여러 번 읽어 본다. 이 이야기에는 말의 반복이 주는 리듬감이 재미있는 요소로 작용하므로 충분히 살린다. 이야기가 너무 길다 싶으면 적당히 줄여서 활용한다. 특정한 장면을 뽑아 실제 연극처럼 꾸며서 해 보면 더 재미있다.

선더드럼, 하모닉파이프 등 재미있는 소리가 나는 오르프 악기를 함께 활용하면 더 풍성한 낭독극을 할 수 있다.

#1

학생1 옛날에 한 가난한 아이가 살고 있었어.
학생2 이 아이는 너무 가난해서 남의 집 일을 해 주며 혼자 살고 있었어.
학생3 하루는 건넛마을 잔칫집에서 일을 해 주고 돈 서 푼을 받아 신이 나서 겅중겅중 집으로 돌아가고 있었지.
아이   오늘 집에 가면 맛있는 쌀밥과 반찬으로 배를 채울 수 있겠구나.
학생4 그런데 언덕 너머에서 아이의 이름을 두 번 부르고 손뼉을 두 번 치는 소리가 들렸어.
도깨비 아무개야! 아무개야! (짝! 짝!)
학생5 아이는 깜짝 놀랐지만, 아무렇지도 않은 척했어.
아이   왜 그러느냐?
도깨비 아, 저기, 내일 줄 테니 돈 서 푼만 꿔 줄 수 있어?
학생6 아이는 배를 곯을 생각에 시무룩해졌지만, 도깨비가 꿔 달라는데 너무 무서워서 어쩔 수가 없었어.
학생7 아이는 주섬주섬 돈을 꺼내서 도깨비에게 내주었어.
아이   너 꼭 돈을 갚아야 한다…….

도깨비   당연하지. 도깨비들은 약속을 엄청 잘 지키니까 걱정 말어.
학생8   아이는 도깨비에게 돈 서 푼을 다 꿔 주고 털레털레 집으로 돌아왔어.

#2

학생9   다음 날 저녁!
학생10   남은 쌀로 저녁밥을 지어 먹고 나서 날이 어둑어둑해지니까,
도깨비   아무개야! 아무개야! (짝! 짝!)
학생11   뭐 시커먼 것이 문 앞에 썩 나타나네.
도깨비   옛다. 어제 꾼 돈 서 푼.
학생12   도깨비가 정말 약속을 지키려고 온 거야. 아이는 아직 겁이 나서,
아이   그래……. 거기 놓고 가거라. 고맙다.
학생13   돈을 문지방 앞에 휙 던져 놓고 가거든.
학생14   세어 보니 딱 서 푼이야.
학생15   그놈의 도깨비가 약속 하나는 잘 지키지 뭐야.

#3

학생16   그다음 날 저녁.
도깨비   아무개야! 아무개야! (짝! 짝!)
학생17   뭐 시커먼 것이 문 앞에 썩 나타나네.
도깨비   옛다. 어제 꾼 돈 서 푼.
아이   아니, 또 무슨 돈?
도깨비   너 참 정신도 없구나. 어제 내가 돈 서 푼 꾸어 갔잖아.

학생18   돈을 문지방 앞에 휙 던져 놓고 가거든.
학생19   세어 보니 딱 서 푼이야.
아이   이상도 하다. 어제 분명히 갚아 놓고 오늘 또 갚네.

#4

학생20   그다음 날 저녁.
도깨비   아무개야! 아무개야! (짝! 짝!)
학생21   뭐 시커먼 것이 문 앞에 또 썩 나타나네.
도깨비   옛다. 어제 꾼 돈 서 푼.
아이   아니, 또 갚아?
학생22   돈을 문지방 앞에 휙 던져 놓고 가거든.
학생23   세어 보니 또 딱 서 푼이야.
학생24   다음 날에도
다 같이 아무개야! 아무개야! (짝! 짝!)
학생25   그다음 날에도
다 같이 아무개야! 아무개야! (짝! 짝!)
학생26   그 다음 다음 날에도
다 같이 아무개야! 아무개야! (짝! 짝!)
학생27   날이면 날마다
다 같이 아무개야! 아무개야! (짝! 짝!)

학생28   저녁마다 공돈이 서 푼씩 생기니 아이는 아주 신이 났지.
학생29   아이의 형편이 점점 피게 됐어.
학생30   논도 사고
학생31   밭도 사고

학생32   소도 사고
학생33   말도 사고
학생34   잘살게 됐지.

#5

학생35   몇 달이 지난 어느 날.
학생36   돈 서 푼을 갚고, 웬일인지,
학생37   도깨비가 가지를 않고 머뭇거리는 거야.
도깨비   아무개야, 나 놀다 가도 되나?
아이   그러지 뭐. 뭐 하고 놀고 싶으나?
학생38   둘은 두런두런 이야기도 하고 고구마도 쪄 먹고 한참을 노는데,
학생39   찌그러진 솥이 보였어.
도깨비   이 솥 너무 찌그러졌다. 우리 집에 솥 많은데 하나 갖다주랴?
아이   그래, 나쁠 것 없지.

학생40   다음 날 저녁.
도깨비   아무개야! 아무개야! (짝! 짝!)
다 같이 엣다. 어제 꾼 돈 서 푼.
도깨비   그리고 얘기했던 솥도 여기에 있다.
학생41   약속도 참 잘 지키는구나.
학생42   아이는 새 솥에다 밥을 맛있게 지어 먹고, 솥뚜껑을 다시 열었는데,
아이   어이쿠.
학생43   솥에 김이 모락모락, 새 밥이 가득 들어 있었어.
아이   아, 이것이 말로만 듣던 요술 솥이로구나!

학생44	다음 날 저녁부터 도깨비는 돈 서 푼과 함께 새 솥을 가져다주었어.
학생45	어느 날 아이가 또닥또닥 다듬이질을 하고 있는데,
학생46	도깨비가 또 집에 가질 않고, 머뭇거리는 거야.
아이	너 또 왜 그러느냐?
도깨비	그 다듬이 방망이 다 닳았는데, 하나 갖다주랴? 우리 집에 많거든.
아이	그래, 나쁠 것 없지.
학생47	다음 날 저녁.
도깨비	아무개야! 아무개야! (짝! 짝!)
다 같이	옛다. 어제 꾼 돈 서 푼.
도깨비	자, 솥 가져왔다. 그리고 어제 얘기한 방망이도 여기에 있다.
학생48	약속도 참 잘 지키는구나.
학생49	아이는 새 방망이로 또닥또닥 방망이질을 하면서 중얼거렸어.
학생50	아, 큰 기와집에서 살면 좋겠다.
아이	어이쿠.
학생51	아이의 집이 으리으리한 기와집으로 바뀐 거야.
아이	아, 이것이 말로만 듣던 도깨비방망이로구나.

#6

학생52	다음 날 저녁부터 도깨비는 돈 서 푼과 함께 솥과 도깨비방망이를 가져다주었어.
학생53	아이는 솥이며 방망이를 동네 사람들에게 골고루 나눠 주고,
학생54	모두가 덩실덩실 살판이 난 어느 날이었어.
학생55	하늘에서 훌쩍훌쩍 우는 소리가 들려서 올려다보니,

학생56   눈물의 주인공은 다름 아닌 도깨비였어.

아이   너 왜 그렇게 훌쩍훌쩍 울고 있느냐?
도깨비   으응, 난 잘못한 것이 없는 것 같은데……. 옥황상제님께서 살림을 헤프게 해서 벌 받아야 한다는구나. 집에 있던 돈이랑 솥이랑 방망이가 다 없어졌다는구나.
아이   아이고.
도깨비   너한테 빌린 돈 서 푼도 갚아야 하고, 솥이랑 방망이도 주기로 했는데 미안해.

학생57   도깨비는 그렇게 울면서 하늘 저 멀리 사라졌어.
학생58   너희들도 만약 도깨비가 돈을 꿔 달라고 하거든.
학생59   절대 무서워하지 말고.
다 같이   그냥 꿔 줘!

「백두산 호랑이왕 금연 일지」

원작 : 「다섯째 밤 – 백두산 호랑이왕 금연일지」
  (『삼백이의 칠일장 2』 수록, 천효정 글, 최미란 그림, 문학동네, 2014)
정리, 각색 : 이세진

뻔하지 않은 옛이야기는 없을까?

   옛이야기는 구전으로 전해지는 특성상 입말이 살아 있는 가장 좋은 1인 낭독 자료이다. 이런 옛이야기와 낭독극이 만난다면 어떨까? 원작이 갖는 옛이야기풍의 입말을 최대한 살려 마당극 같은 낭독극을 만들어 보고 싶었다.

작품의 특징

각색할 작품으로 『삼백이의 칠일장 2: 삼백이는 모르는 삼백이 이야기』에 실린 「다섯째 밤 – 백두산 호랑이왕 금연 일지」를 선정했다. 백두산을 지키는 호랑이왕은 사람에게 담뱃대를 선물받고 그 대가로 백두산 기슭 오솔길 하나를 내준다. 그 후, 호랑이왕은 몸이 점점 약해지는 걸 느낀다. 털도 푸석푸석하고 조금만 움직여도 숨이 찬다. 호랑이의 포효를 듣고 지나가던 한 사냥꾼이 "고양이 왕 납셨구먼."이라고 이야기하자 자존심이 상한 호랑이는 금연을 한다.

   이 책은 삼백이가 만난 여러 동물의 이야기가 액자식 구성으로 이루어진 동화이다. 각 이야기의 완결성이 높아 삼백이 없이도 충분히 이야기가 진행된다.

어디서 한 번은 들어 봤음 직한 이야기를 오늘날의 소재(금연)로 끌어온 것이 매우 획기적이다. 식상한 금연 교육이 질렸다면 '백두산 호랑이왕'을 만나 보라! 배꼽 잡고 웃다 보면 어느덧 나도 모르게 고개를 끄덕이며 금연을 해야겠다는 마음이 들 것이다.

등장인물

해설1 주 이야기꾼이며 담배를 끊은 호랑이1.

해설2 이야기꾼이며 호랑이에게 담배를 바친 일행2, 숲속에 사는 동물2 겸 호랑이를 맡는다.

해설3 이야기꾼과 호랑이에게 담배를 바친 일행3, 숲속에 사는 동물3 겸 호랑이를 맡는다.

해설4 이야기꾼이자 호랑이에게 담배를 바친 일행4(늙은이), 숲속에 사는 동물4 겸 호랑이, 호랑이를 비웃는 인간4 담당.

해설5 주 이야기꾼이며 호랑이를 비웃는 인간5(사냥꾼).

호랑이 백두산 호랑이로서 용맹하나 허세가 있다. 담배 맛에 길들여져 야생성을 잃었다가 금연한 후 다시 살아난다.

연출 노트

구전된 옛이야기의 느낌을 최대한 살리기 위해 해설자 또한 단순히 이야기를 설명하는 것이 아니라, 이야기 속 화자로 등장한다. 주인공 호랑이는 하나고, 나머지는 해설자와 여러 동물과 인물을 넘나들어야 한다. 해설자들은 자신이 어떤 역할인지에 따라 말투를 달리하거나 소품을 착용하여 관객들이 헷갈리지 않게 한다.(숫자가 같으면 역할이 같다. 해설1=사람1=동물1)

무대 구성

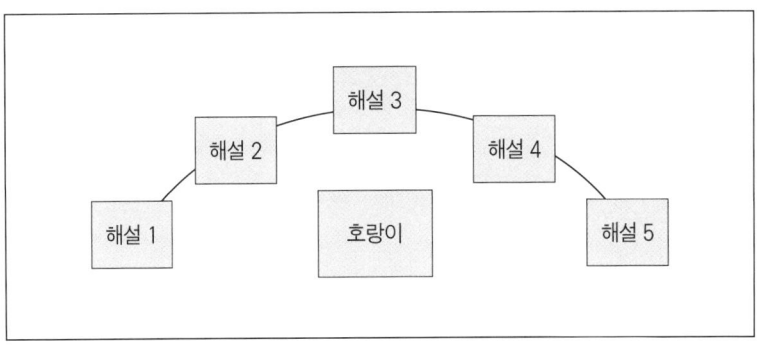

무대는 반원(원형)에 가까운 형태로 구성해 마당극 같은 분위기를 만든다. 반원 모양으로 코러스(이야기꾼, 해설자)들이 부채를 들고 앉아 있다. 가운데는 호랑이가 있고 이야기가 전개되는 공간이다. 코러스는 해설을 하기도 하고, 인간과 동물이 되기도 한다. 위 모양으로 구성한다고 했을 때 해설1과 5가 나란히 서도 좋다.

대본

해설1 오랜만이야! 잘 지냈어?
해설2 그럼그럼. 당연히 잘 지냈지. 너희들은 어때?
해설3 뭐 우리도 잘 지내지.
해설4 잠깐! 저기 있는 사람은 누구야?
해설5 누구긴! 바로……!

「산중호걸」 음악이 나온다.

다 같이 호랑이!
해설4 그럼 오늘 이야기에는 호랑이가 나오나 보네?
해설1 호랑이 이야기라면 내가 아주 잘 알지. 구덩이에 빠진 호랑이가 지나가던 나그네를 봤어. 그래서 나그네를 불렀……. (호랑이가 악기로 땡! 친다) 이거 아냐?
해설2 「호랑이 형님」 알아? 어느 인간이 산에서 호랑이를 만났는데, 보자마자 '형님!' 하고 말을 했대. '산에서 사라진 형님을 이렇게 뵙다니 전 정말…….' (호랑이가 땡! 친다) 이것도 아냐?
해설3 아닐 줄 알았어. 「호랑이 뱃속 구경」이라고 들어 봤나? 소금장수가 고개를 넘다가 집채만 한 호랑이에게 잡아먹히고 말았지 뭐야? '나 죽었구나.' 했는데 그 안에 들어갔더니 얼마 전에 잡혔다는 숯장수, 대장장이 들이 다 있는 거야. 그래서 그 안에 있던 사람들이 다 같이- (호랑이가 급하게 땡땡땡!을 친다)

해설4	(호랑이에게) 아, 그럼 무슨 이야기인데?
호랑이	(어슬렁거리며 나와 귀를 후빈다) 거참 어디서 옛날이야기만 들어봤나 보네. (관객을 보며) 너희들, '호랑이가 담배 피우던 시절에'라는 말은 들어 봤어?
해설5	아 그래, 알지! (노래를 부르며) "옛날 하고 아주 먼 옛날 호랑이 담배 피며 놀던 시절에-."
호랑이	그래그래. 그런데 요즘 날 봐. 내가 담배를 피워 안 피워?
다 같이	안 피우지!
호랑이	그렇지! 요즘 같은 때에 담배 피우면 집에서도 쫓겨나, 학교에서도 쫓겨나지. (관객을 보며) 금연은 필수! (사이) 하지만! 이런 나에게도 금연을 하기까지 힘든 시절이 있었어.
해설5	(북소리, '둥') 그게 바로
해설4	오늘의
해설3	이야기 제목!
해설2	백두산,
해설1	호랑이왕의,
호랑이	금연 일지! (북소리 둥둥둥!)

북소리가 나는 동안 코러스와 호랑이 원래 위치로 이동한다.
해설1, 5는 이야기꾼처럼 서서 이야기를 전달한다.

해설1	옛날옛날, 백두산 자락에 호랑이 한 마리가 살았어. 이 호랑이가 얼마나 힘이 세고 사나웠던지 다들 입을 모아 호랑이 중의 왕이라고 칭송을 했지.
호랑이	(선더드럼) 어흥! (정지)
동물2	아이고! 귀청이야! 온 백두산이 쩌렁쩌렁 울리네!

호랑이 어슬렁거리며 코러스에게 다가간다.

동물3	호랑이님이 사냥을 나오셨다! 얼른 숨어라!
사람4	(옆 사람을 보며) 여보게나! 이곳은 백두산 호랑이님이 계신다네. 가로질러 갈 생각 말고 빙 둘러 갑시다! (코러스1, 2, 3, 4 고개 끄덕)
해설5	그러던 어느 날이야. 멀리 사는 사람들이 호랑이왕을 만나겠다고 찾아왔어.
호랑이	뭐? 나를 만나겠다고? (코웃음을 치며) 요것 봐라. 감히 나를 만나겠다고? 재미있군. 그래, 어디 한번 들어와 보거라.

코러스 2, 3, 4가 인간이 되어 나와 호랑이 옆에 무릎을 꿇고 머리를 숙여 절을 한다.

인간2, 3, 4	위대한 호랑이왕이시여!
호랑이	뭐? 위대한? (기분 좋다는 듯) 흠……! 호랑이 좀 볼 줄 아는구만. 무슨 일로 나를 찾느냐? (선더드럼)
인간2, 3, 4	(고개를 더욱 숙인다) 아이고!
인간2	(부들부들 떨며) 위, 위대한 호랑이왕께 인사 올리러 왔습니다. 저, 저희가 가져온 선물을 받아 주십시오.
호랑이	(독백) 선…… 물? 흠……. 뭐, 공짜로 주겠다는데……. (인간을 보며) 그래? 그럼 어디 내놓아 보거라.

인간3이, 준비한 보따리를 호랑이 앞에 가져다 놓는다.

해설1	저 보따리 안에 어떤 물건이 들었는고 하니,
해설5	귀한 황동으로 만든 딸랑이 공! (리듬스틱)
해설1	멀리 아라비아에서 들어온 상아 등갈퀴! (리듬스틱)

2장 | 문학 작품으로 낭독극 만들기   215

해설5	금실 은실로 수놓은 도포! (리듬스틱)
해설1	물소의 뿔을 갈아 만든 발톱 다듬개! (리듬스틱)
해설5	하지만 이 중에서도 가장 희한한 물건은 바로……!
호랑이	(담뱃대를 집어 들고) 이것은 무엇에 쓰는 물건인고?
인간4	그것은 담배 피울 때 쓰는 담뱃대입니다.
호랑이	담배? 그것은 또 무엇이냐?
해설1	늙은이가 잘게 썬 담배를 대통에 재우고 불을 붙이자 대통에서 연기가 (연기가 피어오르는 동작을 몸으로 표현하며) 퐁퐁 솟아났어.
인간2	한번 피워 보시지요.
호랑이	(고개를 저으며) 그 뜨거운 것을 어찌 입에 대느냐?
인간2	(입에 대고 빠는 시늉을 하며) 하나도 뜨겁지 않습니다. 이렇게 담배 연기를 마시면 구름 위를 걷는 신선이 된 기분이 들지요.
호랑이	신…… 신선? 뭐 그렇다면 한번…….
해설5	호랑이는 늙은이 흉내를 내며 물부리에 주둥이를 살며시 대어 보았지.
해설1	(슬라이드 휘슬) 매캐한 연기가 목구멍을 타고 솔솔 들어왔어.
호랑이	(기침하며) 캑캑!
인간3	(당황하며 얼른) 신선이 되는 기분을 맛보려면 처음 매운 것을 이겨 내야 합니다. 그래서 다른 짐승들은 담뱃대를 다룰 수 없습니다!
호랑이	그, 그렇지! 이런 건 백두산 전체를 호령하는 나 정도 되는 짐승이 당연히 해야지! (다시 담뱃대를 들고 피운다)
해설5	호랑이왕은 매운 것을 꾹 참고 담배 연기를 홀짝홀짝 들이마셨어. (대사에 맞춰 슬라이드 휘슬의 소리가 커졌다 점점 작아진다) 두 번째 마시자 처음보다 덜 매워. 세 번째 마시자 마실 만하고. 네 번째 마실 땐 전혀 맵지 않았지. (맑은 종소리)
호랑이	내 마음에 드는 선물을 가져왔으니, 소원을 하나 들어주마.

인간2	저희의 소원은 그저 백두산 기슭의 오솔길을 하나 내주십사 하는 것뿐입니다.
호랑이	하하하. 그까짓 오솔길 하나쯤이야. 마음대로 해라.
해설1	사람들이 다녀간 후로 호랑이왕의 매무새가 사뭇 달라졌어. 등갈퀴로 곱게 고른 털 위에 번쩍이는 금빛 도포를 입고(인간이 금색 천을 어깨에 둘러 준다),
해설5	깨끗하게 다듬은 앞발에는 연기가 퐁퐁 솟아오르는 담뱃대를 들었지.
동물2	최근에 백두산 호랑이왕 봤어?
동물3	그럼! 금빛 도포에 담뱃대까지! 아주 멋지고 품위가 철철 넘치더라고!
호랑이	(동물들의 이야기를 듣고 있다) 허허. 다들 날 알아봐 주는군! (담뱃대를 보며) 그나저나 이게 정말 물건이로구나! 마치 구름 위를 둥둥 떠다니는 것 같단 말이야!
동물4	호랑이 여러분! 백두산 큰형님 이야기 들으셨습니까? 자고로 왕이란 권위가 있어야 하는 법! 산중 왕이라 하는 호랑이가 담배를 피우지 않으면 누가 피운단 말입니까?!
동물2	옳소! 나도 오늘부터 담배를 피우겠소!
동물3	나도!
해설1	호랑이들이 이렇게 너도나도 담배를 피우게 되니까 사람들도 호랑이는 으레 담배를 피우는 걸로 알게 되었어.
해설2	아! 그래서 '호랑이가 담배 피우던 시절'이라는 말이 나온 거구나! (인간 1, 2, 3, 4 고개 끄덕인다)
해설5	(소리를 치며 주목을 시킨 뒤) 그건 중요한 게 아냐! 문제는 지금부터라고!
호랑이	(긁적이고 하품을 하며) 아휴, 귀찮아. 백두산을 지키는 것도 귀찮고,

여기저기 다른 짐승들 일에 참견하는 것도 귀찮고. 그냥, 여기 이 동굴에 있는 게 제일 좋다. (담배를 보며) 이 담배를 피우면서 말야!

해설1, 2, 3, 4는 호랑이의 모습을 보며 고개를 절레절레 젓는다.

해설5   문제는 그것만이 아니었어. 백두산에는 점점 사람들의 왕래가 잦아졌어.
해설2,3,4   아니, 왜-?
해설1   그거야 호랑이왕이 담배를 바치러 온 사람들에게 백두산에 난 길들을 줬기 때문이지! (한숨을 쉬며) 최근에 어떤 사냥꾼한테는 아주 좋은 담배를 갖고 왔다고 백두산 한 자락을 통째로 넘겨줬다고!
해설2,3,4   뭐어?
호랑이   (해설을 보며) 어이 여보게들. 그렇게 화내지 말라고. 사냥꾼들이 담배만 갖고 오는 줄 아나? 매일 아침 가장 기름진 고기를 딱 바로 내 앞에 두고 간단 말야. 이렇게 이쁜 짓만 골라 하는데 아니, 내가 어떻게 그냥 있을 수 있겠어?
해설1   잠깐만요, 호랑이왕님. 가-만히 있어 보세요. (호랑이 정지)
해설2   (호랑이에게 '살'을 붙이며) 이거 자세히 보니 아랫배가 상당히 나오셨네?
해설3   (호랑이에게 '푸석푸석'을 붙이며) 전엔 털에 윤기가 자르르 흘렀는데 이게 뭔가요?
해설4   (호랑이에게 '누런 이빨'을 붙이며) 쯧쯧. 담배에 절게 되면 이렇게 되지요.
해설5   (호랑이에게 '숨차'를 붙이며) 그러게요. 백두산 천지를 단숨에 뛰어 다니던 게 언제 적인지요-.

해설1	이렇게 되니, 당연히 호랑이왕을 바라보는 눈빛도 달라졌어.
동물2	(동물3을 보고 화들짝 놀라며) 지금 어딜 가는 거예요? 거긴 호랑이왕님이 가는 길이잖아요?
동물3	호랑이왕? 그게 언제 적 일인데? 나는 요즘 호랑이왕의 길이 아니라 사냥꾼들이 나오는 길을 피하게 되었다고!
인간4	오늘도 호랑이님한테 먹이 주러 가우?
인간5	(비웃으며) 호랑이님? 이거라도 던져 줘야 굴 밖으로 기어 나오지 않지. 자자, 얼른 고기나 던져 주고 사냥이나 하러 가자!
해설1	그제야 호랑이는 뭔가 잘못되고 있다는 사실을 깨달았어. 하지만 자존심이 센 호랑이왕은 자신의 잘못을 쉬이 인정할 수가 없었어.
호랑이	누가 뭐래도 나는 호랑이왕이다. 백두산 전체를 호령하는 호랑이왕! 내가 누군지 보여 줘야겠어. 그래! 사냥! 오랜만에 사냥을 나가서, 내가 죽지 않았다는 것을 보여 줘야겠어.
해설1	호랑이왕은 예전에 즐겨 찾던 사냥터로 향했어. 무거워진 몸 때문에 걷는 것도 쉽지 않았어. 겨우겨우 절벽 위에 올라선 호랑이왕이 배에 힘을 꽉 주고 큰 소리로 소리를 질렀는데.
호랑이	……야옹! (당황하며) 어…… 어……. 이게 아닌데. 다시 해야겠다. 캬옹! 야오옹!
인간1,2,3,4	(메아리처럼) 캬옹옹옹! 야오옹오오오옹!
인간5	(비웃으며) 뭐야? 고양이왕 납셨구먼!
호랑이	뭐라고? 이런 건방진! (쫓아가려고 하나 몸이 무거워서 다리를 한 발짝씩만 움직인다)
인간5	크크. 돼지야, 호랑이야? 이거나 받아라! (총소리 효과음)
호랑이	(쫓아가려다 제자리로 허겁지겁 돌아와 의자 뒤에 숨으며) 으아악! (정지)
동물2	세상에. 저거 호랑이님이야?

2장 | 문학 작품으로 낭독극 만들기 **219**

동물3	어머나. 지금 인간한테서 도망친 거야?
동물4	당연하지. 저 몸으로 어떻게 사냥을 하겠어?
해설1	호랑이왕은 너무 창피해서 쥐구멍에라도 숨고 싶었어. 얼굴을 붉힌 채 슬금슬금 굴로 돌아온 뒤 삼 일 밤낮을 먹지도 자지도 않고 생각에 잠겼어.
호랑이	내가 둔해진 건 사냥꾼이 대신 사냥을 해 줘서 그렇지. (북소리) 사냥꾼이 대신 사냥을 해 준 건 내가 사냥터를 내줘서 그렇고, (북소리) 내가 사냥터를 내준 건…… 바로……. (담뱃대를 바라보며) 이 담배…… 담뱃대 때문이었어! (북소리 둥둥)
해설1	호랑이왕은 한시도 놓지 않았던 담뱃대를 물끄러미 내려다보았어. 바로 요 담뱃대 하나가 모든 일의 발단이었으니까.
호랑이	그, 그래! 이 담뱃대를 없애…… 버리면! (부러뜨리려다 멈추고) 그러면 다시 구름을 걷는 기분도, 신선이 된 것 같은 기쁨도 느낄 수가 없잖아. 하지만…… 하지만……. (사이) (담뱃대 부러지는 소리)
해설1	호랑이왕은 이어 금빛 도포도 찢어 버리고, 다듬개도, 딸랑이 공도 와지끈 물어뜯어 던져 버렸어.
호랑이	그래. 고양이왕이라는 소리를 들을 수는 없지. 이제부터 백두산 호랑이왕 부활이다!
해설1	결심은 굳었지만 현실은 냉정했어. 그동안 담배 연기에 길든 코는 둔했고, 다듬개로 다듬은 발톱은 뭉툭해서 쓸모없고, 살찐 몸은 천근만근 무겁기만 했거든. 그뿐 아니라 더 무서운 금. 단. 현. 상.에 시달리게 되었어!

호랑이는 해설자의 행동을 그대로 따라 한다.

해설2	(땀을 닦으며) 어…… 왜 이러케 땀이 나지? 어? 이상하다.

해설3	(손을 떨며) 이…… 이게 내가 떨리는 게 아닌데…… 어…… 자꾸 떨린다…….
해설4	(고개를 숙였다가 일어나길 반복) 잠이 안 와! 잠이 안 와! 잠이 안 와!
호랑이	(숨을 몰아쉬며) 아냐. 포기하지 않아. 누가 뭐래도 나는 호랑이왕이다. 백두산을 호령하는 호랑이왕!
해설5	호랑이왕은 이를 부득부득 갈며 모든 고통을 참아 냈어. (해설의 동작대로 호랑이가 행동을 한다) (영화 〈록키〉 배경 음악) 처음에는 들쥐나 개구리 같은 걸 겨우 잡아먹으며 허기를 달랬지.
해설1	너무 배가 고플 때는 시냇물로 배를 채우기도 했어.
해설2	살이 빠지기 시작하자 이젠 토끼나 오소리 같은 작은 짐승을 사냥할 수 있을 만큼 빨라졌어.
해설3	물론 금단 현상이 사라진 건 아니야. 하지만 예전보단 훨씬 견디기 쉬웠어.
해설4	좀 더 빨리! 좀 더 빨리! 이 산 저 산을 열심히 달리기도 했지!
해설5	('두둥!' 하는 효과음) 그러던 어느 날, 목이 말라 시냇가를 찾은 호랑이왕은 물에 비친 자신의 모습을 보았어. (승리를 표현하는 음악)

호랑이왕은 해설을 할 때마다 몸에 붙어 있던 글자를 하나씩 떼어 낸다.

해설1	푸석푸석한 털 대신 윤기가 흐르는 털!
해설2	뱃살 대신 날렵한 몸매!
해설3	누런 이 대신 날카롭게 빛나는 송곳니!
해설4,5	백두산 호랑이가 돌아왔다! (선더드럼)
해설5	호랑이왕이 예전의 모습을 되찾았다는 소문은 바람처럼 빠르게 퍼졌어.
해설4	백두산에 사람들의 발길이 끊어지기 시작했지.

해설3   동물들은 호랑이왕이라는 말만 들어도 덜덜 떨게 되었고.

해설2   다른 산에 사는 호랑이들은 어땠냐고? 안 그래도 다들 담배 때문에 말 못 할 고생을 하고 있었거든.

호랑이1   아, 백두산 호랑이왕이 담배를 끊었다는데, 우리라고 못 할 게 있겠소?

호랑이들   (고개 끄덕이며 담뱃대를 부러뜨린다)

해설5   어때, 어째서 요즘 호랑이들이 담배를 안 피우는지, 이제 알겠니?

다 같이   (노래를 부르며 앞으로 나와서 엔딩) 옛날 하고 아주 먼 옛날 호랑이 담배 피며 놀던 시절에 ……있었던 이야기! 끝!

「나와 우리 사이」

원작 : 동화 「갈 수 없는 반창회」(김응주 지음)
정리, 각색 : 이정수

앞에서 「정신없는 도깨비」를 통해 '스토리 시어터' 형식을 만났다면 이번에는 그 개념을 확장해 연극을 바라보는 관점의 변화를 주고자 했다. 연극을 할 때 "배역을 고정해서 맡는다."라는 생각을 전환해 "한 명이 다양한 인물을 연기할 수 있다."라고 보았다. 이때, 배우들은 특정한 한 인물을 맡기보다는 "이야기를 전달해 주는 학생들"의 역할을 맡고 동시에 "특정한, 다양한" 역할을 맡아 연기하기도 한다.

단편 동화 「갈 수 없는 반창회」는 아이들의 현실과 밀착된 작품으로, 한 사람이 다양한 감정을 경험하게 하자는 기획 의도에 안성맞춤이었다.

작품의 특징

초등학교 6학년 학생들의 마지막을 장식하는 11월, 12월이다. 친한 여학생들끼리 만든 모임 '유리구슬'의 멤버들은 좋아하는 남학생을 사이에 두고 우정에 금이 가기 시작한다. 이 작품의 결말은 짝사랑과 질투를 극복하고 다시 친해진다는 흔한 교훈 같은 이야기가 아니다. 주인공이 왕따와 주변 환경을 스스로 이해하고 극복해 가는 과정이 신선하고 재미있는 작품이다.

등장인물

다정　유리구슬 멤버, 승민이를 좋아하는 채연이를 응원한다.
채연　유리구슬 멤버, 승민이를 좋아한다.
연우　유리구슬 멤버, 타로카드를 잘 해 친구들에게 상담을 잘 해 준다.
승민　모든 여학생들이 좋아하는 학생이지만 실제로 등장하지는 않는다. 다만 코러스 남학생들이 승민의 역할을 돌아가며 연기한다. 각 남학생들의 특징을 살려 승민이라는 인물을 만들어 낸다. 다른 사람을 웃기는 걸 좋아하는 남학생은 수업 시간에 교실을 웃음바다로 만드는 승민의 모습을 표현한다. 옷에 관심이 많은 남학생은 '아이돌 스타처럼' 옷을 입는 승민의 모습을 살려 연기한다.
코러스　몇 명이어도 상관없다. 승민과 남녀 짝들, 수업에 참여하는 친구들, 선생님으로 정한다. 코러스는 채연, 다정 등 주요 인물의 속마음을 대신 얘기해 주기도 한다. '학생+번호'로 표기된 대사가 어떤 인물의 속마음인지 파악하고 지도 교사가 여러 방법으로 연출하길 권한다.

연출 노트

원작을 바탕으로 삼아 새로운 갈등도 만들어 보고, 인물의 대화와 행간 사이의 장면도 상상해서 구성해 보았다.

이 연극은 어린이들이 즐겨 하는 얼음땡 놀이의 형태를 활용하고 있다. 얼음땡 놀이가 가진 긴장감과 정지했을 때의 집중력은 연극을 다채롭게 하고 아이들이 동심을 잘 드러내 준다. 낭독극 공연을 하는 경우에도 이 부분은 의자에 앉아서 또는 무대 앞쪽으로 살짝 걸어 나와 최소한의 움직임을 시도해 보면 더 재미있다. 희곡에 나오는 얼음땡은 아이들의 놀이성에 바탕을 둔 연극적 장치이므로 연출자가 상황에 맞게 변형할 수 있다.

끝으로 반드시 처음부터 끝까지 낭독극을 하려고 욕심을 부릴 필요는 없다. 연습을 한 만큼만 보여 주어도 되고 나머지는 관객들이 상상하여 채울 수도 있다. 중요한 것은 기계적인 연습이 아니라 대사 하나, 문장 하나의 의미를 충분히 이해하고 나의 목소리로 말할 수 있을 때 책을 읽는 듯한 낭독이 아닌, 생생한 대화가 가능하다는 점이다.

낭독극을 준비하는 것이긴 하지만 초등학생과 함께 하는 연습에서는 대사들을 가지고 즉흥, 게임 등 놀이적인 요소를 연습의 대부분에 투자하는 것을 권한다. 앉아서 연습하는 것은 가장 마지막 단계이다.

이 작품의 원작이 되는 연극 공연 실황(낭독극이 아님)도 함께 보면 좋겠다. 참고하여 학교 환경에 맞게 대사를 더 첨가하고 수정해서 공연하면 된다.

같은 원작을 바탕으로 한 공연 실황

무대 구성

코러스	채연	다정	연우	코러스
		무대 앞쪽		

주요 등장인물을 제외한 인물들은 코러스의 역할을 맡는다. 편의상 학생 1, 2, 3…… 숫자를 붙였지만, 코러스 인원과 환경에 맞게 적당히 나눈다. 코러스는 주변 인물 및 배경 등 다양한 역할을 맡을 수 있다.

☐ 영역은 주요 인물 다정, 채연, 연우의 주요 공간이다. 이 세 인물은 극의 흐름에 따라 서로의 관계가 변하므로, 세 인물의 거리, 위치 등을 수시로 바꿔 가며 낭독극을 하면 보는 사람들은 세 사람의 관계도를 더 직관적으로 상징적으로 이해하며 즐길 수 있다.

■ 영역은 코러스의 공간이다. 이 작품에서 코러스들의 역할은 무척 중요하다. 원작의 각종 묘사, 배경 설명 등 인물의 대사나 생각을 제외한 서술 문장 중 중요하다고 여기는 부분을 이 코러스들이 대사화할 수 있다. 코러스들은 고정된 자리에서 낭독극을 할 수도 있고, 수시로 움직이거나 등퇴장을 하며 무대에 변화를 줄 수 있다.

대본

프롤로그

남학생 두 명이 학교 과제로 유튜브 영상을 만들기 위해, 여학생들의 고민(이성 문제, 친구 문제)을 인터뷰하고 있다. 이 작품의 주제가 초등 고학년의 이성 문제를 다루고 있으므로 실제 학생들의 인터뷰를 영상으로 만들어 낭독극 전에 보여 주면 여러 의미에서 다채로운 재미를 줄 수 있다. 짧은 인터뷰 장면이 끝나면 자연스럽게 낭독극이 시작된다.

다정	11월 1일이다. 등교하는 발걸음이 설렌다. 6학년이 되어 마지막으로 짝을 바꾸는 날. 지금의 짝도 나쁘지는 않지만 그래도 새로운 짝을 만난다는 것은 마음이 설레는 일이야.
학생1	얼음! (다정이는 얼음처럼 정지한다) 어제 행운의 꿈을 꾸기 위해 일찍 잠자리에 들었지만 무슨 꿈인지 기억은 나지 않아. 선생님께서는 마지막 짝을 바꾸는 방법을 '커플 복불복'으로 한다고 하셨어.
학생2	커플 복불복이 뭐야?
학생3	커플 복불복은 이도령을 뽑은 남자아이와 춘향이를 뽑은 여자아이가 짝이 되는 방식인데, 미녀와 야수, 로미오와 줄리엣 이외에도 여러 커플이 뽑기의 대상이 된대.
학생들	아아-.
학생4	교문 앞 횡단보도를 건너려고 할 때 "다정아!" 하는 소리가 들렸다. 땡!

채연	다정아!
연우	다정아-.
학생5	고개를 들어 소리 나는 쪽을 쳐다보니 긴 생머리를 흩날리며 채연이와 연우가 나를 향해 달려오고 있었어.

채연	다정아, 너 누구랑 짝하고 싶어? 난 이번에는 정말 승민이랑 짝하고 싶어.
연우	어머 정말이야?
다정	승민이?
학생6	얼음! 승민이는 1학기 부회장이었던 남자아이다.
학생7	승민이는 친절하다. 지금까지 남자 친구들이나 여자 친구들에게 화를 내는 것을 본 적이 없어. 땡!

첫 번째 승민 역할 맡은 코러스 나와서 친절한 모습을 보여 준다.

승민	안녕! 너희들 오늘 무척 예뻐 보인다. 옷이 잘 어울려.
학생8	얼음! 항상 싱글싱글 웃는 얼굴이고 가끔 공부 시간에 재미있는 대답을 해서 교실을 웃음바다로 만들기도 하지. 땡!

두 번째 승민 역할 맡은 코러스 나와서 재미있는 모습을 보여 준다.

승민	선생님! (교실에서 발표하는 재미있는 얘기를 한다)

친구들은 크게 웃는다.

학생9	얼음! 승민이는 옷을 아이돌 스타처럼 감각 있게 입는다. 땡!

세 번째 승민 역할 맡은 코러스 멋진 옷을 입고 무대를 가로질러 지나간다. 아이들은 그런 승민이의 모습을 좋아한다.

암전.

학생10	다정이와 채연이와 연우는 학교에 도착했다. 세 친구는 모여 연우의 타로카드 놀이 설명을 듣고 있다.
연우	채연아, 자 하나 골라 봐.
채연	음…… 난 이거.
다정	펼쳐 봐. 궁금하다.
연우	앗, 이 카드는…….
채연	왜? 뭔데? 안 좋은 거야?
연우	그러니까…… 이 카드는…….
채연, 다정	그러니까, 이 카드는?
연우	잘 들어…… 이 카드는 앞으로 승민이하고 짝이 된다는 뜻이야.
채연	꺄악-. 정말? 진짜지?
다정	채연아-너 정말 좋겠다.
학생11	얼음! (다정의 속마음) 난 승민이와 특별히 말을 나누지는 않았지만 괜찮다는 생각은 했었어.
학생12	우리 반의 많은 여자아이들이 승민이를 좋아해.
학생13	채연이도 승민이를 많이 좋아하지.
학생14	1학기 때 채연이가 승민이에게 사귀자고 먼저 문자를 보낸 적이 있었어. 승민이는 채연이 문자에 -. 땡!
승민	(승민이가 나타나 메시지를 보낸다) 고마워. 그런데 지금은 그냥 친구처럼 지내자.
학생15	라고 답문자를 보냈어.
학생16	채연이는 한 달쯤 뒤에 다시 승민이에게 사귀자고 문자를 보냈었

	어. 그때도 승민이의 답은,
승민	(승민이가 나타나 메시지를 보낸다) 고마워. 하지만 지금은 그냥 친구처럼 지내자.
학생17	그래도 채연이는 승민이를 포기하지 않았어. 누구든지 자기를 제치고 승민이와 사귄다면 그 여자아이를 가만두지 않겠다고 나에게 여러 번 말했었지.
채연	(아이들과 놀고 있다가 벌떡 일어서며) 잠깐, 누구라도 승민이에게 접근하면 다 부숴 버릴 거야.
학생18	얼음! 우리 반에서는 채연이가 승민이를 좋아한다는 사실을 모두 알고 있다.
학생19	여자아이들 중에 감히 채연이를 거스르면서 승민이에게 사귀자고 말할 수 있는 용감한 사람은 아마 없을 거야. 땡!
채연	다정아, 난 이번에는 정말 승민이랑 짝하고 싶어.
다정	승민이?
채연	응, 한 번이라도 승민이와 꼭 짝하고 싶어. 이번이 마지막이잖아.
다정	그래. 나도 네가 승민이랑 짝해 보았으면 좋겠다. 혹시 아니? 짝하다 보면 승민이가 너에게 사귀자고 할지도……."
연우	정말? 그렇게 되면 채연이 너무 좋겠다-.

연우, 채연이에게 팔짱을 낀다.

학생20	채연이는 환하게 웃으면서 내 팔짱을 끼었다. 이렇게 웃을 때 채연이에게는 수수꽃다리 같은 향기가 난다. 누가 뭐래도 채연이는 나의 절친이다.

암전.

조명이 커지면 선생님 역할을 한 코러스 등장한다.

선생님   자, 오늘은 지난주에 얘기한 대로 커플 복불복 짝 바꾸기를 하겠습니다.

선생님은 규칙을 간단하게 설명 한 후 남녀 커플 카드 통을 교탁 위에 올려놓는다. 남자아이와 여자아이 한 명씩 교탁 앞에 나가서 카드를 한 장씩 뽑는다. 뽑기 결과에 따라 아이들의 희비가 엇갈린다.

학생21   얼음! 이들은 마치 로또 복권 번호 맞추듯이 커플 이름이 적혀 있는 종이를 얼굴 가까이에 갖다 대고 조금씩 펼쳐 보았어.
학생22   나도 조심스레 펼쳐 보았어. 난 '영희'였다.
학생23   채연이를 쳐다보는데 채연이는 나를 보고 웃기만 했어. 아마 느낌이 좋은가 보다 생각했지. 땡!
선생님   자자, 그럼 운명의 커플 발표를 하겠습니다. 두구두구두구!
선생님   구준표와 금잔디! 너희는 1분단 첫째 술, 로미오와 줄리엣! 너희는 1분단 둘째 줄······.
선생님   미녀와-.
학생24   얼음! 그 순간 채연이가 벌떡 일어났어. 아마 채연이가 미녀였나 보다.
학생25   그 순간 야수 카드를 들고 머리를 긁적이며 일어서는 남자아이는-. 땡!

야수 카드를 들고 머리를 긁적이며 일어서는 남자아이는 승민이가 아니라 민철이다.

선생님   너희는 2분단 넷째 줄!

학생26	채연이와 나는 순간 눈이 마주쳤어. 실망으로 환한 빛이 사라진 얼굴이었어.
선생님	철수와 영희! 너희는 3분단 첫째 줄!
다정	아! 나다!
학생27	나는 선생님이 말한 자리에 앉았지.
학생28	그때 내 옆자리에 승민이가 싱글싱글 웃으면서 앉았어. 그리고 카드를 보여 줬어.
승민	내 카드는 철수야–. 여기 앉아도 될까?

채연이를 비롯한 반 친구들이 모두 놀란다.

학생29	얼음! 카드에는 철수라고 적혀 있었어. 순간 내 뒤통수를 찌르는 느낌이 느껴졌어.
학생30	휙 뒤를 돌아보니 2분단 넷째 줄의 채연이가 나를 쳐다보고 있었어. 이상하다. 왜 나는 뒤통수가 찔리는 느낌을 받았을까. 땡!

채연이 일어나 다정이를 째려본다.

학생31	1교시 수업이 시작되었다.
학생32	선생님께서는 모둠을 짜라고 하셨어. 모둠을 짜기 위해 책상을 옮기는데 의자를 같이 옮기지 못했어. 그때!
학생33	승민이가 내 의자를 옮겨 주었어.
승민	아! 잠깐, 다정아. 내가 도와줄게.
다정	고마워.

친구들 그 모습을 보고 부러워한다. 채연이는 다정이를 째려본다.

학생34   승민이가 싱글싱글 웃는다. 그 웃음은 기분 좋다. 나도 웃었다. 그 순간 또 뒤통수가 가늘게 따끔한 느낌이 들었다. 다시 고개를 휙 돌려 쳐다보니 채연이가 나를 보고 있었다.

암전.

학생35   집에 가는 길은 여느 날과 같다. 우리는 모두 근처에 산다. 우리는 우리가 스스로 예쁘다고 자부한다. 우리는 우리를 '유리구슬'이라고 스스로 이름 지었다.

다정, 채연, 연우는 '유리 구슬'에 어울리는 모습을 잠시 보여 준다.

학생36   매일매일 수업이 끝나고 친구들과 걸어가면서 우리는 무한한 수다를 즐긴다. 가끔 마음에 안 드는 여자아이들이 있으면 껌처럼 혹은 노골노골해진 시금치처럼 한참 씹어 주기도 하지.

삼총사는 시끄럽게, 신나게 수다를 즐긴다.

학생37   그런데 11월 1일은 이야기가 흐르는 느낌이 들지 않았어. 채연이가 거의 말을 하지 않아. 채연이가 말을 하지 않으니 우리도 채연이 눈치를 보게 되고, 놀이터의 수다도 없었어. 그냥 각자 자기 집으로 갔어.

암전.

학생38   다음 날 학교, 수업 전 친구들의 수다로 교실이 떠들썩하다.
학생39   (다정이 등장한다) 얼음! (다정 외에 모두 정지)

다정	다음 날 학교에 가는 내 마음이 묘했어. 뭔가 설레는 느낌이 들었어. 새로운 모험을 향해 떠나는 그런 종류의 설렘이 아니고 심장 한구석에 아무도 모르는 신비한 옹달샘이 생긴 듯한 설렘이었어. (승민을 보며) 교실에 도착하니 승민이가 와 있었어. 나를 보더니 또 싱글싱글 웃었어. (승민 웃는다) 그렇게 웃으니 나도 웃게 되었어. 기분이 좋았어. 그런데 또 따끔한 느낌이 느껴졌어. (채연이 다정이를 째려본다) 하지만 이번에는 돌아보지 않았어. 돌아보지 않아도 그 느낌이 채연이로부터 온 것임을 알 수 있었어.
학생40	나는 짝을 하면서 승민이를 좀 더 관찰할 수 있었어.
학생41	글씨를 잘 쓴다.
학생42	책상 속이 항상 가지런하다.
학생43	필통 속도 가지런하다.
학생44	원래 남자들은 하루에 한 번 이상은 뭐가 없다고 빌려 달라고 한다.
다정	승민이는 나에게 빌리지 않아. 형광펜도 네 가지 색이 모두 다 가지런히 들어 있어. 노란색 형광펜밖에 없는 나에게 자기 것을 같이 쓰자고 오히려 빌려주기도 하는걸.
학생45	사회 시간이었다. 선생님께서 새로이 운명의 커플이 된 짝과 역사 신문을 만들어 보라고 하셨다.

친구들 떠들썩하게 역사 신문을 만든다. 여기저기 가벼운 소란이 일어난다.

다정	그전에는 남자 짝과 이런 활동을 하려면 은근히 짜증이 났었어. 대부분 나 혼자 해야 했고 남자 짝들은 옆에서 놀았기 때문이야. 그런데 승민이와 하려고 하니 가슴속 비밀의 옹달샘이 또 퐁 하고 솟는 느낌이 들었어. 승민이는 나를 실망시키지 않았어.

승민, 열중해서 역사 신문을 만든다.

다정   승민이와 나는 마치 세상에 둘만 있는 것처럼 몰입하여 역사 신문을 만들어 갔어.
선생님   자! 여기 보자. 다정이랑 승민이-. 참 잘했지?
아이들   와! (탄성을 지르며 박수를 쳐 준다)
승민   다정아, 넌 능력자야!
다정   아니야. 네가 능력자야!

암전.

학생46   승민이와 짝을 하니 자주 기분이 좋다. 그런데 이번에는 좀 더 강하게 찌르는 느낌이 또 뒤통수에 느껴졌다.

채연이의 째려보는 모습이 보인다.

학생47   마음속에서 거친 짜증이 일어났다. 그러나 그 짜증은 저녁에 승민이의 문자를 받자마자 여름날 세수한 얼굴의 물기처럼 순식간에 날아가 버렸다.

문자를 받는다. 다정이 문자를 확인하는 모습은 창의적으로 환경에 맞게 표현한다.

승민   다정아, 우리 사귈까?

다정이 대답을 하지 않는다. 고민하는 것처럼 보인다.

| 학생48 | (반주가 나오는 가운데, 다정) 세상이 분홍색 꽃밭으로 변한 느낌이 들었어. 대답은 하지 않았어. 마음속이 몹시 복잡해. 승민이를 생각하면 마음속 옹달샘에서 맑은 물이 계속 솟아나는 것처럼 느껴져. 하지만 채연이를 속이고 있는 느낌이 들었어. 채연이와 우정을 놓고 싶지 않았어.

암전.

| 학생49 | 교실. 친구들은 쉬는 시간이다.
| 다정 | 얼음! (자유롭게 쉬는 시간을 즐기던 반 아이들, 동작을 멈춘다) 승민이가 나에게 웃음을 많이 보일수록 뒤통수가 바늘로 찔리는 느낌의 횟수가 잦아지고 있어.
(채연과 친구들이 다정을 째려본다) 유리구슬 친구들과도 보이지 않는 거리가 느껴졌고, 반 여자 친구들도 나를 힐끔힐끔 보면서 쑥덕쑥덕거리곤 하는 것 같아. 외로워. 땡!

외로운 느낌의 음악이 들리며, 친구들의 쑥덕쑥덕하는 모습이 종이로 접은 '움직이는 입'으로 표현된다.

| 승민 | 다정아! 나 용돈으로 이거 샀는데······. (승민, 다정의 책상에 커플 반지를 올려놓는다)

다정은 머뭇거리고 승민은 다정의 손에 반지를 쥐어 준다.
친구들이 "웩! 웩!" 하고 호들갑을 떤다. 다정은 허겁지겁 반지를 가방에 넣는다.
암전.

| 학생50 | 일주일 정도 흐른 어느 날, 다정이는 유리구슬 친구들과 멀찍이 떨어진 채 걷고 있었다. |
| 학생51 | 반지를 가방 속에 넣은 날부터 나는 채연이랑 같이 집에 가지 못 했어. |

유리구슬 친구들은 떠들썩하게 수다를 떤다.

| 학생52 | 그리고 유리구슬 친구들과의 수다에도 끼지 못했어. |

유리구슬 친구들, 계속 수다를 떤다. 그들은 일부러 더 친한 척한다.

채연	야! 쟤 혹시 다정이 아니냐?
연우	그러네. 지금 보니까 다정이 쟤 뒷태도 싸가지 없게 생겼네.
채연	아오. 쟤 보니까 우리가 끼고 있는 유리구슬 반지가 더럽게 느껴진다.
연우	그래, 버러! 더러워!

채연과 연우, 반지를 빼 버린다. 다정이 돌아본다.

채연. 연우	야! 뭘 돌아봐! 짜증 나!
연우	꼬리 아홉 개 달린 구미호 같아!
채연	우리 이러지 말고, 저기 가서 우정 반지 새로 사자!
연우	그래.

다정, 끼고 있던 우정 반지를 벗으며 주저앉는다. 울음이 그치지 않는다. 한동안 울다가 친구들이 사라진 곳을 바라본다. 우정 반지를 주머니에 넣고, 가방에서 승민이의 반지를

꺼내 물끄러미 바라본다. 다정은 복잡한 마음을 정리한다. 휴대폰을 꺼내 승민에게 메시지를 보낸다. 이 장면은 코러스의 설명으로 처리하지 않고 다정이가 실제 무대 앞쪽에 나와 움직이면서 보여 준다면 작품의 의도를 더욱 잘 전달할 수 있다.

다정   사귀자!

암전.

학생53   초등학교를 졸업했다. 6학년 회장으로부터 반창회를 한다는 연락이 왔다. 순간 작년 6학년 동안 유리구슬 아이들이 나를 쳐다보았던 싸늘한 눈빛, 입가의 빈정거림, 그리고 발신인을 알 수 없는 불쾌한 문자들이 떠올랐다.

채연이를 비롯한 유리구슬 친구들이 싸늘하고, 빈정거리는 표정으로 등장한다.

다정   (중학교 교복을 입고 등장한다. 채연이와 친구들은 모여 "하나, 둘, 찰칵"하며 사진을 찍는다) 유리구슬 아이들은 분명 나올 것이다. 하지만 나는 가지 않을 것이다. 그리고 내가 가지 않으면 (자신 있게) 승민이도 가지 않을 것이다.

끝.

「이빨 자국」

원작 : 청소년 소설 『이빨 자국』(조재도 지음, 작은숲, 2019)
정리, 각색 : 이인호

청소년기의 자아의식과 장애인 관련 이슈를 다룬 소설을 통해 인간과 삶에 관한 이해와 인식의 폭을 넓히는 데 작은 도움이 되었으면 했다. 그 의도에 안성맞춤인 작품이 바로 청소년 소설 스테디셀러인 『이빨 자국』이다. 장편 소설의 원작 텍스트를 살린 낭독극으로 공연을 올려 제대로 한 학기 한 권 읽기를 할 뿐 아니라 문학 작품 감상의 즐거움도 느끼고자 했다.

작품의 특징

오랫동안 사랑받은 청소년 장편 소설로, 지적 장애가 있는 형을 둔 중학교 2학년 승재의 성장기이다. 덤덤하게 흐르는 이야기 속에서 장애인과 더불어 살아가는 삶을 더는 '특별한' 것으로 여기지 않고 당연하고 일상적인 모습으로 보아야 한다는 중요한 메시지를 던진다.

등장인물

구승재 중2. 장애인 형과 생활. 형으로 인해 고민하고 갈등하며 성장함.
박만섭 중2. 승재의 동네 친구. 밝고 솔직함.

이종민 중2. 장애인 고모가 있으며 부모와 떨어져 할머니와 생활함.

노현주 중3. 초등학교 때부터 왕따를 겪음. 마인드비전반 활동. 한솔, 소연이 등장한다면 통합해 맡을 수도 있다.

구승운 21세. 구승재의 형. 갓난아기 때 침을 잘못 맞아 반신불수, 지적 장애인이 됨.

엄마 집안일과 농사일로 바쁘나 자식에 대한 속 깊은 정을 가졌다.

교사 마인드비전반 담당 교사, 학생들에 대한 이해심이 깊음. 극에서는 학주, 담임, 계발 활동까지 담당한다.

의사 승운의 장애인 시설 이용을 권함. 낭독극에서는 형의 상태 알려주는 메신저 역할을 부여함.

● 등장인물 구성과 선택을 어떻게 할까?

배우 수나 관객에 따라 마인드비전반 학생들, 아버지, 목사, 주만 아저씨 어머니와 아내가 등장 가능하다. 학생 대상 공연이 아니라 일반 관객을 대상으로 여는 공연이라면 중심인물을 어머니나 승운이 등으로 바꿀 수 있다. 인물은 무대와 공연장에 맞게 조정하면 된다.

중심사건을 중심으로 극을 구성한다면 승재의 성장을 중시해 대본을 만든다. 이 설정은 관객이나 공연 주체에 따라 바뀔 수 있다. 낭독극의 장점을 살려, 인물을 꼭 등장시키지 않아도 해설로 인물 이야기를 할 수 있다. 이번 낭독극에서는 주만 아저씨, 학생들, 아버지, 목사, 학생부 선생님, 농활 누나 등을 제외했다. 주요 인물인 아버지, 작은 형 승모를 등장시키지 않은 이유는 승재와 중심 사건에 집중하기 위함이다.

연출 노트

원작을 살려 50분 정도 분량으로 각색을 한 대본이다. 30분 정도로 줄여서 공연해도 좋다. 해설 부분을 축약하고 사건 중 일부를 빼거나 계발 활동 내용을 압축해도 된다. 그러나 한 권 읽기와 병행한다면 이 부분들을 잘 살렸으면 한다.

   소설을 읽고 각색을 할 때 여러 부분을 신경썼다. 주요 사건과 등장인물을 먼저 정리한 다음 등장인물의 심리를 분석하는 과정을 거쳤다. 인물의 특징, 나이, 하는 일, 주요 사건, 성격 등을 가능한 한 자세히 정리했고 배역을 맡은 학생이 그 인물이 되어 일기나 편지 쓰기를 해 보도록 안내했다. 낭독극에 필요한 사건 구성은 중심 사건을 먼저 정한 후 주인공 주변 일을 구성에 맞게 배치했다.

무대 구성

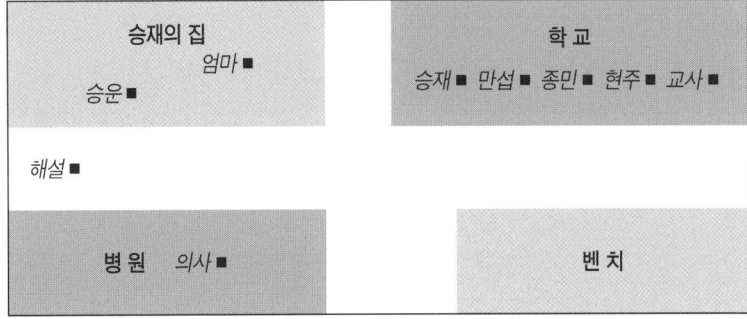

대본

1. 만두빚어반

해설 승재, 종민, 만섭이 오늘도 실내화 축구를 합니다. 선생님도 여덟 시는 돼야 오시기 때문에 그때까지 마음 놓고 축구를 할 수 있습니다. 실내화 축구란 복도 이편과 저편에 골대를 세워 놓고 실내화 뒤꿈치를 칼로 동그랗게 오려 그걸 차며 노는 것입니다. 한 번 차면 초코파이만 한 볼이 쏜살같이 쌩 나갑니다. 복도 벽에 대고 차면 탄력 때문에 튕겨 나와 맞은편 벽에 부딪히고, 그러다 또 어느 땐 팽이처럼 제자리에 서서 팽그르 돌기도 합니다.

만섭 (실내화 볼을 몰며) 오늘도 지는 편이 이따 떡볶이 사 주는 겨.

종민 (만섭을 막아서며) 오늘은 어림없다. 나 용돈도 떨어졌어.

승재 애들 올 때까지는 내가 심판 보며 학주 오나 망 봐 줄게. 떡볶이는 같이 먹는 겨.

종민 (만섭에게서 볼을 뺏아 힘껏 내찬다) 꼴 – 인, 꼴 – 인!

종민, 골 세리머니로 교복 윗도리를 들어 올려 배를 드러내고 삼바 춤을 춘다.

교사 (교사 등장하며) 늬들 다 이리 와. 이눔으 짜식들, 잘헌다. 아침 일찍 학교 와 공부는 허지 않고……. 어휴, 이 먼지 좀 봐. 빨리 문 열어. 너희들 직원 회의 끝나고 보자. 그리고 승재, 오늘 계발 활동 부서 조직한다고 칠판에 써 놔. 미리 생각해 보라고 해. (퇴장)

만섭 승재 너 망 제대로 안 봐? 너는 떡볶이 없다.

종민 　근데 너희 무슨 부 갈 거니?
승재 　뭐, 그냥 영화감상부 같은 거 편하잖아? 만섭아, 같이 영화감상부 가자.
만섭 　그럴까?
종민 　나는 마인드비전반에 갈까 해.
만섭 　뭐? 만두빚어반? 요리부냐?
승재 　마인드는 마음이고, 비전이 뭐냐?

잠시 어두워졌다 무대 밝아진다. 아이들 자리에 앉아 있다.

종민 　너희들 영화감상부 간다며?
만섭 　인원 넘쳐서 가위바위보 했는데 승재가 져서 탈락.
승재 　만섭이가 같이하고 싶대서 내가 데리고 와 줬지.
교사 　주목! 우리 부서가 '함께 나누는 마인드비전'이야. 무슨 뜻일까? 마인드는 알 테고 비전 하면 생각나는 단어 뭐 없을까?
현주 　텔레비전!
교사 　그렇지! '텔레'가 '멀리'란 뜻이고 비전은 본다는 의미니까 텔레비전은 멀리 본다는 뜻이지? 그럼 마인드비전은? 마음을 본다? 마음 속 희망? 뭐 그쯤 되겠지?
만섭 　만두빚어반 아닙니까? 선생님, 그럼 우리 만두는 안 만들어 먹어요?
종민 　(아이들과 같이 웃으며) 선생님 우리 만두도 해 먹어요, 만두 사 주세요.
교사 　그러지 뭐. (사이) 우리가 할 것들을 책으로 만들었는데 희망하는 사람은 사도 좋아. (유인물을 나눠 주며) 오늘은 첫 시간이니 선생님이 준비한 유인물을 보며 같이 해 보자. (사이) '마음을 열어요'라는 마당이다. 내 마음을 자유롭게 그림으로 그려 보고 자기소개 표에 쓴 것을 발표해 보자.

종민 마음을 어떻게 그려요?
만섭 난 그림 못 그리는데.
승재 아무 생각도 나지 않아요.
현주 (혼잣말로) 마음을 어떻게 그리라는 거야?
해설 선생님은 가만히 웃고만 있습니다. 시간이 조금 지나자 아이들이 하나둘 그리기 시작합니다. 소란스럽던 아이들이 차츰 조용해집니다. 저마다 책상에 코를 박고 열중합니다. 승재가 그린 그림을 볼까요?

무대 뒤 화면에 승재가 그린 그림이 뜬다.

승재 이건 내가 그린 그림이다. 하늘에 흰 구름과 먹구름이 떠 있는 모습이다. 흰 구름은 크게 먹구름은 작게 그렸다. 흰 구름은 평화로운 마음을, 먹구름은 불안하고 께름칙한 마음을 나타낸다. 나는 이 그림을 우리 집 형과 아버지를 생각하며 그렸다. 아버지가 술만 드시면 하는 말, 네가 우리 집 기둥이다, 그렇게 공부할 거면 학교 때려치워라 같은 말은 내게 엄청 큰 스트레스다. 먹구름인 것이다. 장애인인 형도 그렇고. 하지만 그것만 빼면 내 마음은 언제나 평화롭다. 흰 구름처럼.

만섭이도 다 그렸는지 볼펜을 입에 물고 장난질이다. 종민이는 아직 책상에 코를 박고 있다.

교사 다 했니? 다 했으면 이제부터 돌아가며 자기 그림을 보여 주고 설명해 보기로 하자. 자, 누가 먼저 할까? (아이들 아무도 먼저 나서지 않자) 좋다. 정 그렇다면 오늘은 내가 먼저 하겠다. 앞으로도 이 마인드비전

시간엔 선생님도 여러분과 똑같이 할 거다. 똑같이 발표하고 똑같이 진행하고.

넓은 바다 한가운데 여러 개의 배를 그린 그림이 화면에 뜬다.

교사   나는 올해 처음 여기 남양중학교에 와 마인드비전반을 시작했다. 지금 내 마음이 꼭 넓고 넓은 바다를 헤쳐 가야 할 이 배와 같다. 앞으로 어떤 파도와 폭풍을 만날지 두렵기도 하고, 또 목적지까지 잘 가닿을 수 있을지 기대가 되기도 한다. 여기 있는 다른 배들은 너희들 하나하나를 나타내는데, 우리 다 같이 일 년 동안 잘 합심해 좋은 마인드비전반이 됐으면 좋겠다.

교사 말에 아이들, 박수하며 환호성을 지른다.

만섭   (자기가 그린 그림이 화면에 뜨면) 저는 제 마음속 깊이 간직되어 있는 사랑을 누군가에게 전하고 싶습니다.

아이들, 만섭의 말이 끝나자마자 저마다 오- 예- 하며 환호성이다. 만섭이가 양손을 들어 브이 자를 그리며 부르르 몸을 떤다.

승재   나는 누군가가 누군지 알지롱. 너 이따 떡볶이 안 주면 이지혜인 거 소문낸다.

교사   종민이도 열심히 쓰던데…….

그림과 글이 함께 화면에 뜬다.

> **종민**
> 엄마가 보고 싶은 아이,
> 어떤 아이가 있었다.
> 그 아이는 엄마하고 같이 안 산다.
> 이틀에 한 번 3일에 한 번 통화한다.
> 엄마는 중국에 있다, 많이 보고 싶어도 자주 못 본다.

교사 엄마가 중국에 계셔? 아빠는?
종민 엄마는 중국서 미장원 하고요. 아빤 서울에 계셔요.
교사 그래? 음, 그렇구나.
해설 승재는 속으로 종민이가 정말 대단하다고 생각했습니다. 어떻게 자기 집 이야기를 저렇게 쉽게 할 수 있을까? 지금까지 아무에게도 집 이야기를 한 적이 없는데……. 승재는 차례가 되자 처음 그림을 그린 뜻과는 전혀 다르게 둘러댔습니다. 시험을 잘 보면 마음이 흰 구름처럼 평화롭고, 잘 못 보면 먹구름처럼 왕 스트레스를 받는다고 둘러 말했습니다. 그렇게 말해 놓고 나니 뭔가 중요한 것을 빠뜨린 것처럼 기분이 맨숭맨숭했습니다.
교사 지금 우리가 각자 자신의 마음을 그림으로 나타내고 발표했는데, 어때? 음, 마음을 연다는 것은 자신을 다른 사람에게 드러내는 일을 말해. 그러기 위해 필요한 것은? 바로 용기예요. 나의 아픈 부분, 드러내고 싶지 않은 부분을 용기 내어 상대방에게 내보일 때, 사람은 서로를 이해하고 그 부끄러운 부분까지 사랑하고 받아들일 수 있는 거야. 그때서야 비로소 마음을 열었다고 할 수 있지.

2. 이빨 자국

조립한 노란색 스포츠카가 바닥에 나뒹굴고 있다.

승재	(깜짝 놀라며) 아니, 내가 일주일간 조립한 스포츠칸데……. 누가? (떨어져 있는 승운이 형을 보고) 형, 이게 어떻게 된 거야? 이거 형이 이런 거야?
승운	(빙긋 웃으며) 어으으…….
승재	이 병신……. 이거 내일까지 내야 하는 수행 평가란 말야. 내가 얼마나 정성 들여 멋지게 만든 건데…… 저거 정말 형이 그랬어? 니가 그랬냐고!
승운	(또 빙긋 웃으며) 어으응.
해설	승재는 제정신이 아니었습니다. 이빨을 사리물고 형의 뺨을 후려쳤습니다. 얼마나 세게 쳤는지 형의 얼굴이 팩 돌아갔습니다. 형이 으아아 소리 지르며 주먹을 쥐고 죽기 살기로 덤벼들었습니다. 승재는 다시 한번 힘껏 형의 머리통을 쥐어박았지요. 형이 으아아 고함치며 눈을 부릅뜨고 덤벼듭니다. 형이 앉은 채로 한쪽 팔을 휘둘러 승재를 마구 때렸습니다. 승재도 맞서서 마구 주먹을 휘둘렀습니다. 고개를 숙인 채 신음하던 형이 갑자기 얼굴을 번쩍 쳐들며 성한 손으로 승재의 오른손 팔목을 휘어잡았습니다. 그러더니 곧장 입으로 가져가 사정없이 손등을 물어뜯었습니다. 우두둑 소리가 나면서 대번에 붉은 피가 뚝뚝 흘러내렸습니다. 형은 사력을 다해 손등을 문 이빨에 힘을 주며 물고 늘어졌습니다. (사이) 그때 들어선 어머니가 뜯어말리고 형에게 사정없이 매질을 하자 그제야 형이 물었던 손등을 놓았습니다. 승재는 눈물이 솟구쳐 올랐습니다. 숙제를 망가뜨린 형에 대한 분노, 그렇다고 몸도 성하지 못한 형을 마구 때린 데 대한 죄책감, 얻어맞아 피를 흘리고 있는 형을 향한 불쌍한 감정이 마구 뒤섞여, 아무리 울음을 참으려 해도 참을 수 없었습니다.
엄마	승재야, 이를 어쩌냐. 우선 약 바르고 내일 읍내 병원에 가자.
승재	형이 불쌍하면서도 너무 화가 나.
엄마	옛날에, 승운이 배고 얼마 안 돼서다. 저기 저 용두리 가는 길에 외

할아버지네 밭 있잖니? 아, 하루는 꿈속에서 바람이 불고 비가 쏟아지고 난리두 아녀. 해서 내일 아침 일찍 일어나 호두 줏으러 가야지, 그렇게 생각허다 진짜 호두를 줏으러 갔어. 가서 보니께 진짜 바람에 호두가 얼마나 많이 떨어졌는지 여기두 호두 저기두 호두여. 그래 정신없이 주워서 대야에 담았지. 그리구 집에 와 까 보니께 이게 웬일이라니? 하나두 성한 게 없이 속이 다 비었어. 그래 참 이상도 허다 이상도 혀, 하다 꿈을 깼는디……. 그러고 낳은 게 니 형이여……. 니가 조금 더 참아야지 어쩐다냐.

3. 숨기고 싶은 이야기

교사   오늘은 소외감 느꼈던 일을 발표해 보기로 했지? 현주가 먼저 말해 볼까?

현주   저는 초등학교 4학년 때부터 학교생활이 무척 어려웠어요. 중 1~2학년 때가 가장 심했죠. 쉬는 시간 종소리, 점심시간 종소리가 무서웠어요. 밥을 혼자 먹는 게 죽기보다 싫었고 또 쉬는 시간이면 항상 아이들이 뭐라고 할까 봐 무서웠어요. 그때 느낀 감정이 아마도 소외감일 것 같아요. 소외되었을 때 느끼는 감정, 그건 도저히 말로 표현하기 어려워요. 베개를 끌어안고 운 적도 있고요, 밥을 혼자 먹으며 서러워 운 적도 있어요. 그런데 요즘은 밥도 같이 먹는 친구가 생겼구요, 수다 떠는 친구도 생겼어요.

교사   현주한테 그런 일이 있는 줄 전혀 몰랐다. 그동안 마음고생이 심했겠구나. 그 시간을 극복해 내다니 정말 대단해. 승재는 어때?

승재   저요? 저는 그런 적 없는데요.

교사   소외된 감정을 느낀 적이 없다고? 그래? 그렇구나. 아직까지 그런 감정을 느끼지 못한 사람도 있구나. 그런 면에서 본다면 승재는 정

　　　　말 행복하겠는데?

승재　(선생님 말에 얼굴이 빨개지며) 저는요. 제가 그런 감정을 느낀 게 아니라, 소외된 사람들을 본 적은 있어요. 1학년 때 읍내에 있는 정심원에 봉사 활동 갔었는데요. 거기서 소외된 사람들을 보았어요.

교사　정심원? 뭐 하는 곳인데?

승재　장애인들이 있는 곳이에요.

교사　거기서 뭐 했어?

승재　청소도 하고, 같이 놀기도 했어요.

교사　그러면서 느낀 점은?

승재　옛날에는 장애인만 보면 옆에 가기도 싫었거든요. 그런 사람만 보면 피해 다니구요. 그런데 그때 보니까 불쌍하단 생각이 들었어요. 그 사람들도 그렇게 태어나고 싶어 태어난 게 아닐 텐데 하는 생각이 들기도 하고요.

해설　승재가 숨을 몰아쉬며 말했습니다. 만섭이가 승재를 똑바로 쳐다보았습니다. 한마을에 살아 우리 집 사정을 잘 아는 만섭이에게 속마음을 들킨 것 같아 얼굴이 화끈 달아올랐습니다. 사실 아까 현주 누나가 발표할 때부터 승재는 머릿속에 줄곧 형 생각을 하고 있었고, 그래서 혹 자기가 발표하게 되면 1학년 때 봉사 활동 갔다 온 이야기로 바꿔 말해야겠다고 준비해 두었던 것입니다.

종민　선생님. 제가 발표하겠습니다.

교사　이종민? 좋아. 그럼 종민이가 마지막으로 발표해 봐.

종민　(자리에서 일어나) 우리 고모. (※공연 시 이 부분 압축해도 좋음) 나의 작은 고모는 몸은 멀쩡하지만 지적 장애인이다. 생각 수준은 4~5세 정도이고 판단력, 의지, 그밖에 다른 것은 유치원생보다 못하다. (사이) 고모는 단순하고 무지하다. 고모와 약 3년을 같이 살았는데 굉장히 고통스러운 나날이었다. 주로 고모는 자신이 한 일을 거짓으로 말한다. 그래서 옆에 있는 사람을 나쁜 놈으로 만든다. 그러나 세월이 흐르면서 나는 조금씩 고모를 이해하게 되었고 그녀의 세계를 들여다보게 되었다. (사이) 그녀의 세계는 우리와 사뭇 다르다. 한마디로 단순하고 편리하다. 하고 싶으면 하고, 하기 싫으면 안 하고, 좋으면 마냥 좋고, 싫으면 어쩔 줄 모르고……. 그 사이에 내가 있고, 그녀의 세계를 개혁하기 위해 이것저것 해 보기도 했지만 역부족이었다. 혹시 그녀와 같은 세계를 살아가는 장애인과 함께라면 그녀가 잘 지낼 수 있을까? 그래서 장애인 재활 센터인 죽전원에 보내기로 했다. (사이) 죽전원에서 고모는 가장 좋은 상태를 보였다. 항상 짜증만 내던 고모가 씩씩하고 밝은 모습을 하고 있었다. 고모는 비슷한 사람들 속에서 자신의 세계를 만들어 가고 있었다. 그녀만의 세계에서 그녀는 여왕이고 주인공이었던 것이다. 자신보다 정상인 사람에 치여 항상 혼자여만 했던 그녀가 이제 자신의 세계를 만든 것이다. 정말 다행이고 또 잘된 일이다. (사이) 우리나라 장애인이 존엄성을 보장받는 그날, 우리나라는 복지 선진국이 되었다고 할 수 있을 것이다. 우리는 장애인의 세계를 느끼고 이해하고 존중해야 한다. 고모의 빠른 쾌유를 빈다.

교사 정말 훌륭하다, 훌륭해! 이종민. 이거 네가 쓴 것 맞지? 글도 잘 썼지만, 종민이의 마음이 너무 아름답다. 자, 우리 다 같이 종민이에게 박수!

아이들 박수하고 교사 퇴장. 수업 끝을 알리는 종소리.

만섭 어! 종민이 대단한데…….
종민 아냐. 그냥 사실대로 말했을 뿐인데 뭐.
만섭 사실대로 말하는 게 대단한 거지. 안 그러냐, 구승재?

승재 (만섭의 시선을 피하며) 어? 어. 그렇지.
종민 오늘 우리 집 갈래? 우리 고모도 볼겸. 요새 뼈를 다쳐서 집에 와 계셔.
승재 넌 정말 아무렇지도 않냐?
종민 됐고. 갈 거야 말거야?
만섭, 승재 콜!

4. 병원 진찰

엄마 낮에 우체부가 쟤 주민등록증 안 만들면 벌금 물린다는 통지서 갖구 왔었어.
승재 전에도 나왔잖여?
엄마 니 아부지가 니 형 같은 게 주민등록증이 뭐 필요하냐구 역정만 내셔서…… 근디 이번에두 안 하면 벌금이랴. 그리구 면사무소 직원 말이 주민증도 발급받으야 허지만, 병원 가서 진찰허구 장애인 카드라나 뭐라나를 만들어야 헌댜. 앞으로 쟤가 무슨 일을 저질러두 그게 있으면 그래두 보호받을 수 있댜.
승재 장애인 카드는 어디서 만드는데?
엄마 병원 가서 진찰허면, 얘가 장애 몇 급인지 판정해서 만들어 준다드라.
승재 그럼 형이 병원까지 가야 돼? 청양에는 큰 병원이 없잖아?
엄마 없어. 면 서기 말이 홍성이나 대천까지 가야 헌댜. 대천종합병원이나 홍성의료원 같은 데 가서 진찰을 받으야 헌댜.
승재 엄마, 택시 대절해도 엄마 혼자서는 형 못 데리고 다니잖어? 택시 태우는 일도 어른 하나는 있어야잖어?
엄마 늬 아버지는 하늘이 두 쪽 나두 같이 갈 사람이 아니구, 그렇다구 나 혼자 감당헐 수도 없구, 그러니 너라두 같이 가야잖니? 선상님한

	티 전화는 에미가 할게.
승재	방학 때 가면 안돼?
엄마	벌금도 무섭고, 기왕에 할 거 더 늦추다 뭔 일 생기면 어쩐다냐.
해설	승재 엄마가 학교에 전화했습니다. 더듬대며 오늘 배가 아파 학교에 못 간다고 했습니다. (사이) 승운 형은 옷도 하나하나 붙들고 입혀야 했습니다. 티셔츠도 먼저 목부터 끼운 다음 팔을 쳐들어 소매를 하나씩 끼워야 했지요.
엄마	에그 자식, 옷도 하나 제대로 못 입고…….
해설	끌끌 혀를 차며 속상해하는 엄마 마음을 아는지 모르는지 승운형은 침을 질질 흘리고 빙긋빙긋 웃습니다. 택시가 와서 타라고 하자 형이 뒷걸음질치며 머리를 쌀래쌀래 내두릅니다. 그러고 보니 형 승운이는 지금까지 차를 타고 집을 떠나 본 적이 없었습니다. 게다가 엄마는 가끔 형이 무슨 일을 저질러 화가 났을 때, 너 그렇게 말 안 들으면 저기 어디 먼 곳에 보낼 거라고 말하곤 했는데, 그래서일까요?
엄마	어디 보낼깨미 그려? 아녀. 우리 승운이를 왜 그런데 보내여? 이렇게 이쁘게 말 잘 듣는디.
해설	엄마가 목소리를 누끈하게 낮추어 말해도 형은 요지부동입니다.
엄마	승운아, 그러지 말구 어서 타. 우리 승운이 말 참 잘 듣지. 엄마랑 승재랑 같이 가서 병원 진찰두 받구 주민증도 내구…….
해설	엄마가 노래 부르듯 말하며 승운이를 구슬립니다. 그러는 엄마를 형이 물끄러미 바라봅니다. 몇 번을 어르고 달랜 끝에 형이 겨우 차에 오릅니다. 승재가 앞자리에 앉고 엄마와 형이 뒷자리에 앉았습니다.
승재	면사무소에서 겨우겨우 사진도 찍고 지문도 찍어 주민 등록을 했다. 대천까지 택시로 40여 분을 달려 병원에 갔다. 엄마가 팔짱을 껴 형을 부축하자 형이 몸부림쳤다.
엄마	그러지 말어. 이런 데 나와서는 말 잘 들으야 혀. 그래야 빨리 허구

	집에 가지.
승재	엄마가 누끈한 목소리로 형을 달랬다. 나도 곁에서 형 팔짱을 끼자 형이 나를 보고 빙긋빙긋 웃는다. 형이 한 손으로 내 손을 꼭 쥐는데 의외로 살이 부드럽고 매끄러웠다. 이렇게 형과 살이 맞닿아 보기는 지금이 처음이다. (사이) 결국 병원에서 건강 검진을 받지는 못했다. 형이 엘리베이터 타는 것을 거부해서 겨우겨우 휠체어에 태워 의사 선생님 진찰만 받았다. 나는 얼굴이 달아올라 숨도 제대로 쉬기 어려웠다. 빨리 병원에서 벗어났으면 싶었다.
의사	언제부터 이랬어요?
엄마	어려서 애 낳구 한 달두 채 안 돼서 경기를 허데유. 그래 놀래 갖구 동네 어른헌테 침을 맞혔슈. 그때부터 그류.
의사	침을요? 침을 어디에 놨는데?
엄마	여기 이 정수리 흉터가 그때 침 맞아 생긴 거유.
의사	(쯧쯧 혀를차며) 세상에 경기를 한다고 침을 놓는 사람들이 어딨어요? 그것도 머리 한가운데에. 정밀 검사를 더 해 봐야 알겠지만 아마 그때 뇌가 손상되었던 것 같습니다. 간질 발작 같은 건 안 하고요?
엄마	발작두 가끔 허유.
의사	몸 한쪽 못 쓰는 것도 뇌 손상으로 봐야 할 것 같습니다. 간질도 그렇고요. 지적 장애 1급에 해당합니다. 그런데 어머님. 승운이 같은 경우엔 장애 판정을 받는 것도 중요하지만, 시설 쪽으로 보내 격리하는 게 더 좋을 거예요. 제정신이 아닐 때가 있기 때문에, 언제 무슨 일을 저지를지 알 수 없거든요. 그런 일을 미리 방지하기 위해서라도 어디 적당한 데 있으면 보내는 게 좋을 겁니다.
엄마	(가슴이 무너져라 한숨을 쉬며) 그러잖아두 이따금 여기저기서 쪽지가 날러오데유. 장애인 시설이나 뭐라나 허는 데서. 허지만 애는 지금까지 한 번두 남한테 해를 입힌 적이 없슈. 그저 제 몸 하나 불편

	해서 성한 사람처럼 움직이지 못해 그렇지, 넘헌테 나쁜 짓 한 적이 없슈.
의사	아, 네. 물론 그렇겠죠. 하지만 이제 점점 기운이 세지면 집에서도 감당하기 힘들어지고, 그렇게 되면……. 뭐 아무튼 잘 생각해서 하십시오. (승재를 보며) 학생이지? 몇 학년이야?
승재	중학교 2학년인데요.
의사	음. 그래, 착하구나. 형하고 같이 병원에도 오고. 엄마 모시고 잘 가라.

5. 행방불명

승재, 학교 벤치에 힘없이 앉아 있다. 만섭과 종민, 다가온다.

만섭	승재야. 네 형 행방불명이라며? 마을 방송 들었어.
승재	어제저녁부터 안 들어와. 이틀째여.
만섭	니네 아부지한테 형이 많이 맞았다며?
승재	우리 옆집에 주만이 아저씨네 있잖여. 그 아저씨 결혼 사기 당한 것은 얘기 들었지?
만섭	아줌마가 아저씨네 소 판 돈, 논 판 돈 다 챙겨서 도망갔다며?
승재	근디 그 사기꾼 아줌마가 글쎄 우리 형이 자기가 자는디 들어와 만졌대. 오백만 원 안 주면 신고한다고 난리 피워서 아부지가 홧김에 형 많이 때렸어. 말도 안 되지. 혼자 마루도 잘 못 올라가는 형이 어떻게 그런 짓을 해? 거짓말해서 돈 뜯어 갈 생각만 하는 정말 무서운 여자여.
만섭	주만 아저씨 늦장가 갔다고 좋아하더니 이게 뭔 일이냐? 애먼 사람 매타작당하게 만들고, 착한 아저씨 알거지 만들고…….

승재   형이 말은 못해도 많이 억울했나 봐. 아버지가 사랑의 집에 보내 버린다니까 막 울었어. 그나저나 요새 밤에는 춘디 도대체 어딜 갔기에 안 오는 거여? 목사님이 차 가지고 엄마랑 이웃 마을까지 다 찾아봤는데 여태 못 찾았어.

종민   승재야. 네 형 사진 없냐? 전단지 만들어 우리 학교 애들한테도 한 번 뿌리면 어떨까? 애들이 우리 면뿐 아니라 읍내서도 다니잖아. 그게 빠를 것 같은데…….

승재   우리 학교에? 그럼 전교생이 다 우리 형 장애인인 거 알게 되잖아!

만섭   너는 지금 그게 겁나냐? 형 찾는 게 급하잖아!

승재   남의 집 일이라고 너무 쉽게 말하지 마. 나도 형 걱정돼서 어제 한숨도 못 잤으니까. 형도 형이지만 엄마가 저러다가 큰일 당하실 것 같아. 밥도 안 먹고 거의 정신이 나가신 분 같거든.

종민   승재야. 우리 고모도 집을 나가서 행방불명된 적 여러 번 있어. 그래서 아예 목걸이에다 이름하고 전화번호를 새겨서 고모 목에 걸어 줬어. 그리고 집 주변 경찰서하고 파출소에 아예 고모 사진을 갖다 주고 고모가 집을 나갔다 하면 바로 신고하니까 훨씬 찾기가 쉽더라.

만섭   형 찾으면 니네도 그러면 되겠네. 쪽팔림은 순간이니까 잘 생각해 봐.

승재   (※이 부분 공연시에는 압축 가능) 학교가 끝나자마자 집으로 왔다. 집 안이 텅 비어 있다. 어머니한테 전화했다. 받지 않았다. 집 안 구석구석을 살펴보았다. 텔레비전과 벽시계가 있는 안방, 싱크대와 식탁이 놓여 있는 가운데 방, 그리고 형이 자는 끝 방. 방마다 쌀랑한 기운이 감돌고, 아무도 살지 않은 빈집처럼 집 안이 을씨년스럽다. 싱크대에는 아침 먹고 포개 놓은 설거짓감이 그대로 쌓여 있다. 끝 방. 형이 자는 방에 가 보았다. 어둑어둑한 방 안에 헌 장롱이 놓여 있고 그 옆에 옷가지를 담은 종이 상자들이 층층이 쌓여 있다. 방 안에 들어서니 시큼하고 퀴퀴한, 지저분한 냄새가 코를 찔렀다. 나는 순간 구역질이 나는 것을 참으며 문부터 열었다. 방바닥엔 요와 이불이 깔려 있고 형이 입던 옷들이 아무렇게나 널려 있다. 수건을 덧댄 베개에는 시커먼 때가 반질반질하게 묻어 있다. '아무리 보아도 이건 사람 사는 방이 아니다. 짐승의 우리도 이보다는 낫겠다'는 생각이 들자 코끝이 시큰해지며 눈물이 맺혔다. 형이 너무 불쌍했다. 한집에 살면서 나는 형이 집에만 있으면 되는 줄 알았다. 집에서 밥 먹고 집에 들어와 잠만 자면 되는 줄 알았다. 그런데 이런 방에서 짐승처럼 지내다니. 엄마야 바빠서 어쩔 수 없다지만 나는 뭔가? 일주일에 한 번 청소만 해 줘도 이렇게 더럽고 지저분하지 않을 것 아닌가? 나도 모르게 눈물이 솟구쳤다. 형이 불쌍하고 형의 인생이 서럽게 느껴졌다. 이런 형을 마음에 맞지 않는다고 두드려 패다니. 형은 우리 가족이자 가족이 아니었다. 이번에 전단지를 만들까 하고 형 사진을 찾을 때도 그랬다. 나는 컴퓨터 구석구석을 다 뒤진 다음 겨우 형 사진 하나를 찾아낼 수 있었다. 사진도 달랑 혼자 찍은 것이었다. 지금까지 형과 함께 살면서 형과 같이 찍은 가족사진이 한 장도 없었다. 오른쪽 손등을 보았다. 저번에 형에게 물린 이빨 자국이 허옇게 드러나 있다. 눈앞으로 그때 있었던 일들이 영화의 한 장면처럼 스쳐 지나갔다. 형과의 난투극, 거의 초죽음이 되도록 얻어맞은 형. 그때 내가 조금만 참았더라면 하는 후회가 물길을 따라 올라오는 물고기처럼 꼬리를 치며 올라왔다. 진흙 덩어리가 얹힌 듯 가슴이 끄먹끄먹했다. 눈을 깜작거리자 흥건히 괸 눈물이 툭툭 떨어졌다. 손등으로 눈물을 훔쳤다. 우선 청소부터 해야겠다고 생각했다. 옷가지를 벽에 걸고 이불을 들어냈다. 이불에서 비닐 버석거리는 소리가 났다. 밤에 자다 오줌을 싸더라도 속까지 젖지 않게 하려고 엄마가 대 놓은 것이다. 형 방을 청소하고 설거지를 했다. 마당에 어둠이 내리기 시작했다. 나는 방마다 불을 모두 다 켜 놓았다. 배에서 꼬르륵거리는 소리가 났지만 찬물만 벌컥벌컥 마셨다. 어두워졌는데도 엄마 아버지는 돌아오지 않았다.

6. 전단지 배포

승재   선생님, 죄송하지만 이 전단지 좀 학교에서 복사해 주실 수 있으세요?
교사   (받아든 전단지를 보며) 형이 행방불명이야? 언제부터?
승재   오늘이 3일째입니다.
교사   그래, 걱정이 많겠구나. 전단지 잘 만들었네. 형이 장애인이라는 걸 알리는 게 쉽지 않았을 텐데……. 하지만 이런 어려운 문제도 한번 공표하고 나면 별것 아니야. 형이 장애인이라는 사실은 감출 일이 아니야. 중요한 건 행방불명된 형을 빨리 찾는 일이지.
승재   만두 빚어……, 아니 마인드비전반 만섭이랑 승운이가 전단지 아이디어도 주고 문구도 같이 만들었어요.
교사   멋진 친구들이다. 교감 선생님께 말씀드리고 가능하면 인쇄실에 부탁해서 전교생에게 나눠 줄 수 있도록 할게.
승재   감사합니다.
교사   이따 종례 시간까지는 각 반에 배부될 수 있도록 해 볼게. 그리고 학교 방송으로 전단지에 관해 네가 한번 얘기하는 것도 건의할게. 잘될 거야. 기운 내!

교실, 만섭이와 종민이가 승재를 둘러싸고 있다.

해설   승재는 우두커니 앉아 있었습니다. 만섭이와 종민이가 장난을 걸었지만 대꾸조차 하기 싫었습니다. 머릿속엔 오로지 아침에 선생님께 준 전단지 생각뿐이었습니다. 형에 관해 어떻게 하면 잘 설명할 수 있을까 고민했습니다. 전단지를 배포한 후 학교 방송실에서 전교생을 대상으로 형 이야기를 해야 하기 때문입니다. 그때였습니다. 교실 스피커에서 승재를 찾는 방송이 흘러나왔습니다.

방송 2학년 2반 구승재. 구승재 학생은 방송을 듣는 즉시 교무실로 와 담임 선생님을 만나도록. 2학년 2반 구승재. 구승재 학생은 방송을 듣는 즉시 교무실로 와 담임 선생님을 만나도록.

교사 지금 막 너희 집에서 전화가 왔는데, 너희 형 집에 들어왔대.

승재 네?

교사 너희 형 집에 들어왔다고. 어머니한테 조금 아까 전화 왔었어.

승재 (그제야 알아듣고) 아, 예.

교사 네가 수업 중이라 전화 못 받을까 봐 학교로 연락이 왔다. 잘됐다. 전단지는 막 인쇄하려다 취소했다.

승재 (얼떨떨하게) 아, 예.

교사 우리 남양면 말고 이웃 화성면 비닐하우스 속에서 발견했단다. 형은 괜찮대.

7. 새로운 결정

교사 (코팅한 수료증과 카메라를 들고 등장) 자, 자리에 앉자. 내가 좀 늦었지? 미안! 오늘이 우리 마인드비전반, 아니 만두빚어반 마지막 날이네. 오늘은 1년 동안 마인드비전을 같이 해 온 소감을 간단히 발표하고, 수료증을 전달한 다음, 음식이 오면 같이 먹는 걸로 한다.

만섭 뭐 먹어요? 탕수육?

현주 후식으로 아이스크림도 있어요?

종민 만주빚어반이니까 만두를 먹어야지.

교사 음식은 조금 있으면 배달될 텐데, 맛있는 게 오니까 기대해도 좋아. 활동 소감을 들어 볼까?

현주 저는 마인드비전을 하면서 다혈질적인 제 성격을 한 번 더 참아 보게 되었어요. 그리고 저는 평소에 상당히 이기적이고 남을 잘 무시했는데, 많이 고치게 되었습니다. 그런데 3학년이라 졸업하면 더 못하게 되니 아쉽습니다.

만섭 저는 제 사랑을 전하고 싶은 사람에게 마음을 차분히 전할 수 있어서 좋았습니다. 궁금하신 게 많겠지만 프라이버시를 존중해 주시기 바랍니다.

종민 순서대로 하나하나 하다 보니 저 자신에 관해 많은 걸 알게 되었습니다. 그리고 그동안 학교생활을 하면서 가슴속에 답답한 것들이 많이 쌓였는데, 발표를 하다 보니 그런 게 많이 줄었습니다.

교사 고모님은 잘 지내시고?

종민 네, 다친 데가 좋아지셔서 다시 죽전원에 가셨어요.

승재 저는 마인드비전을 통해 제 마음속의 부끄러움을 극복하게 되었습니다. 사실 저에게는 형이 한 명 있는데, 장애인이거든요. 지금 학교 다니면 대학생쯤 됐을 텐데…… 음, 말을 못하고, 그리고……, 잘 걷지도 못하고……, (목이 메어 떨리는 목소리로) 그런데 얼마 전에 음, 형이…….

교사 구승재. 자리에 앉아. (사이) 승재의 장애인 형이 행방불명이 됐었어. 그런데 승재가 형을 찾기 위해 전교생에게 돌릴 전단지를 만들고 방송도 하려고 했지. 다행히 그날 찾아서 그런 일은 없었지만……. 아마 승재가 말한 마음속의 부끄러움이란 장애인인 형을 다른 사람 앞에서 감추고 싶어 했던 마음일 거야. 그런데 마인드비전반을 통해 그런 마음을 극복할 수 있었다는 거지?

승재   (눈물을 머금고) 네.

만섭   승재네 형 사랑의 집에 보내는 것도 취소했대요.

교사   자, 형을 찾게 되어 전단지를 돌리진 않았지만, 힘든 결정을 해야 했던 승재를 위해 우리 다 같이 박수를 보내 주자.

아이들 손뼉을 친다. 교사 수료증을 나눠 준다.

교사   수료증. 3학년 1반 노현주. 위 사람은 남양중학교에서 실시한 계발 활동 '마인드비전'반에 참여하여 교육 내용을 성실히 공부했습니다. 나를 알고 다루고 나눌 줄 아는 사람이 되어, 늘 평화로운 마음으로 공동체의 선(善)에 따라 생활할 수 있는 사람이 되었기에 이 증서를 드립니다. (사이) 축하한다. 여기 수료증 아래 내 이메일 주소도 있으니 졸업 후 보고 싶으면 언제든지 연락해.

교사, 아이들에게 수료증을 나눠 주며 화기애애한 분위기. 서로 악수도 나누고 포옹을 하기도 한다.

교사   애들아, 우리 다과회 하기 전에 같이 기념사진 촬영하자. 자, 이쪽에 와서 서. 그쪽은 좀 좁히고. 그리고, 얼굴 작게 나오고 싶은 사람은 알아서 뒤로 가세용.

아이들 환하게 웃으며 사진을 찍는다. 서서히 무대 어두워진다.

　　-막-

시를 각색한 낭독극 대본

「또 하나의 나」

원작 : 시「또 하나의 나」(양성우 지음,『사라지는 것은 사람일 뿐이다』 수록, 창비, 1997)
정리 : 한만수 / 각색 : 교사극단 '나무를 심는 사람들'

교사극단 '나무를 심는 사람들'은 2014년부터 2015년까지 시낭독극, 소설낭독극, 희곡낭독극 등 다양한 공연 레퍼토리를 가지고 각 학교와 교육청, 도서관 등 여러 곳에 방문해 일곱 차례 이상 찾아가는 공연을 하였다. 이때 만들어진 낭독극 작품 중의 하나가 바로 양성우 시인의 시를 모티브로 한 「또 하나의 나」이다. 원작시를 각색하여 교사와 학생이 주인공인 두 가지 이야기를 창작했다. 아직까지도 그때의 감동이 잊히지 않을 정도로 만드는 과정이 즐거웠고 새롭고 다양한 시도를 해 본 작품이다.

작품의 특징

13행으로 이루어진 이 작품은 본질적인 자아를 성찰하는 이야기를 담은 시이다. 그런 점에서 이상의 「거울」이나 윤동주의 「자화상」을 떠올릴 수도 있다. 요즘 학생들은 이 시를 읽고 BTS의 가사 중 '지금도 매 순간 살아 숨 쉬는 페르소나(Persona)'를 떠올릴지도 모르겠다.

시의 주제가 선명하여 학생들이 작품을 만들기에 어렵지 않다. 오히려 자구에 얽매여 단순하게 형상화하는 것을 경계해야 한다.

이 시로 대본 작업을 한다면 공감 가는 한 편의 이야기를 만들어 내는 스토리텔링 역량이 필요하다. 시 「또 하나의 나」는 '결별하고 싶은' 또 다른 나의 모습을 품고 살아가는 우리들의 이야기이다. 교사 입장에서 '결별하고 싶은 나'는 부당한 학칙에 맞서고 싶지만 결국 신념을 굽히는 자아일 수도 있다. 학생에게는 시험이 닥쳤는데도 공부를 거들떠보기 싫은 나일 수 있다. 각 캐릭터를 주인공으로 삼아 낭독극 두 편을 만들어 보았다.

등장인물

교사 이야기

이버력 학생의 입장을 생각하고 휴머니티를 꿈꾸지만 소심한 성격으로 교장의 눈치를 보는 평교사.

김학주 전형적인 학생 주임. 별명 '미친개'.

교장   권위적임.

교사   학교 교칙에 불만이 있지만 시키는 대로 따르는 평교사.

학생   감기에 걸려 빨간 잠바를 입고 등교했다가 억울한 상황에 처한다.

학생 이야기

김허당   게임을 좋아하고 사춘기 성향이 다분한 질풍노도의 고등학교
         2학년 남학생. 공부에 큰 흥미를 못 느끼며 말이 앞서는 성격.
동생   새침데기 여동생.
아버지   약주를 즐기며 아들에 대한 기대가 커 잔소리를 자주 함. 근검
         절약이 몸에 밴 자수성가형 인물.
엄마   밖으로 나간 '나'가 집에 빨리 들어올 수 없음을 알리는 인물이다.

연출 노트

이 낭독극은 변사극 형태에 맞춰 구성한 작품이다. 변사 역할을 맡은 배우는 신파조의 목소리로 연기하는 것이 좋다. 배우들의 연기 또한 과장된 몸짓으로 표현한다.

  배우들은 다양한 코러스를 연기하며, 음향과 효과를 담당한다. 음향은 주변에서 쉽게 구할 수 있는 악기를 활용한다. 키보드 연주가 가능한 학생은 무대 한쪽에서 극중 음악을 전담한다. 역량을 유감 없이 발휘할 수 있다.

  의상은 흰색 셔츠와 검은색 바지를 입되, 교장은 극이 전개되면서 양복, 학생은 빨간 잠바로 갈아입는다. 김허당은 반팔, 반바지가 어울린다. 특히 변사 역할을 맡은 배우는 변사에 어울리는 모자를 쓰고 나비 넥타이를 하면 좋다.

  '나교장' '기말고사 D-3' 등 시간적 배경이나 인물을 알려 주는 팻말

을 적절히 활용한다. 이외에도 코러스들이 자잘한 소품을 적절히 활용하여 극의 재미를 배가할 수 있다.

무대 구성

교사 이야기

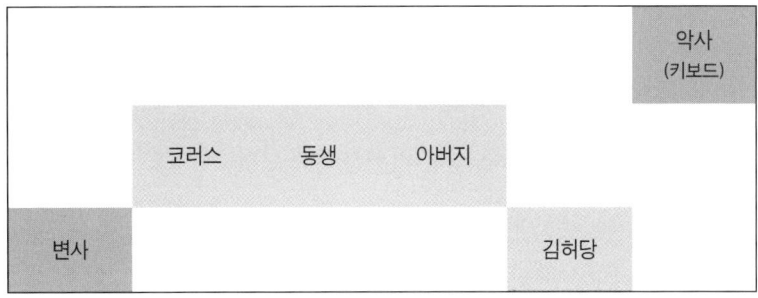

학생 이야기

「또 하나의 나 – 교사 이야기」

해설 혹은 관객과 다 같이(원작 시 전문 낭송).

또 하나의 나

내 안에 또 하나의 내가 있다.

무척 게으르고 조급하며,

쉽게 꺾이고 주저앉기 잘하는

형편없는 내가 있다.

하찮은 작은 일에도 스스로 움츠리고

남 앞에 근거없이 당당하지 못하는 나.

때로는 몹시 마음에 들지 않는 것들을 향하여

힘껏 방아쇠를 당겨보지만,

언제나 소리도 없는 빈총으로 만족해버리는

참으로 어리석은 내가 있다.

분명히 말하되 나는,

내 안에 있는 또 다른 나와 즉시

결별하고 싶다.

키보드로 학교 종소리 음향.

해설　학교 식당이다. (수저를 든다) 교사들 허겁지겁 밥을 먹고 있다. 이때 미친개로 악명을 떨치는 학생부장 김학주 교사 들어온다.
김학주　아주 힘들어 죽겠어. 오늘 빨간 잠바를 몇 개나 뺏었는지 몰라.
교사　그러게 말이에요. 근데 아까 1반 어떤 녀석은 빨간색이 아니라 주황색이라고 막 대들더라니까요. 교장 샘은 왜 빨간 잠바를 못 입게 하는지 모르겠어요.
김학주　빨간색은 선정적이고, 사람을 흥분시켜서 안 된다잖아.
해설　이때, 으–리에 살고 으–리에 죽는, 학생의 학생에 의한, 학생을 위한 휴머니티를 꿈꾸는 우리의 이버럭 교사, 갑자기 열받는다.
이버럭　뭔 소리야. 빨간색이라서 안 되면, 김치도 못 먹겠네? 거기 고춧가루도 빨간색인데, 고춧가루 빼고 김치를 담가야 하나? 이빨에 고춧가루 끼면 이빨 빼야겠네? 김 선생, 그 빨간 넥타이는 왜 맨 거야? 그것도 뺏어야겠네? (정지)

'나교장'이라고 쓴 큰 이름표를 목에 건 교장이 등장한다.

해설　하필이면 그때 교장이 식당에 들어섰다.

음향 – 「운명 교향곡」(베토벤).

해설　몇몇 교사 이버럭 선생에게 눈치를 주었지만, 이버럭 선생 눈치도 없이 떠들어 댄다.
이버럭　안 그래? 사람들이 시키는 거라고 막 뺏으면 돼? 요즘 애들이 얼마나 인권 의식이 뚜렷한데 말야.

교장 (기분이 상하여 큰 목소리로) 에헴-. 식사들 맛있게 하세요.
이버럭 (당황하며) 아하하하. 교, 교장 선생님…… 날씨가 참 좋습니다.

학생은 무대 뒤 옷걸이에서 빨간 잠바로 갈아입는다.

해설 '대략 난감'한 상황이로구나. 그때 천둥이 치고 바람이 불고 있었다.

음향 - 멜로디호스, 선더 드럼.

해설 마침 그때 빨간 잠바를 걸친 학생 지나간다.

학생 빨간 잠바를 입고 무대 앞쪽을 한 바퀴 돌아 자기 자리에 앉는다.

해설 옳다구나, 잘됐구나. 기회는 찬스다. 일부러 교장 들으라고 이버럭 교사 큰 소리로 말한다.
이버럭 야! 야, 너 이리 와 봐? 학교에서 입지 말라는 잠바는 왜 입는 거야? 응? 내가 몇 번이나 얘기했어?
학생 선생님, 아까는 이 잠바 입어도…….
이버럭 이 자식이 말이 많아-. 얼른 안 벗어?
학생 그게 아니고요, 아까 선생님이 입어도 된다고 하셨잖아요.
교장 에헴-. 에헴-.
해설 선생 이버럭, 학생의 눈물겨운 항변에 당황하고 말았다. 아, 교장한테 또 찍히는구나.
이버럭 뭐? 내가?
학생 네.
이버럭 내가?

학생	네, 제가 감기 걸렸다고…….
이버럭	네가 잘못 들었겠지. 학교에 왔으면 학교 규칙을 따라야지. 넌 그런 말도 몰라? 로마에 가면 로마의 법을 따르고, 학교에 오면 학교 규칙을 따르고. 교칙이 그러면 지킬 줄을 알아야지, 안 그래?
교장	에헴! (퇴장한다)

슬픈 음악 – 「치고이너바이젠」(사라사테).

학생	(울먹이며) 아까 선생님이 감기 걸렸으니까 오늘은 입으라고 하셔 놓고…….
이버럭	(달래며) 오전에만 입으라는 뜻이지, 지금까지 입을 줄 알았냐?
학생	억울해요.
해설	(점층적으로 고조되며) 억울했던 학생, 눈물을 쏟는다. 굵은 눈물을 쏟는다. 급기야 억울하다고 대성통곡한다.

학생은 과장된 울음을 터트린다.

이버럭	억울해?
학생	네!
이버럭	진짜 억울해?
학생	네!
이버럭	야! 남자 놈이…….

슬픈 음악이 고조된다.

이버럭	미안해.

해설   오늘도 이렇게 이버럭 선생은 또 다른 나와 결별하고 싶었던 것이
       었던 것이었다.

「또 하나의 나 - 학생 이야기」

해설 혹은 관객과 다 같이 원작 시 전문 낭송.
흥겨운 뽕짝 음악이 흐른다.
배우들은 음악에 맞춰 움직이며 보면대를 옮긴다. 김허당은 반팔, 반바지 차림으로 등장한다. 해설이 끝날 때끼지 흥겨운 뽕짝 음악은 계속 연주된다.

해설   (신파조로) 평소 리그오브레전드, 롤과 각종 스마트폰 게임을 섭렵하
       며 날밤 새우기 신공을 쌓아 왔던 고등학교 2학년 김허당 군. 바야
       호로 기말고사 시험이 다가오고 있었던 것이었던 것이었다.

코러스 한 명이 '기말고사 D-3'이라 적힌 팻말을 든다.

해설   발등에 불이 떨어져서야 굳은 결심으로 머리띠를 질끈 묶기 시작했
       다. 바야흐로 김허당 군의 벼락치기가 시작된 것이었던 것이었다.
김허당   (머리띠를 묶으며) 이번 시험은 사느냐 죽느냐의 각오로 열공! 날밤 새

	기…… 벼락치기, 죽었다 깨어나도 공부…… 오, 공부!
동생	아, 시끄러-. 오빠 때문에 공부가 안 돼. 지금 그러는 거 한 시간째인 건 알아?
김허당	동생아, 그 예쁜 입…… 닥쳐라-.
해설	김허당 벼락치기에 돌입한다. 잠시 뒤 아니나 다를까 김허당 군 꾸벅꾸벅 졸기 시작한다.
김허당	안 돼! 생즉사, 사즉생의 각오로!
해설	잠 안 오는 데 특효인 카페인 음료를 마신다. 그래도 잠이 온다. 또 마신다. 그래도 잠이 온다. (코러스가 카페인 음료를 가져다준다)
김허당	절대 질 수 없다! (코러스가 또 준다. 급하게 마신다) 절대 질 수…….

해설	결국 배가 불러 잠이 들고 말았던 것이었던 것이었다.

코러스가 키보드 반주에 맞춰 자장가를 불러 준다.

해설	바로 이때!

극 시작에서 나온 뽕짝 음악이 흐른다.

해설	퇴근한 아버지, 얼큰하게 취해 들어온다. 갈지자 걸음이다.

아버지는 해설자가 말하는 대로 걷는다.

아버지	이놈아, 또 자냐?
김허당	(얼른 깨어나며) 안 자요!
아버지	안 자긴 뭘 안 자 이놈아!

김허당 안 잔다니까요.
아버지 이눔아, 김 부장네 아들은 이번 중간고사에서 1등했다더라. 넌 어찌 된 놈이 반에서 열 손가락 안에도 못 드냐?
김허당 하면 되잖아요!
아버지 맨날 말만 앞서지. 대답만 시원하게 하면 다냐?
김허당 진짜라니까요.
아버지 됐다. 됐어! 자라, 자!

아버지가 불을 끈다. 암전.

김허당 (목소리를 높이며) 공부할 거라니까요!
아버지 이눔이 어디서 큰소리야?
김허당 불까지 끄니까 그러잖아요.
아버지 (아버지가 불을 켠다. 조명 들어온다) 컸다. 컸어. 네가 불을 안 켜 줘서 공부를 안 했냐? 불 켜 놓으면 게임이나 한 게 누군데? 전기세는 니가 내냐? 내가 내지.
김허당 전기세 그까짓 게 그렇게 아까우세요?
아버지 그래, 아깝다, 아까워 죽겠다, 이눔아.
김허당 왜 이렇게 절 못 믿으세요! 저도 한다고 하는데 맘대로 안 되는 걸 어떡해요.
아버지 저번 시험 때 성적 올릴 테니까 갤럭신지 갯벌낙진지 사 달라고 해서 기껏 사줬더니만, 성적이 올랐어? 성적이 올랐냐고? 더 떨어진 게 누군데 믿어? 애비한테 사기나 치고 말야. 너를 믿느니 이웃집 개 새끼를 믿겠다.
김허당 그럼 이웃집 개 새끼랑 살면 되겠네요.
아버지 뭐 이 자식아?

김허당   제가 이 집구석을 나갈 테니까 그 개 새끼랑 잘 살아 보세요!
아버지   뭐, 집구석? 개 새끼? 그게 애비한테 할 소리냐? 응? 그래, 나가 이 자식아-.

느린 뽕짝 음악.

해설   그렇게 우리의 김허당은 용감하게 밖으로 나갔다.

김허당은 슬로 모션으로 무대 앞을 가로질러 가출한다.

해설   (감정 점차 고조되며) 하지만 때는 바야흐로 12월!

강풍 소리.

해설   시베리아에서 불어오는 북풍한설이 김허당의 몸을 휩싸고 돌았다.

영화 〈겨울왕국〉 「렛잇고」 음악.
코러스는 김허당에게 눈 스프레이를 마구 뿌린다.

해설   하필이면 반바지에 난닝구 바람에 맨발로 나왔던 것이었다. (사이) 계단에 궁상맞게 쪼그려 앉는 김허당. 그나마 손에 들고 나온 스마트폰이 있어 잠시 행복해한다. 하지만 그것도 잠시. 눈알이 쪼그라들 정도의 북풍한설! 이가 덜덜덜 떨린다. 에라 도저히 못 참겠다. 김허당은 친구에게 문자를 보낸다.

카톡 오는 소리 효과음, 우드블럭.

| 김허당 | 친구야, 나 좀 재워 줘.
| 해설 | 친구에게 답이 온다.

카톡 소리와 함께 코러스가 말풍선 팻말을 든다.

| 해설 | "미친. ㅋㅋ"
| 해설 | (감정이 고조되며 더욱 신파조로) 아, 아버지에게 반항하고 집을 뛰쳐나올 때의 기백은 어디로 갔는가? 아-. 눈물 없이는 볼 수 없는 장면이구나. 남아일언 풍선껌이란 말인가. 김허당은 이내 어머니께 카톡을 보낸다.
| 김허당 | 엄마, 아빠 자요? 문 좀 열어 주세요.
| 해설 | 어머니께 잠시 뒤 메시지가 날아온다.
| 코러스 | (엄마의 목소리로) 조금만 더 참아라! 아빠 아직 안 잔다.

〈겨울왕국〉「렛잇고」음악.

| 해설 | 북풍한설, 엄동설한. 설상가상. 김허당 군은 좌절할 수밖에 없었던 것이었던 것이었다.
| 김허당 | (큰 목소리로 외친다) 엄마-!

흥겨운 뽕짝이 흐른다.

| 해설 | 아, 학생 노릇 힘들구나. 언제나 소리도 없는 빈총으로 만족해 버리는 참으로 어리석은 내가 있구나.

「이인삼각」

원작 : 「각설이」 외 7편(이은택 지음, 『벚꽃은 왜 빨리 지는가』 3부 「이인삼각」 수록, 이은택, 삶창, 2018)
정리 : 이인호 / 각색 : 김연진, 김보영, 이인호, 신경섭, 이세진

여러 편의 시를 읽고 그 속에서 이야기를 찾아 낭독극 공연을 통해 시를 감상하게 하고자 했다. 학교에서 학생들과 할 때는 시를 먼저 같이 읽어 보고 모둠별로 시 속 이야기를 살려 대본을 만들어 보면 여러 종류의 이야기가 나올 수 있을 것이다.

원작을 쓴 시인이 공연을 보고 자신의 시가 목소리와 몸짓을 얻으면서 더욱 생명력이 강해졌다며 어쩔 줄 몰라 했던 장면이 떠오른다. 아이들도 시를 가깝게 느끼고 삶이 담긴 시가 주는 감동을 맛볼 수 있는 작품이다.

작품의 특징

고등학교 국어 교사이자 시인인 이은택 작가의 『벚꽃은 왜 빨리 지는가』는 4부로 구성되어 있는데 그중 3부 「이인삼각」은 학생들과 교사의 학교 생활이 잘 드러나 있다.

논농사를 잘 짓던 아버지처럼, 해마다 3월이면 평생 교사로 살아온 원로 교사답게 아이들과 한 해 교육 농사를 잘 지어 보려고 여러 다짐도 하고 실천을 하지만 뜻대로 되지 않는다. 그래서 시 제목처럼 작년

에 왔던 「각설이」 같은 자신을 자책하게도 된다.

그러나 아이들은 이런저런 일들로 성장통을 앓기도 하고 어려움을 겪으면서도 앞으로 나아간다. 선풍기 날개의 물청소를 하기도 하고 (「선생은」) 체육대회 후 삼겹살을 구워 먹으며(「삼겹살 데이」) 세상 부러울 것 없는 순간을 맛보기도 한다. 그러나 야간 자습에, 똑같이 반복되는 일상은 자기소개서를 쓸 때(「우리 소개서」) 내세울 '자기'가 없게 만들기도 한다. 이런저런 일들로 학교를 떠났던 학생이 돌아올 때(「등교」) 교사는 조마조마한 심정으로 지켜보게 되기도 한다.

모둠원들과 시집 중 3부의 시 가운데 여덟 편을 골라서 같이 읽었다. 시가 아이들의 생활을 담고 있어서 몇 개의 생생한 장면이 탄생할 수 있었다.

등장인물

교사	학생들을 많이 아끼며 이런저런 조언을 해 준다.
학생1(지나)	교사에게 이해받지 못해 눈물을 흘리기도 하지만 당찬 면모도 있다.
학생2(순일)	따뜻한 성격의 소유자.
학생3(수민)	자퇴한 후 복학해서 마음고생을 한다.

연출 노트

낭독극 대본 중 교사가 시를 읽는 장면은 시 문장을 그대로 쓰지 않고 어미를 말하듯이 처리해서('-습니다'체 또는 '-해요'체) 대화하듯 이끌어 가 자연스럽게 전달될 수 있도록 한다. 중심 사건을 무엇으로 할 것인지 고민하면서, 자퇴했다 돌아온 학생 이야기, 그리고 그 학생이 겪은 일을 다소 극적으로 표현하기로 했다. 그러다 보니 '일상생활 – 갈등 상황 – 자퇴생의 상황 – 갈등 해소'의 순으로 시 이야기를 배치할 수 있었다. 자퇴생이 강에 몸을 던졌다가 패딩 때문에 떠오른 실화는 시에 안 나오지만 극적 효과를 위해 주요 소재로 넣었다. 그리고 교사의 자책에 학생들의 응원이 이어지고, 삶이란 때론 넘어질 수 있지만 '그러나' 다시 시작하는 결말로 마무리했다.

실제 공연을 하면서 「오해」란 시에서 소를 때리는 장면을 인형극으로 표현했다. 낭독극을 할 때 아이들이 직접 표현하기에 적절하지 않은 동작은 인형극이나 그림자극을 보태면 좋다. 또 낭독극 「이인삼각」에서는 간편한 리코더로 몇 개의 음악을 넣었다. 악기를 통한 효과음, 간단한 조명이 더해지자 극이 생생해졌다.

시를 읽을 때는 이야기하듯이 읽음으로써 자연스럽게 전달되도록 한다. 시 중 한두 편은 장면이 전환될 때 PPT로 보여 줘도 좋을 것이다. 배우의 연기는 일부를 제외하고는 자기 자리에서 앞을 보며 하는 것이 좋겠다. 낭독극 대본과 인용된 시 여덟 편을 함께 보기 바란다.

무대 구성
교사, 학생1(지나), 학생2(순일), 학생3(수민)이 등장한다. 나무 상자와 보면대를 네 개 배치하고, 앞부분 공간을 활용해 강조하는 장면은 배우가 절제된 동작으로 연기를 한다.

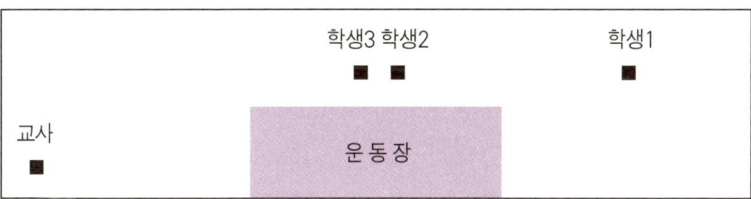

학생1   안녕하세요? 저희는 이은택 시인의 『벚꽃은 왜 빨리 지는가』라는 시집 중, 학교생활의 이런저런 모습이 교사 시인의 따뜻하고 진솔한 시선으로 그려진 3부 '이인삼각'에 수록된 작품을 바탕으로 낭독극을 만들어 보았습니다. 시에 없는 장면을 상상해서 만든 부분이 있기는 하지만 대부분 시에 담긴 내용을 살려 봤습니다. 저희와 함께 고3들이 있는 학교로 같이 가 볼까요?

학생1 자신의 위치에서 시작 음악을 연주한다. 서서히 무대 밝아지며 학생2, 학생3 자기 자리에 앉고 교사 마지막으로 등장. 음악이 줄어들며 교사에게만 조명.

교사   평생 농사꾼으로 사신 아버지는
　　　 봄이 오면

벼농사의 시작으로 논두렁을 치셨습니다
삽으로 논흙을 떠 두렁에 바른 후
착착 소리를 내며 다지셨는데
솜씨가 어찌 좋은지
어린 내가 보기에도 눈이 부셨지요.
그리고 아버지의 솜씨에 갇힌 물은
한 방울도 새나가지 못하고
여름 내내 햇빛에 반짝거리며
아버지의 벼를 살지게 길렀습니다
새 학기가 시작되던 지난 봄
평생 선생으로 사는 나도
아버지의 마음으로 두렁을 쳤습니다
올해는 끝까지 가 보리라
교육 일기장도 장만하고
함께 읽는 시도 준비했습니다
무슨 일 있어도 화내지 않으리라
공부 안 해도 스트레스 받지 않으리라
교재 연구 게을리하지 않으리라
열심히 두렁을 친 후
마음의 물을 가뒀습니다
그러나

무대 전체 밝아지며 교사 앉고, 학생1 서 있다.

교사   지나야, 자습 시간에 얼마든지 늦을 수는 있어.
학생1 죄송해요. 사탐 교재 사러 시내 책방에 다녀오느라…….

교사　(말을 끊으며) 그런데 왜 전화는 받아서 끊고 또 끊고 그래. 이 전화 발신번호 봐 봐. 했나 안 했나.

학생1　엥? 그게 무슨 말씀이세요? 전화 안 왔어요. (울음을 터트리며) 정말로 안 왔단 말예요.

학생1 울며 앉고 교사 일어선다(학생1은 연주, 학생2와 3은 다음 교사 얘기를 인형극으로 표현).

교사　초등학교 시절 집에 오면 소 뜯기러 나가는 게 하루의 일과였습니다. 하루는 소 눈등에 붙은 쇠파리 잡아 주려고 고무신 벗어 알맞게 꺾어 쥐고 살금살금 다가갔습니다. 마침 풀을 뜯던 소가 엉덩이 쪽으로 머리를 내두르다가 주인인 내 이마를 그만 뿔로 받고 말았습니다. (에너지차임) 순간 눈앞이 캄캄해지고 별이 보이면서 넘어지고 말았는데 정신 차리고 일어나 보니 이마에 호두알만 한 혹이 붙어 있었습니다. 은혜도 모르는 이놈의 소한테 내가 매일 뜯기고 있었다니 배신감과 분노로 눈이 뒤집힌 나는 이놈의 소를 동구 뷖 기다란 느티나무로 끌고 가 나무 밑둥에 코가 닿도록 고삐를 바짝 매 놓고는 "이놈의 소가! 이놈의 소가! (카혼 2회)" 몽둥이로 사정없이 때려 줬습니다. 그때 나는 보았습니다. 하염없이 흘러나오는 눈물 말입니다. 지나의 간절하고도 촉촉한 눈이 그때 그 소의 눈과 어쩌면 그렇게 닮았는지요. 그리고 내 좁은 소견도 어쩌면 그렇게 하나도 달라지지 않았는지요.

교사　자, 자습 시작이다. 자리에 앉아. 그리고 자기소개서 내일까지 제출인 거 알지?

학생2　선생님, 쓰다 보니까 저랑 지나랑 겹치는 게 너무 많아요.

학생1　크크. 하긴 양식장에서 길러진 광어나 우럭에게 무슨 놈의 자기소

	개서가 있나요?
학생2	어디 비밀 하나 간직할 곳 있었나요?
학생3	헐, 쓰다 보니 자기소개서가 아니라 우리 소개서가 됐네요.
학생2	쌤! 제가 대표로 쓸 테니까 다른 친구들 고생 안 시키면 안 되남요?
교사	개웃겨.
학생1	선생님 연세에 어떻게 그런 말 써요?
교사	헐, 니들한테 배웠다. 그리고 칠판에 낙서하지 말랬……? (무대 앞쪽 칠판의 낙서를 읽는다.) '순일이가 선풍기 물청소한다고 했어.'
학생1	순일이 역시 봉사왕이죠!
학생3	순일이 봉사상 한 번 더 주시죠?
학생2	(순일, 앞으로 나와 칠판을 지우며) 내가 언제 그랬냐?
교사	어이, 순일이가 착한 줄은 알고 있었는데 이렇게까지 착한 줄 몰랐네. (사이) 셋이서 같이 해.
학생1,2,3	(학생1, 3 당황한 듯 웃고 순일이는 둘을 향해 메롱 한 후 셋이 힘차게) 넵!

학생들 일어나 청소 동작을 하며 '선풍기' '물청소'를 두 번 반복한다. 무대 어두워지면 학생3(수민) 무대 뒤쪽으로 이동한다.
무대가 밝아지면 무거운 음악(멜로디언)이 흐르고, 학생1과 2가 학생3의 험담을 한다. 학생3(수민)은 교실로 들어오다 아이들 말을 듣고, 이어폰을 끼며 모른 척한다.

학생2	복학한 수민이 언니 때문에 열받아.
학생1	맞아, 아니 자퇴를 했으면 검정고시를 보면 되잖아?
학생2	그리고 저 언니 남자친구가 한 트럭은 된대. 그래서 자퇴했던 거고…….
학생1	그건 뭐 모르겠고 나 저 언니 때문에 1등급 두 개나 놓칠 것 같아.

교사와 학생3, 상담하고 있다.

교사   수민아, 힘들지? 중간고사 애썼다. 힘든 건 없고?

학생3   알바할 때보다 몸은 편한데…… 후배도 어렵고 공부는 더 낯설어요.

교사   나는 네가 학교로 돌아와서 열심히 생활하는 게 정말 보기 좋아.

학생3   (일어서서 앞으로 나오며) 사실 지난겨울, 앞날도 캄캄하고 살아 뭐하나 싶었어요. 강물이 참 맑고 예쁘더라고요. 저 강물 속 나라로 가고 싶어. 다리에서 뛰어내렸는데…… 요즘 패딩이 방수 너무 잘된 걸 몰랐어요. 가라앉질 않았어요. (웃으며) 너무 웃기죠? 저도 구조되며 웃음이 나오더라고요. 금방 죽네 사네 하던 제가 춥다, 따뜻한 거 마시고 싶다, 그런 생각하는 게 너무 웃겼어요. 그리고 찬물에 정신이 들었는지 한번 해 보자, 이런 생각도 들었고요. (사이) 선생님, 그래도 꿈 찾을 수 있을까요?

교사   제주도 곶자왈에는 팻말이 서 있어. '곶자왈의 나무는 곶자왈에 있을 때 가장 아름답습니다'. 넌 먼 곳 다니다 돌아온 곶자왈 나무 같아. 아, 이번 체육대회 때 너랑 나당 이인삼각 한 팀인 거 알지? (교사 앞쪽으로 나와 학생3과 하이 파이브를 하며) 잘해 보자!

체육대회 날이다. 아이들의 응원 소리(탬버린과 쉐이커)가 들린다.

학생1   수민 언니랑 담임 샘이 이번에 잘하면 우리 반 종합 우승권이야.

학생2   (방송 안내 멘트) 오늘 체육대회의 하이라이트, 사제 경기 이인삼각이 곧 시작됩니다. 선수들 입장해 주세요.

학생3   팔을 끼면 안 되고요, 선생님께서 제 어깨를 안으셔야 돼요.

교사   묶인 발 먼저 나갈까?

학생3   풀린 발 먼저 나가요.

학생2 준비하시고, 출발! (카혼 소리)

교사와 학생3 무대 앞쪽에서 제자리 뛰기로 맞춰 이인삼각 달리기를 한다. 학생1,2 응원한다. 절정의 순간에 학생3이 넘어질 뻔 하는 걸 교사 잘 붙잡는다.

학생1 아, 아깝다. 우리 반 꼴찌네.
학생2 그래도 수민이 언니가 안 다쳐서 다행이야.
교사 얘들아.
    발을 묶은 것은
    빨리 가라는 것 아니고
    함께 가라는 것이니
    비록 우리가 꼴찌를 했을지라도
    네 발 혼자 온 것 아니고
    내 발 혼자 온 것 아니고
    묶인 발 풀지 않고
    네 발과 내 발 함께 왔으니
    우린 성공하지 않았느냐
    우린 승리하지 않았느냐

학생1 선생님, 우리 반 삼겹살 파티 해요.
학생3 제가 음료수는 쏘겠습니다.
학생2 저는 사이다에 요구르트 추가!

아이들끼리 장난을 치며 삼겹살을 먹는다. 교사 그런 아이들을 보다가 이름(지나, 순일, 수민)을 한 명씩 불러 가며, 아이들에게 음료를 따라 준다. 아이들 음료 잔을 받은 채로 정지.

| 교사 | 하늘은 파랗고 바람은 맑았어
일찍 체육대회를 끝냈고
오늘 같은 날은
우승 같은 거야 남에게 줘도 괜찮았어
그저 친구만 곁에 있어도
좋아 죽을 우리들한테
삼겹살이 있다는 건
세상에 부러울 것이 없다는 것
불안한 내일도 알 수 없는 미래도
멀찌감치 밀어 놓고 |

| 교사 | 빛나는 청춘, 오늘을 위하여 |
| 학생들 | 건배! |

학생들 건배한 채로 정지.
전체 조명이 꺼지고 교사에게만 조명 in.

| 교사 | 그러나
여름 오기 전 벌써
내 논두렁은 무너지고
물도 다 새 나가고 말았습니다
그러고는
벼와 사람은 어차피
다르다며 말도 안 되는 핑계로
내가 나를 위로하며
작년에 왔던 |

각설이가 되고 말았습니다
그러나

학생1 (무대 다시 밝아지며, 다시 건배) 그러나!
학생2 (교사를 바라보며) 그러나!
학생3 일어나!
교사   (학생들을 보고 미소 지으며 더 큰 소리로) 일어나!
전체   (김광석의 「일어나」 후렴구 배우들 합창, 또는 엔딩 음악으로) 일어나~ 일어나~ 다시 한번 해 보는 거야~ 일어나~ 일어나~ 봄의 새싹들처럼~.

무대 서서히 암전. 다시 밝아지면 배우들 인사한다.

각설이

평생 농사꾼으로 사신 아버지는
봄이 오면
벼농사의 시작으로 논두렁을 치셨다
삽으로 논흙을 떠 두렁에 바른 후
착착 소리를 내며 다지셨는데
솜씨가 어찌 좋은지
어린 내가 보기에도 눈이 부셨다 그리고

아버지의 솜씨에 갇힌 물은
한 방울도 새나가지 못하고
여름 내내 햇빛에 반짝거리며
아버지의 벼를 살지게 길렀다

새 학기가 시작되던 지난 봄
평생 선생으로 사는 나도
아버지의 마음으로 두렁을 쳤다
올해는 끝까지 가보리라
교육일기장도 장만했다
함께 읽는 시도 준비했다
무슨 일 있어도 화내지 않으리라
공부 안 해도 스트레스 받지 않으리라
교재 연구 게을리하지 않으리라
열심히 두렁을 친 후
마음의 들을 가뒀다

그러나
여름 오기 전 벌써
내 논두렁은 무너지고 말았다
물도 다 새나가고 말았다
그러고는
벼와 사람은 어차피
다르다며 말도 안 되는 핑계로
내가 나를 위로하며
작년에 왔던
각설이가 되고 말았다

등교

제주도 곶자왈에는 팻말이 서 있다

곶자왈의 나무는
곶자왈에 있을 때 가장 아름답습니다

사월을 자줏빛으로 물들이는 자운영은
논에서 아름답다
여름날을 하얗게 덮은 개망초는
길가에서 더욱 아름답다
산 위의 구름 숲속의 새 강가의 버드나무도
또한 아름답다

학교 때려치우고 일 년 동안 알바하다가
복학한 수진이
후배도 어렵고 공부는 더 낯설다
그래도 꿈 찾을 수 있을까
가방 메고 진입로 오르는 수진이
교복 위에 떨어지는 햇빛이 순하다
가만 보고 있으면
자운영 같기도 하고 개망초 같기도 한 수진이는
어디 알 수 없는
먼 곳 다니다 돌아온
곶자왈 나무다

삼겹살데이

먼 훗날 우리가 만나면
어느 날부터 기억할까
목련이 지는 줄도 모르고
급식실로 달려가던 우리였으니까
아마 오늘부터 기억하리

하늘은 파랗고 바람은 맑았어
일찍 체육대회를 끝냈고
오늘 같은 날은
우승 같은 거야 남에게 줘도 괜찮았어

그저 친구만 곁에 있어도
좋아 죽을 우리들한테
삼겹살이 있다는 건
세상에 부러울 것이 없다는 것

불안한 내일도 알 수 없는 미래도
멀찌감치 밀어놓고
종이컵에 사이다 따라서
빛나는 청춘 오늘을 위하여 건배했어

그늘을 내주었던 고마운 나무들도
길게 손을 뻗어 건배에 동참했어
지나던 바람도 기웃거렸고
내리쬐는 햇살도 불판을 찔러댔어

오늘은 입에 대해 이율배반적이었어
음식을 남기는
짧은 입은 원망의 대상이었고
쉼 없이 수다를 풀어내는
누에 같은 입은 경탄의 대상이었어

하지만 눈만큼은 착실했어
날아가는 새와 지나가는 구름을
부러움 없이 쳐다봤어
우리들을 토해놓고 멀뚱히 내려다보는
교실을 올려다볼 줄도 알았고
오늘따라 오지 않는 백구를 기다리며
자주 교문에 눈길을 주기도 했어

누군가를 미워하지는 않았지만
특별히 좋아했던 우리들은
우정과 약속 그리고
오늘과 먼 훗날을 가슴에 담았고
새잎에 돋는 실핏줄 같은
은밀한 눈빛도 주고받았어

우리 다시 한 번 건배해
오늘을 위하여
먼 훗날을 위하여
그리고
우리들의 은밀한 눈빛을 위하여

오해

　초등학교 시절 집에 오면 소 뜯기러 나가는 게 하루의 일과였습니다 소가 풀 뜯을 때 나는 삘기도 뽑다가 찔레 순도 꺾다가 물수제비도 뜨다가 소에 붙은 쇠파리도 쫓다가 진드기도 잡아주다가 하면서 무료함을 달랬습니다 하루는 소 눈등에 붙은 쇠파리 잡아주려고 고무신 벗어 알맞게 꺾어 쥐고 살금살금 다가갔습니다 (쇠파리 잡는 데는 고무신이 최곱니다) 마침 풀을 뜯던 소가 엉덩이 쪽으로 머리를 내두르다가 주인인 내 이마를 그만 뿔로 받고 말았습니다 엉덩이에도 쇠파리가 붙어서 그랬는지 눈등에 붙은 쇠파리 때문에 그랬는지 알 수 없지만 이놈의 소가 내가 매일 풀을 뜯겨주는 이놈의 소가 주인인 내 이마를 뿔로 받고 말았습니다 순간 눈앞이 캄캄해지고 별이 보이면서 넘어지고 말았는데 정신 차리고 일어나 보니 이마에 호두알만 한 혹이 붙어 있었습니다 은혜도 모르는 이놈의 소를 내가 매일 뜯기고 있었다니 배신감과 분노로 눈이 뒤집힌 나는 이놈의 소를 동구 밖 커다란 느티나무로 끌고 가 나무 밑둥에 코가 닿도록 고삐를 바짝 매놓고는 이놈의 소가 이놈의 소가 몽둥이로 사정없이 때려줬습니다 그때 나는 보았습니다 하염없이 흘러나오는 눈물 말입니다

　살짝 긴장한 채 앞에 서 있는 지나한테 자습 시간에 얼마든지 늦을 수는 있어 한껏 알량한 아량 베풀어 방심하게 합니다 그러고는 왜 두 번이나 전화를 받아서 끊고 받아서 끊고 그래 이 전화 발신번호 봐봐 했나 안 했나 하고는 창으로 깊숙이 찌릅니다 엥 그게 무슨 말씀이세요 전화 안 왔어요 정말로 안 왔단 말예요 지나의 간절하고도 촉촉한 눈이 그때 그 소의 눈과 어쩌면 그렇게 닮았는지요

　그리고 내 좁은 소견도 어쩌면 그렇게 하나도 달라지지 않았는지요

이인삼각

체육대회 날
학생과 교사가 한 조가 되어
이인삼각을 한다

팔을 끼면 안 되고요
선생님께서 제 어깨를 안으셔야 돼요
묶인 발 먼저 나갈까요
아니면 풀린 발 먼저 나갈까요

땅 하는 소리 들리고 다른 사람들
저만치 바람처럼 앞서 나간다
팔을 끼었는지 어깨를 안았는지
묶인 발이 먼저 나간 건지
풀린 발이 먼저 나간 건지

어쨌거나 바통은 무사히 건넸는데

얘야 혜림아
발을 묶은 것은
빨리 가라는 것 아니고
함께 가라는 것이니
비록 우리가 꼴찌를 했을지라도
네 발 혼자 온 것 아니고
내 발 혼자 온 것 아니고
묶인 발 풀지 않고

네 발과 내 발 함께 왔으니
우린 성공하지 않았느냐
우린 승리하지 않았느냐

우리 소개서

1. 학습 경험과 느낀 점에 대해

수학요
오래만 붙잡고 있으면 되는 줄 알았지요
그런데 성적이 오르지 않는 거예요
누군가 개념과 원리를 잡아야 한다길래
그거 때려잡느라고 고생 좀 했지요
결국은 올랐어요 아니 안 올랐던가
잘 모르겠네요
다른 과목에도 이 방법을 적용했어요
그제야 개념 없는 놈이란 말뜻을 알겠더라구요
나중에 사회에 나가서도 이 방법을 적용해 볼 참예요
사랑할 때도 개념부터
취업할 때도 원리부터
확실히 때려잡고 볼 거예요
그러면 사랑도 취업도 실패하지 않겠지요

2. 본인이 의미를 둔 교내 활동에 대해

우리 또래 학생들 누구나 그렇듯

동아리 하나 조직했어요
회장은 남에게 양보하고
나는 부회장 했어요 동아리 활동을 하는 동안
어려운 일이 많았지만요
결국은 다 극복해냈어요
그 과정에서 남의 말을 귀담아들어야 한다는 것도
협력의 중요성도 깨달았어요
아마 우리 또래들 다 깨달았을 테니까
앞으로는 이 세상에
저 혼자만 잘났다고 떠드는 놈
저 혼자만 잘 살겠다는 싸가지 없는 놈
하나도 없을 거예요

3. 나눔 배려에 대해

복지원으로 봉사활동 다니면서
애들하고 놀아도 주고
할머니들의 말벗도 되어 드렸지요
진짜로 의미 있는 봉사활동이란
마음을 나누는 거라 생각해요
봉사활동 다니면서
나누는 삶
더불어 사는 삶의 의미를 깨달았어요
이 다음에 보세요
우리 또래가 어른이 됐을 때는
못사는 사람
소외된 사람 하나도 없을 거예요

필요 없게 되면 없어지는 다른 말들처럼
아마 소외니 나눔이니 더불어 사는 삶이니
하는 말들은 듣기 어렵게 될 거예요
근데요 양식장에서 길러진 광어나 우럭에게
무슨 놈의 자기소개서가 있나요
어디 비밀 하나 간직할 곳 있었나요
나 원 참 쓰다 보니 자기소개서가 아니라
우리 소개서가 됐네요
내가 대표로 쓸 테니까
다른 친구들 고생 안시키면 안되남요

선생은

애비는 자식 놈 입에 밥 들어갈 때 기쁘고
농부는 마른논에 물 들어갈 때 기쁘다

자습 시간 교실에 들어갔더니
순일이가 선풍기 물청소한다고 했어
칠판에 써 있다 그리고
웃음기가 붙은
송민과 혜림이가
다른 친구들에게 또 나에게
따따따따 입으로도 전한다
금세 내 뒤를 따라 들어온 순일이는
내가 언제 그랬냐면서 칠판을 지운다

어이 순일이가 착한 줄은 알고 있었는데
이렇게까지 착한 줄 몰랐네
셋이서 같이해 하니까
미리 약속이나 한 듯
한 입에서 나온 것처럼
밝고 크고 높고 씩씩한 소리로
예 하고 대답한다

그리고 며칠 후 더위가 오기 전
셋이서 교실 선풍기 네 대를 물청소했다
교실에서 밝고 크고 높고 씩씩한 빛이 났다

이만하면
아직은 해볼 만하지 않은가

헐

해 긴 여름날
소 뜯기고 들어와
저녁 기다리다 살풋 잠들었는데
애 깨워 밥 먹여야지 하는 소리에
그냥 자게 둬
하는 말

식구들 모여

오징어 구워 먹는데
벌써 딱딱해진 다리를
내 쪽으로 밀어놓으며
아빠 다리 좋아하지
하는 말

선생이란 해가 갈수록
어린 세대 만나는 법인데
저희들한테서 맨날 듣는 그 말 배워서
개웃겨 한마디 하면
선생님 연세에 어떻게 그런 말 써요
하는 말

05 영화를 재구성한 낭독극 대본

「겨울왕국」

원작 : 애니메이션 영화 〈겨울왕국〉(2014)
정리, 각색 : 김종호

대면 수업과 비대면 수업을 병행하는 상황에서 무대에 처음 서는 학생들의 부담감을 줄이고 연극의 재미를 맛볼 수 있는 장르를 고민하다 낭독극을 택했다. '낭독극은 대본을 보면서 폼 나게 읽는 것이 전부'라고 알고 있는 학생들과 교사들의 편견을 깨기 위해, 시각적인 연출이 가미된 낭독극을 만들어 보기로 했다. 각색 작품은 연극부 학생들의 너무나 강한 요구(!)로 〈겨울왕국〉으로 정했다.

작품의 특징
〈겨울왕국〉은 어린이부터 어른에 이르기까지 크게 사랑받았고 중학생들 감성에도 호감이 매우 높은 작품이다. 간단한 도구를 활용해 캐릭터도 각각 개성 있게 표현할 수 있고, 인물들의 개성이 뚜렷하기 때문에 배역을 정하는 데 큰 어려움이 없다. 내용과 배경은 추운 겨울을 그리고 있지만, 문제를 해결해 가는 과정이 따뜻한 인간애를 중심으로 펼쳐지고 있어서 청소년기에 특히 더 중요한 정서인 지지, 공감, 안정감 등을 느끼게 한다.

등장인물

엘사 아렌델 여왕. 얼음을 만들거나 무엇이든 얼려 버릴 수 있는 능력이 있다.

안나 엘사의 동생. 모험심이 강하고 정의롭다.

크리스토프 안나와 함께 엘사를 찾는 일에 동행한다.

스베 크리스토프의 순록. 올라프에게 '펑키 스타일'이라는 이야기를 들으므로 해당 분위기에 어울리게 소품 등을 활용해서 특징을 준다.

올라프 엘사가 만든 눈사람.

한스 남부 제도의 열세 번째 왕자.

공작 위즐튼. 아렌델과 가장 가깝게 무역 동맹을 맺은 나라의 공작이며 야심가이다.

코러스 무대 연출을 하며 연극적 표현을 살린다. 코러스를 몇 명으로 할지는 지도 교사가 재량껏 결정한다. 엘사 자매의 엄마와 아빠, 트롤, 시종, 해설1, 2를 비롯한 사물 등의 역할.

연출 노트

작품 선정 후 크게 세 부분에서 고민이 있었다. 첫째, 러닝타임 100분인 원작을 어떻게 30분 안쪽으로 축약할까? 둘째, 어떻게 하면 지루함과 단조로움을 줄이고 짜임새 있게 입체적으로 전개할 수 있을까? 셋째, 캐릭터 만들기를 포함해 곳곳에 숨어 있는 재미있는 부분들을 연극적으로 표현할까 하는 생각이었다.

첫 번째 고민은 소통으로 해결하게 되었다. 학생들과 단톡방을 만들어 대화하며 알고 있는 내용을 토대로 배역을 정했다. 영화를 보며 일단 굵직한 대사들을 적는 일로 내용 요약을 시작했다. 학생들과 장면 이어 가며 말하기를 통해서 주요 사건들을 정리하고 가장 인상적인 장면 이야기도 나누었다. 지도 선생님들과 사건 중심 장면을 해설로 이어 가는 작업을 시작했다. 이 작업의 포인트는 이야기의 앞뒤가 서로 끊기면 안 된다는 것! 학생들은 많은 것들을 다 넣고 싶어 했지만, 자칫 극이 늘어지고 관객들이 핵심을 놓칠 수 있기에 꼭 필요한 내용을 중심으로 정리하도록 했다. 이 과정에서 낭독을 거치며 발음하기 좋은 단어로 대본을 수정하면서 완성하였다.

두 번째 고민은 이야기 전개에서 '절정'과 '반전' 그리고 '부각시켜야 하는 장면'을 선정한 뒤, 이것을 어떻게 표현하고 시간 순으로 배치할 것인지 정하며 해결했다. 이후 동선을 고려하며 장면 만들기를 했다. 이 작업은 지도 교사와 지도 강사의 호흡이 매우 중요하다. 충분한 이야기를 통해 공감대를 형성할 필요가 있다.

학생들을 지도할 때는 낭독극은 '읽는 것이 아니라 읽어 주어야 하는 것'을 끊임없이 강조하며 몸짓과 동선을 만들었다. 장면 장면을 다 강조하다 보면 자칫 산만하여 흐름을 잃어버릴 수 있기에 전체 흐름에 따라 무게를 두어야 할 부분을 정하고 그 장면의 포인트를 더 강조하는 방법을 택했다. 해설도 책 읽듯이 표현하는 것이 아니라 극 전체를 끌고 간다는 책임감으로 목소리 강약을 통해 그리고 작은 동작들을 통해 입체적으로 해 달라고 당부했다. 무대를 입체적으로 보이게 동선을 짜고 배우들에게 어떤 부분에서는 대사 외울 것을 요구하기도 했다.

세 번째 고민 중 캐릭터를 만드는 작업은 연극을 하는 사람이면 누구에게나 중요하면서도 어려운 부분이 아닌가 생각한다. 캐릭터를 만들 때 학생들에게 과일을 예로 들어 설명하곤 한다. 여러 가지 종류의 포도를 맛보는 것보다 '바나나, 키위, 수박, 참외' 등 완전히 다른 모양과 맛이 어우러질 때 연극의 맛을 살릴 수 있다고. 이번 낭독극에서도 이런 점을 강조해 캐릭터의 특성이 잘 드러나는 목소리와 행동을 표현하도록 이끌었다.

연극의 맛을 살리는 연극적 표현들은 다음과 같이 정했다. 온 왕국이 얼음으로 뒤덮이는 장면은 여왕이 앉았던 의자(왕국)를 흰 천으로 천천히 씌워서 표현하고, 썰매가 달리는 장면은 순록과 크리스토프, 안나 세사람이 같은 장면을 연기하면서도 약간의 시간 차를 고려한 몸짓을 곁들이도록 해 느낌을 살렸다. 마지막으로 대사가 중심이 되는 장면도 자리에서 낭독하는 사람들의 자리를 서로 바꾸는 동작 등으로 약간의 지루함을 없애려고 노력하였다.

출연진 의상은 검은색으로 통일했다. 각 장면 등장인물은 캐릭터와 관련된 소품(천, 왕관, 어깨띠 등)만 활용하여 특징을 보여 주었다. 올라프는 당근 혹은 당근 모양 소품에 끈을 묶어 코를 만들어 주고 팔은 나뭇가지를 활용했다. 트롤도 바위처럼 보일 수 있는 소품을 머리에 쓰도록 했다.

시작 전 무대에 흰 천과 파란 천이 준비되었나 확인하고 음향은 가급적 소도구를 이용하여 직접 소리를 만들기로 했다.

무대 구성

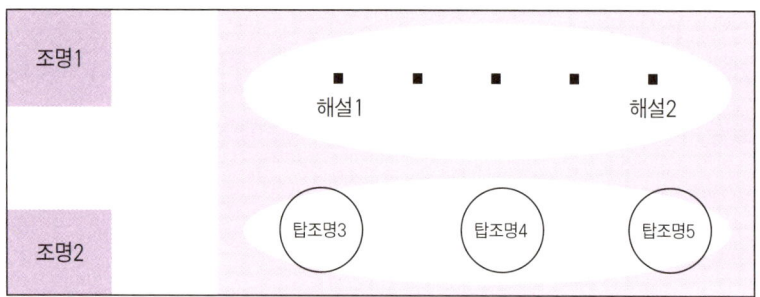

■는 나무 상자로 등장인물이 자리하는 곳이다. 조명은 가급적 기본 조명만 사용.
(추가 : 번개 조명)

대본

〈겨울왕국〉 주제곡이 흐른다.

오프닝 멘트   (눈 내리는 것을 가상하면서 한 사람이 오프닝) 우리 모두, 눈 오는 날의 추억 하나쯤 가지고 있겠죠? 저희가 들려드릴 이야기, 겨울 왕국, 지금부터 시작하겠습니다.

오프닝 멘트를 할 때 출연진들은 미리 자기 자리에서 뒤로 돌아 있게 한다. 조명은 가운데 탑조명(조명4)만 켜 두고, 음향은 약하게 계속 겨울왕국 주제곡을 틀어 주다 멘트 끝나면 음향 크게.
조명 페이드 아웃.

1장 엘사와 안나의 어린 시절

암전 상태에서 시작.

해설1   (옛날이야기를 들려주듯 관객의 호기심을 유도하며) 언제나 따뜻한 '아렌델'이라는 나라에 엘사와 안나, 두 공주가 살고 있었습니다.
해설2   귀찮을 정도로 언니에게 질척대는 (한팔을 펼치며 소개하듯) 동생 안나-.
꼬마 안나   (조명3) (무대로 급히 나오며, 대사는 외워서 한다) 엘사, 엘사! 일어나.

	해님도 눈을 떴고 나도 눈을 떴는걸. 같이 놀자! (후 정지 동작) (조명은 계속 켜 놓을 것)
해설1	손을 대면 무엇이든 얼음으로 바꾸어 버리는 능력을 가진 (한팔을 펼치며 소개하듯) 언니 엘사-.
꼬마 엘사	(조명5) (기지개를 켜고 하품을 하며 앞을 보고 대사를 한다. 대사는 외워 둔다) 안나…… 혼자 놀면 안 돼? (후 정지 동작) (조명은 계속 켜 놓을 것)
꼬마 안나	눈사람 만들고 싶지? 빨리, 빨리! (후 정지 동작)
해설1	엘사는 동생 안나를 위해 마법을 썼는데……. (조명1 잠깐 암전 후)
꼬마 엘사	(소리음) 휘리릭-. (조명2 서서히 밝게) (코러스, 천 활용하여 함께 입으로 휘리릭-)

코러스는 천을 들어 올릴 때 천천히 흔들면서 신비롭고 마법같은 분위기를 연출한다. 엘사는 마냥 신나서 뛰어다님. 어느 정도 올라가면 올라프, 천 뒤로 등장, 천천히 천 내리면서 올라프 부각 후 코러스, 천 가지고 우아하게 퇴장.
올라프 등장. 이후부터는 정지 동작 없이 자연스럽게 연기.

꼬마 안나	멋지다!
꼬마 엘사	(올라프를 가리키며) 이거 봐!
올라프	나는 올라프. 따스한 포옹을 좋아해!
꼬마 안나	(올라프를 안으며) 사랑해, 올라프-. (뛰어가며) 나 잡아 봐라!
꼬마 엘사	좀 천천히 가! 안나! (안나를 보고 손을 뻗으며) 조심해!
꼬마 안나	(막 뒤로 뛰어 나가며) 악!

너무 작위적이지 않게, 모두 놀란 동작으로 정지.
잠깐 암전.
조명1 서서히 밝게.

해설2	높은 곳에서 떨어지려는 안나를 구하려고 뻗은 엘사의 손에서 마법이 나가 안나의 머리를 그만 얼려 버리고 말았습니다.
엄마, 아빠	안나? 괜찮니?
아빠	엘사, 무슨 짓을 한 거야!
꼬마 엘사	사고였어요! (흐느끼며) 미안해 안나…….
엄마	(놀라며) 안나가 얼음같이 차가워요. 아- 이를 어째…….
아빠	어디로 가야 할지 알 것 같소.

트롤이 사는 숲속.

아빠	트롤, 제발, 제발 도와주시오! 우리 딸이!
다 같이	폐하잖아! (무대에 있는 배우 및 대기실 배우들까지 모두 낭독)
트롤	(천천히 엘사를 보며) 마법을 갖고 태어난 아이입니까?
아빠	그렇다네. 점점 더 강해지고 있어.
트롤	다행스럽게도 심장이 문제는 아닙니다. 심장은 쉽게 바뀌지 않지만 머리는 고쳐 볼 수 있지요.
아빠	뭐든 해 봐 주시오!
트롤	마법에 관한 기억을 모두 지울 겁니다. 그래도 걱정 마십시오. 즐거웠던 기억은 남아 있으니 괜찮을 겝니다.
엘사	그럼 제가 힘이 있다는 것도 기억할 수 없잖아요?
트롤	그게 최선이란다. 엘사. 너는 점점 더 강해질 거야. 마법은…… 아름답지만 위험하기도 해. 조절하는 법을 알아가야 할 게다. 공포와 싸워야 할 거야.
아빠	아니오. 우리가 지키겠소. 엘사는 힘을 조절할 방법을 알게 될 거요. 그때까진…… 성문을 잠그는 게 좋겠네. 시종의 수를 줄이고……. (관객을 보며 신하들에게 명령하듯) 사람과 만나지 못하게

	하고 (사이) 엘사의 힘을 아무도 모르게 숨기도록 한다. 안나에게도…….
해설1	결국 안나는 살아나지만 언니 엘사의 능력에 관한 기억은 지워졌습니다.
해설2	동생 안나가 다치자, 자신의 마법이 두려워진 엘사는 능력을 사용하지 않고 방문을 잠근 채 살아갑니다.

조명 아웃. 성 안.

꼬마 안나	(조명4) 엘사?

안나는 영화에 나오는 박자대로 문 두드리는 시늉을 한다.
노래 〈같이 눈사람 만들래?〉를 부른다.

꼬마 엘사	(등장하지 않고 목소리만) 저리 가. 안나.
꼬마 안나	(노래 톤) 알겠어. 잘 있어…….

조명1 흐려진다.

엄마	2주 뒤에 보자.
엘사	(관객을 보며) 꼭 가셔야 해요?
아빠	다 괜찮을 거야, 엘사. 걱정하지마.

조명1 아웃. 조명2 인, 번개 조명.
조명2 밝지 않은 상태에서 아빠의 대사가 끝나자마자 바로 천둥소리, 번개가 표현된다.
코러스 검은 천을 활용하여 약하게 흔들다 점점 거칠게 폭풍우 치는 거친 바다 표현.

| 엄마 | 엘사! |
| 아빠 | 안나! |

암전.

| 해설2 | (조명1 흐리게) 왕과 왕비가 세상을 떠나 엘사와 안나는 몇 년 동안이나 성문을 닫고 지내게 됩니다. |

약간 슬픈 음악으로(10~15초) 시간의 흐름 표현.

2장 대관식

| 해설1 | (조명1) 3년 후, 성문을 열어야 하는 날이 왔습니다. 바로 엘사의 대관식. |

팡파르 음향.

해설2	엘사는 자신의 능력이 다시 나올까 봐 조심하고 또 조심하고, 많은 걱정을 합니다.
시종	안나 공주님!
안나	(조명3) 네.
시종	깨워서 죄송합니다.
안나	아뇨, 아뇨. 괜찮아요. 일어나 있었어요. (서 있는 상태에서 자는 모습으로 다시 졸다가 번쩍 깨며) 근데 누구시죠?
시종	저예요, 공주님. 성문이 곧 열릴 겁니다. 준비하실 시간입니다.
안나	알겠어요! 근데 뭘 준비한다는 거죠?

시종	엘사 공주님의 대관식입니다, 공주님.
안나	언니의…… 대관식이라…… 대관식 날이야! 대관식 날이라구! (안나 방방 뛴다)
해설2	(무슨 일이 일어날 것 같은 분위기로) 그런데…… 그런데…….

조명3 아웃, 조명2 인.

안나 서두르다 등장하는 한스와 서로 부딪친다.

해설1	안나와 부딪친 낯선 남자, 누구일까요?
한스	괜찮으세요?
안나	제가 앞을 못 봤네요.
한스	괜찮아 보이셔서 다행입니다. 아…… 음…… 난 남부 제도의 한스 왕자요.
안나	아렌델의 안나 공주예요.
한스	말을 타다 아렌델의 공주님께 부딪친 것을 정식으로 사과드리는 바입니다.
안나	아뇨. 아니에요. 괜찮아요. 저는 그런…… 공주가 아니에요. (종소리 효과음) 아! 대관식! 지금 가야 해요. 먼저 갈게요! (안나 퇴장)

성대한 대관식장(대관식 장면 만들기).

팡파르 음향, 조명1 인.

해설1	엘사는 손에서 마법이 나올까 봐 장갑을 끼고 대관식에 참석합니다.

조명2, 조명4 인, 엘사가 장갑 낀 손을 흔들며 등장하면 모든 참가자들 함께 외친다.

| 다 같이 | 아렌델 엘사 여왕님. 엘사 여왕님! 여왕님 만세!

무도회 음향. 뒤를 이어 한쪽에서 왕관을, 다른 한쪽에선 큐빅을 들고 코러스 등장, 엘사 큐빅에 위엄 있게 앉으면 코러스가 왕관 씌워 주고 그 옆을 지킨다.

| 해설2 | 엘사가 왕위에 오르고, 사람들은 춤을 추며 파티를 엽니다.

배우들 자유롭게 박수와 춤으로 흥을 살리고 코러스도 춤을 추며 자연스럽게 퇴장.
조명2 아웃.

| 해설1 | 한편, 엘사가 방에 틀어박혀 지낸 이후 어색해진 엘사와 안나는 이번 기회에 다시 대화를 하게 되는데요.
| 엘사 | (조명4 들어온 상태에서 관객만 보고 모두 외워서 대사한다) 안녕.
| 안나 | (보면대 앞에서 낭독) 나? 아…… 음…… 언니도 안녕.
| 엘사 | 오늘 너 예쁘다.
| 안나 | 고마워. 언니는 정말 의아하나. 아니, 아니, 의아하다는 게 아니라, 우아하다고.
| 엘사 | 고마워. 파티는 괜찮은 것 같아?
| 안나 | 생각보다 활기 있어 보여.
| 해설2 | 파티 중, 야망이 가득해 보이는 이웃 나라 공작이 엘사에게 다가옵니다.
| 공작 | (조명2 인, 무대로 등장하며 서양식 인사를 한 후, 목소리는 사기꾼 냄새가 나는 톤으로) 위즐튼! 위즐튼 공작이옵니다, 폐하! 아렌델의 가장 가까운 무역 동맹으로서, 제가 여왕님께 처음으로 춤을 권해도 될까요?
| 엘사 | 감사합니다. 하지만 전 춤 출 줄 모른답니다.

공작   아……. 네……. 그럼 전 이만 가 보겠습니다.

공작 퇴장하면 조명2 아웃, 엘사 뒤돌아 앉는다.
파티 중 안나와 한스 등장할 차례.

해설 1   파티는 계속되고, 안나와 한스는 춤을 추다 다시 맞닥뜨립니다.

암전 상태에서 파티 음악이 크게 나오다가 서서히 낮게 깔린다. 안나와 한스 무대로 춤을 추면서 걸어 나온다. 이때 조명3, 조명4 동시에 인. 안나와 한스 춤을 추면서 조명 안으로 입장.

안나   한스. 형제가 몇이라고요?
한스   형만 열두 명요. 그중 셋은 말 그대로 저를 투명인간으로 보죠. 2년 동안이나요.
안나   끔찍하네요.
한스   형제라는 게 원래 그렇지 않나요.
안나   자매끼리는……. 엘사와 저는 어렸을 때 굉장히 친하게 지냈어요. 그런데…… 어느 날, 언니는 그냥 저를…… 외면해 버렸고……. 저는 이유도 알 수 없었어요.
한스   저는 당신을 절대 외면하거나 버리지 않을 거예요.
안나   (한 템포 쉬고) 좋아요. 좀 미친 것 같은 얘기 좀 해도 되나요?
한스   좋아요.

두 사람은 노래 〈사랑은 열린 문〉을 나눠 부른다. 안나는 노래로, 한스는 그냥 대사로 하다가 마지막 부분만 함께 노래로.

| 한스 | 저도 미친 것 같은 얘기 좀 해도 될까요? 저와 결혼해 주시겠습니까? |

황홀한 효과음.

| 안나 | 더 미친 소리 해도 될까요? 좋아요! |
| 해설1 | 안나는 엘사에게 한스와의 결혼을 허락받으러 갑니다. |

엘사, 안나, 한스는 대사를 외운다. 안나와 한스, 서로 자리를 바꾸며,

| 안나 | 지나갈게요. 아, 죄송해요. 지나가도 될까요? 감사합니다. |

안나와 한스가 자리를 바꾸며 말하는 사이에 엘사, 관객을 보고 바로 앉는다.
조명2 인, 세 명 모두 앞만 보고 대사한다.

안나	아, 저기 있네요. 엘사! 그러니까…… 여왕님! 음…… 남부 세도에서 온 한스 왕자를 소개해도 괜찮을까?
한스	여왕님…….
안나	그게. 그러니까…….
한스	그게…… 허락해 주십시오…… 우리 결혼 말입니다!
엘사	(놀라 일어서며) 결혼?
안나	응!
엘사	미안한데 좀 혼란스러워. 안나, 단둘이 얘기 좀 할 수 있을까?
안나	단둘이? 싫어. 무슨 말을 하든 우리 둘한테 말해 줘.
엘사	좋아. 방금 만난 남자와 결혼할 수는 없어.
안나	진실한 사랑이면 할 수 있어.

엘사	안나, 네가 사랑을 뭘 안다고 그래?
안나	언니보단 잘 알아. 언니는 사람들을 외면하기만 하잖아.
엘사	내 허락을 바랐겠지만…… 안 돼. 먼저 가 볼게. (퇴장하려고 한다)
한스	여왕님. 제가 좀,
엘사	(퇴장하다 멈춰 돌아서면서 손을 들어 단호하게) 아뇨, 이제 가 주시는 게 좋겠어요. (관객들을 향해 큰 소리로) 파티는 끝이다. 문을 닫거라.
안나	(다급하게 엘사를 향해 뛰어나가며) 엘사, 안 돼. 안 돼. 잠깐만.
해설2	안나가 엘사의 팔을 잡아당기고 엘사의 장갑이 벗겨져 버립니다.
엘사	이리 줘!
안나	엘사, 제발! 제발. 더 이상 이렇게 살 수는 없어!
엘사	그럼 너도 떠나.
안나	대체 나한테 왜 그래!
엘사	그만하자. 안나.
안나	아냐, 왜? 왜 나를 외면하는데? 왜 세상을 그렇게 외면하는데? 대체 뭐가 그렇게 두려워서?
엘사	그만하자고 했지! (마법을 표현하는 음향 휘리릭!)
해설1	엘사의 손끝에서 마법이 튀어나와 얼음 기둥들이 생겨 버렸습니다.

코러스는 바닥의 흰 천을 들어 아주 천천히 여왕이 앉아 있던 의자를 덮는다.

해설2	이때다 싶은 공작이 말을 합니다.
공작	(엘사를 향해 나오면서) 마법이군……. 어쩐지 수상하다고 생각은 했지만…….
안나	엘사…….
엘사	제발! 그냥 나한테서 떨어져! 오지 마! (밖으로 뛰쳐나간다)

공작	괴물. 괴물이다. 괴물이야!
안나	엘사! 엘사! 잠깐만, 제발! 엘사, 멈춰! (천천히 돌아서며 무대 중앙으로)

이 장면까지 코러스 흰 천으로 의자를 완전히 덮고 천천히 퇴장.

해설1,2	엘사는 그렇게 도망치고 맙니다.
한스	(안나에게 다가가며) 알고 있었어요?
안나	아뇨…….
공작	누…… 눈이 내린다! 눈이 내린다고! 여왕이 저주를 내렸다! 막아야 한다! 어서 여왕을 쫓아라!
안나	잠깐, 안 돼요!
공작	(안나에게로 접근하며) 안나, 당신도……. 마법을 쓰지? 당신도 괴물인가?
안나	아, 아뇨. 전 아니에요.
한스	맞습니다. 이분은…….
안나	그, 그리고 제 언니는 괴물이 아니에요. 제기 잘못한 거에요. 언니를 너무 몰아세웠으니……. 언니를 찾으러 가야겠어요.
한스	안나, 안 돼요. 위험해요.
안나	엘사는 위험하지 않아요. 언니를 데려와서 다 바로잡을게요.
한스	같이 갈게요.
안나	당신은 남아서 아렌델을 지켜 주세요.
한스	알겠습니다. (퇴장하며) 공주님 말을 준비하라! (공작도 안절부절못하며 뒤따라 나간다)

엘사, 노래 〈렛잇고〉를 부른다. 나머지 조명 아웃.
엘사가 노래하는 동안 해설1, 2 위치를 바꾼다.

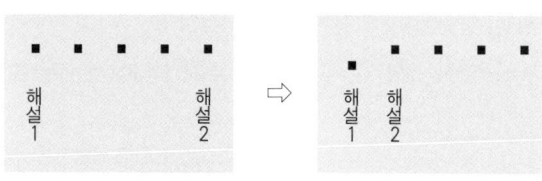

해설1 안나는 무작정 언니 엘사를 찾으러 떠납니다. 얼마나 갔을까, 너무 추워서 방한 용품을 사러 보이는 가게로 무작정 들어가지요. '떠돌이 오큰의 거래소'……?

암전.

3장 엘사를 찾아서

떠돌이 오큰의 거래소.
눈 폭풍 소리가 점점 줄어들면 거래소 사장의 외침. 시장 상인 톤으로.

사장 (조명1 인) 여름 파격 세일요! 수영복, 나막신, 오큰표 선크림이 반값!
안나 아, 좋네요. 부츠 있나요? 겨울용으로요. 그리고…… 겨울옷은요?
사장 겨울 용품 매대로 가 보세요.
안나 저, 여쭤 볼 게 있는데요. 제 또래처럼 보이는 여자가, 잘은 모르지만 아마 여왕처럼 보일 수도 있는데, 여기 지나간 적 있나요?
사장 이렇게 눈보라가 몰아치는데 돌아다니는 정신 나간 사람은 당신뿐일걸요. 당신이랑…… 저 친구도 있구먼.

안나와 사장이 대화하는 사이 크리스토프와 스벤 무대 한쪽에 등장한다. 조명5 인. 크리스토프, 마임으로 스벤의 털도 빗고 출발 준비를 한다.

안나   아, 그러네요. 실례합니다. (크리스토프를 보며) 7월에 이게 무슨 일이야……. 하하. 혹시 마법 같은 거 보셨어요?
크리스토프 (조명1, 조명5 아웃, 조명2 인, 대사 외울 것. 무대 중앙으로 이동하며) 북쪽 산에서요.
안나   북쪽 산까지 데려다주실 수 있을까요?
크리스토프 사람 배달은 안 해요.
안나   (적극적으로) 데려다주세요. 부탁할게요. 저기, 제가, 이 겨울을 되돌려 놓을 수 있어요. (크리스토프 시큰둥하자) 요금을 두 배로 드릴게요.
크리스토프 (두 배 얘기 나오자마자 기다렸다는 듯이) 새벽에 떠납니다.
안나   (조명2, 조명5 아웃) (크리스토프를 향해 급히 다가가며) 지금 당장 가요. 당장.
크리스토프 허 ‐ 그것참, 아니 그렇게 급하면 어제 오지 그랬어요 하하! 좋아요! 출발합시다.

크리스토프는 마차를 상징하는 긴 막대를 스벤, 본인, 안나에게 자연스럽게 건네준다.

크리스토프 꽉 잡아요. 저흰 속도를 즐기거든요.
안나   저도 빠른 거 좋아해요.
크리스토프 자, 스벤! 출발!

음향은 말 달리는 소리. 썰매가 힘하게 달리는 장면은 스벤 ‐ 크리스토프 ‐ 안나 셋이서 앉았다 일어서고 돌고 순서대로 점프도 하고 몸을 옆으로 쏠리게 하기도 하는 등 동작으로 연출한다. 이때 긴 막대나 행사장 플라스틱 의자를 넣어 사용해도 좋다.

크리스토프　스벤, 잠시 천천히 가. 말해 줘요. (관객을 보며) 여왕이 왜 아렌델을 그렇게 만들었는지.

지브리쉬로 안나가 동작을 크게 하며 설명한다.

해설2　안나는 그동안 있었던 일을 알려 줍니다. 한스라는 사람을 만나 결혼을 하려고 했다는 것과 엘사와 있었던 일 모두요.
크리스토프　(이야기를 가로채는 것처럼, 썰매 타는 느낌이 들도록 몸을 약간씩만 움직이며) 잠깐! 그러니까 만난 지 얼마 안 된 사람이랑 결혼하려고 했다는 거예요?
안나　네, 집중해 봐요. 중요한 건 언니가 늘 장갑을 끼고 있어서 더러운 걸 무지 싫어하는 줄 알았죠.
크리스토프　부모님께서 낯선 사람 조심하라는 말 안 하세요?
안나　하–셨었죠. 그런데 한스는 낯선 사람이 아니잖아요.
크리스토프　그래요? (서로 만담하는 느낌으로 빠르게 주거니 받거니. 아래 대사를 하는 동안 스벤은 나름대로 리액션한다) 그 사람 성이 뭔데요?
안나　남부 제도의……
크리스토프　가장 좋아하는 음식?
안나　샌드위치!
크리스토프　친한 친구 이름?
안나　아마 존?
크리스토프　같이 밥은 먹어 봤어요? 그 사람 밥 먹는 모습이 싫으면 어쩔 거예요? (코딱지 파는 시늉) 코딱지를 파서 먹으면요?
안나　그걸 먹어요?

크리스토프	누구나 먹죠.
안나	그런 건 문제가 되지 않아요. 이건 진실한 사랑이라고요.
크리스토프	진실한 사랑 아닌 것 같은데요. (다시 출발할 준비를 하며) 자, 스벤 다시 달려 보자. 출발!

크리스토프가 앞을 안 보고 썰매를 운전하다가 올라프랑 부딪힌다. (스벤과 안나 크리스토프가 자리에서 원으로 돌면서, 들어오는 올라프와 작위적이지 않고 자연스럽게 부딪히도록 연습해 둔다)

안나	오오! 조심! 잠깐, 지금 누가 치인 거야!
올라프	안녕!
안나	괜찮아?
올라프	꼭 세상이 뒤집어진 것 같았어.
안나	너 괜찮니?
올라프	완전 괜찮아! 좋아, 다시 시작해 볼까? 여러분 안녕, 난 올라프야. 따뜻한 포옹을 좋아해!
안나	올라프?
올라프	그래, 맞아! 올라프! 넌?
안나	내 이름은 안나야.
올라프	저 펑키 스타일 당나귀는?
크리스토프	스벤이야.
안나	올라프. 엘사가 널 만들었어?
올라프	응, 왜? (우스꽝스럽게 반복한다)
안나	어디 있는지 알아?
올라프	응, 왜?
안나	어떻게 가는지도 알아?

올라프	응, 왜? (우스꽝스럽게 반복한다)
안나	엘사가 여름을 다시 불러오도록 해야 해.
올라프	모두 이리 와! 엘사는 이쪽에 있어. 어서 여름을 되찾으러 가자고!

모두 눈길을 힘들게 걷는 느낌으로 연기하면서 자기 보면대 자리로 퇴장.
암전(다소 힘들더라도 여기까지 외워서 맛깔스럽게 공연하도록 지도).

4장 얼음 궁전

암전.
배우들 위치는 무대를 정면으로 봤을 때 왼쪽부터 해설1, 해설2, 올라프, 안나, 크리스토프 순서로.
조명1 인.

해설1	안나는 크리스토프, 스벤, 올라프와 함께 엘사의 얼음 궁전에 도착합니다.
올라프	바로 정확하게 너희들이 가려는 곳으로 향하는 계단을 찾았어.

얼음 궁전 등장.

크리스토프	신이시여, 감사합니다! 아, 저게 얼음이라니. 눈물이 날 것 같네요.
안나	(크리스토프에게) 당신은 밖에서 기다리는 게 좋겠어요.
크리스토프	네?
안나	전에 남자를 소개하니까 몽땅 얼려 버리더라고요.
크리스토프	하지만, 하지만! 아, 제발. 여기는 얼음 궁전이잖아요! 제 인생이

	얼음이나 마찬가지인데!
안나	너도, 올라프.
올라프	나?
안나	진짜 잠깐이면 돼.
올라프, 크리스토프	알겠어요.
올라프	하나, 둘, 셋, 넷.

해설을 뺀 올라프, 안나, 크리스토프 하나, 둘, 셋, 넷을 크게 외치며, 옆자리로 한 칸씩 이동할 때 엘사 자연스럽게 같이 하나, 둘, 셋, 넷, 하면서 입장한다. 조명4, 흰 천 의자 계속 비출 것.

안나	엘사? 나야, 안나!
엘사	안나?
안나	엘사, 언니, 좀 변한 것 같아. 물론 좋은 쪽으로! 그리고 여기⋯⋯ 정말 멋있다!
엘사	고마워.
안나	그때 일은⋯⋯ 내가 정말 미안해.
엘사	아니, 아니, 괜찮아. 사과하지 않아도 돼. 그런데 이제 가 줘야겠어. 안나, 내가 있을 곳은 여기야. 여기에서 진정한 내가 될 수 있어.
안나	엘사, 우린 참 친했잖아. 그때처럼 지낼 수 있어.
엘사	안나, 그럴 수는 없어. 잘 가.
안나	엘사, 잠깐만.
엘사	안 돼. 난 널 보호하려는 거야!
안나	그럴 필요 없어. 난 무섭지 않아! 또 나한테 등 돌리지 마! (노래 톤으로) 아렌델에 눈이 펑, 펑, 펑, 펑, 내렸어.

엘사	뭐?
안나	겨울이 끊임없이 계속되고 있어. 모든 곳에…….
엘사	모든 곳에?
안나	괜찮을 거야. 언니가 녹일 수 있잖아.
엘사	할 수 없어. 방법을 모른다구.
해설 2	결국 안나와 크리스토프, 올라프는 얼음 궁전에서 눈 괴물에게 쫓겨나게 됩니다.

안나, 크리스토프, 올라프 퇴장.

해설1	한편 한스도 엘사를 잡으러 엘사의 얼음 궁전에 왔습니다.
병정들 (코러스)	(조명2) 여왕을 잡아라!

양쪽에 코러스 두 명씩 총 네 명으로 구성하여 절도 있는 군사들의 움직임으로 동작 만들기, 창을 여왕에게 겨눈다. 그리고 코러스 퇴장.

해설1	엘사는 결국 기절하고 한스는 엘사를 아렌델 궁전으로 데려갑니다.
엘사	(정신이 들고) 내게 무슨 짓을 한 거야? 왜 날 여기로 데려왔지? 안나를 데려와! (대사 후 엘사 여왕 자리에서 돌아앉는다)
해설1	한편, 얼음 궁전에서 쫓겨나며 눈 괴물에게 공격받은 안나는 몸이 얼음장처럼 차가워지고, 크리스토프는 안나를 트롤에게 데려갑니다.
해설2	트롤은 진실한 사랑의 행동으로 안나의 얼어붙은 심장을 녹여야 한다고 이야기하고, 크리스토프는 안나를 한스에게 데려다 주기 위해 아렌델 궁전으로 향합니다. (이 부분이 다소 지루할 수 있기

	에 해설도 신경 써서 상황 설명할 것)
시종	(목소리만) 안나 공주님! 정말이지 걱정했답니다.
크리스토프	안나를 따뜻하게 해 주세요. 그리고 바로 한스 왕자를 찾아주세요.
시종	그러겠습니다. 감사합니다. (대사 끝나면 크리스토프 돌아앉는다)

5장 계략

한스	다시 안나 공주를 찾으러 나가 보겠다. 그녀에게 무슨 일이라도 있으면…….
공작	(목소리만) 공주에게 무슨 일이라도 있으면 아렌델은 모두 왕자님 것이 됩니다.

한스의 반전이 펼쳐진다. (엘사, 크리스토프 모두 돌아앉아 있는 상태 유지)

한스	안나! 너무나도 차갑군요.
안나	한스, 제게 키스해요.
한스	네?
안나	당장요!
한스	대체 무슨 일이 있었어요?
안나	엘사의 마법에 걸렸어요.
한스	절대 다치게 하지 않을 거라고 했잖아요.
안나	제가 잘못 생각했어요. 언니가 심장을 얼렸는데…… 진실한 사랑의 행동만이 절 구할 수 있대요. 진실한 사랑의 키스……. (입술을 내민다)
한스	진실한 사랑의 키스? 하하하 (그동안의 한스가 아닌 완전 다른 사람으로 반전 줄 것) 아뇨, 안나. 당신을 사랑하는 사람이 어딘가엔 있겠죠.

안나	네? 저…… 절 사랑하신다면서요.
한스	열세 번째 왕자인 저는 왕위에 오를 수가 없었죠. 그래서 다른 나라 왕위 계승자와 결혼을 해야 했습니다.
안나	무, 무슨 말이에요?
한스	왕위 계승자는 엘사이지만 그녀와 함께하고 싶은 사람은 없겠죠. 하지만 당신은…… 저랑 결혼할 생각으로 사랑에 매달리더군요. 우리가 결혼하면, 엘사를 위해 작은 계략을 꾸미려고 했죠.
안나	한스…… 안 돼요…… 멈춰…….
한스	그런데 알아서 자기 무덤을 파다니! 어리석은 당신도 엘사를 따라갔고요. 이제 엘사를 죽이고 아렌델을 되돌리는 일만 남았죠.
안나	넌 엘사를 이길 수 없어.
한스	아니, 이길 수 없는 사람은 너야. 나는…… 망해 가는 아렌델을 구할 영웅이지.
안나	뜻대로 안 될걸. 두고 봐!
한스	이미 되어 가는 중인걸? *(방 나감)*
안나	제발 아무나…… 도와줘요…… 제발…… 점점 추워져. 이대로 가다가는 전부 얼어 버릴 거야.

방 밖. 조명2 아웃, 조명5 인.

한스	*(독백으로)* 엘사 여왕이…… 안나 공주를 죽였소. 공주는 내 품에서 숨을 거두며 나와 결혼 서약을 맺었습니다.

방 안. 조명5 아웃, 조명3 인.

안나	*(독백 혹은 올라프와 대화하는 것처럼)* 도와줘…… 내가 잘못 생각했

어. 한스는 진실한 사랑이 아니었어. 사랑이 뭔지 모르겠어…….
(사이) 뭐? 크리스토프가…… 날 사랑한다고? (사이) 올라프, 너
녹고 있어! 나 때문에 너를 희생하는 거야? 이게 사랑…… 이라
고? (사이) 크리스토프에게 가야겠어. (조명3 아웃)

밖. 모두 탑 조명 아래에서 관객을 보며 대사 외워서 연기한다.

엘사   (조명4) 내 동생을 잘 돌봐 줘…….
한스   (조명5) 네 동생? 산에서 돌아왔을 때는 이미 얼음장이 돼 힘없이 끌려왔지. 당신이 심장을 얼렸다더군. 구하려고 했지만 너무 늦었지. 피부는 얼음으로 변하고 있었고 머리칼도 하애졌어. 당신 여동생은 죽은 거야! 당신 때문에!

한스가 칼을 빼 들고 엘사를 죽이려고 한다.

안나   (조명3) 엘사……? 안 돼! (정지 동작)

안나가 칼을 대신 막는다. 그 순간 안나가 얼음으로 변한다.

엘사   안나, 안나…… 안 돼…… 안 돼…… 제발, 안 돼…… 안나……
       (정지 동작)
해설1 엘사가 뜨거운 눈물로 안나를 안습니다.
해설2 그러자…… 안나의 몸이 녹고…….
해설1 다시 살아납니다.
엘사   (안나가 꿈틀대면) 안나……? 안나?
안나   엘사…….

엘사	날 위해 희생해 준 거야?
안나	언니를 사랑하니까.
올라프	(조명2 인) 진실한 사랑의 행동만이 얼어 버린 심장을 녹일 수 있어. 사랑이 녹일 거야…….
안나	사랑…… 언니야? 사랑! 언니가 해낼 줄 알았어.
올라프	누가 뭐래도 오늘은 내 인생 최고의 하루야. 물론 마지막 날이기도 하고.
안나	올라프!
엘사	기다려, 애야. (마법으로 올라프 전용 눈구름을 만들어 준다)

마법을 표현하는 음향과 함께 코러스가 등장해 철사에 만든 눈구름을 들게 한다.

올라프	내 전용 눈구름이라니!
한스	안나? 하지만…… 엘사가 심장을 얼렸을 텐데!
안나	여기서 심장이 차가운 사람은 당신뿐이에요.
시종	(한스의 목덜미를 잡고 들어오며) 이 악당을 돌려보내겠습니다. 형 열두 명이 저 자식을 어떻게 할지 곧 알게 되겠군요. (공작의 목덜미도 잡는다. 한스, 공작 모두 잡혀가면서)
공작	(억울하다는 듯이) 폐하! 아니야! 이럴 순 없어! 나도 희생양이라고!

캐럴 등 활기 넘치고 생기 있는 음악. 음악이 나오면 출연자 모두 나와서 율동으로 마무리.
암전.
커튼콜.

학교에서 낭독극하기

1판 1쇄 발행 2021년 5월 28일
3쇄 발행 2023년 11월 27일

ⓒ 전국교사연극모임 2021

지은이	전국교사연극모임
펴낸이	한기호
책임편집	박혜리
편집	여문주, 서정원, 송원빈, 이선진
본부장	연용호
마케팅	하미영
경영지원	김윤아
디자인	이성호
인쇄	예림인쇄
펴낸곳	(주)학교도서관저널
출판등록	제2009-000231호(2009년 10월 15일)
주소	04029 서울시 마포구 동교로 12안길 14(서교동) 삼성빌딩 A동 3층
전화	02-322-9677
팩스	02-6918-0818
전자우편	slj9677@gmail.com
홈페이지	www.slj.co.kr
ISBN	978-89-6915-101-8 (03370)

책값은 뒤표지에 있습니다.
이 책은 저작권법에 따라 보호를 받는 저작물이므로 무단 전재와 무단 복제를 금합니다.